内江师范学院教改项目"文史哲交叉融合视域下中小究"（JG202108）成果
内江师范学院文学院"四川省卓越教师培养项目校地合作"系列成果
"中学语文卓越教师协同创新培养计划"（0ZY16002）阶段成果

文本详解与唐代诗歌语文教学

梁明玉　拾顺利○编著

西南交通大学出版社
·成　都·

图书在版编目（CIP）数据

文本详解与唐代诗歌语文教学 / 梁明玉，拾顺利编著. —成都：西南交通大学出版社，2023.4
ISBN 978-7-5643-9195-9

Ⅰ.①文… Ⅱ.①梁… ②拾… Ⅲ.①唐诗–教学研究–中小学 Ⅳ.①G633.302

中国国家版本馆 CIP 数据核字（2023）第 040920 号

Wenben Xiangjie yu Tangdai Shige Yuwen Jiaoxue
文本详解与唐代诗歌语文教学

梁明玉　拾顺利　编著

责任编辑	周媛媛
封面设计	墨创文化
出版发行	西南交通大学出版社 （四川省成都市金牛区二环路北一段 111 号 西南交通大学创新大厦 21 楼）
发行部电话	028-87600564　028-87600533
邮政编码	610031
网　　址	http://www.xnjdcbs.com
印　　刷	四川煤田地质制图印务有限责任公司
成品尺寸	170 mm × 230 mm
印　　张	19.25
字　　数	276 千
版　　次	2023 年 4 月第 1 版
印　　次	2023 年 4 月第 1 次
书　　号	ISBN 978-7-5643-9195-9
定　　价	88.00 元

图书如有印装质量问题　本社负责退换
版权所有　盗版必究　举报电话：028-87600562

文本详解与唐代诗歌语文教学

新中文探索系列丛书编委会

编撰单位：内江师范学院文学院

总策划：陈晓春　郭云东

编委会主任：陈晓春

编委会副主任：刘云生　周　艺　梁明玉

编委会委员：邓国军　翁礼明　王　彤　陶　凤

　　　　　　王　昕　张宪军　张昭兵　于军民

　　　　　　黄全彦　冯利华　高　佳　张文彬

　　　　　　古家臻

文本详解与唐代诗歌语文教学

总 序

2018年10月，教育部决定实施"六卓越一拔尖"计划2.0，在其中的基础学科拔尖学生培养计划中，首次增加了心理学、哲学、中国语言文学、历史学等人文学科，新文科建设对传统学科提出了新要求。2019年5月，教育部、科技部等13个部门正式联合启动"六卓越一拔尖"计划2.0，要求全面推进新工科、新医科、新农科和新文科建设，全面实现高等教育内涵式发展。自此，新文科建设已成为新时代文科建设的核心问题，并逐渐成为构建中国特色哲学社会科学的国家战略。

其中，中国语言文学学科实为近代产物。1898年京师大学堂创办，始有"文学"科。1902年，京师大学堂师范馆设立中国文学门，中国文学形态初具。1910年分科大学开办，北京大学中国文学门作为文科的一个教学建制正式成立，1919年改称中国文学系，标志着中国语言文学作为独立学科得以确立。20世纪50年代，高校院系调整后，国文系改称为中国语言文学系，学科涵盖语言和文学两大类。20世纪80年代以后，即使在中国语言文学内部，越来越精细的学科分野，越来越细致的专业操作，甚至越来越艰涩的学术语言，使学科内部的隔膜愈加突出，这导致中文学科在人才培养中普遍存在领域限制、视野狭窄以及专精有余、博通不足的问题，这种所谓的"专业化"使学科发展渐失"活水"，这大概也是新文科倡导学科融合的原因吧。

内江师范学院汉语言文学专业在2019年被四川省教育厅确定为首批"四川省一流本科建设专业"，为了进一步打造成渝中部地区文化高地，进一步探索"新文科"视野中中文专业的科研和教学实践，文学院组织教师结合自身专业背景及教学实践撰写"新中文探索"系列丛书。

本丛书分为学术专著和教材两种类型。学术专著力求在师范类高校汉语言文学专业新文科建设的背景下，以汉语言文学专业为中心，将文学与教育学、哲学、艺术、历史学、传播学等学科深度融合，在以往各自隔绝的各学科之间寻找结合点，在多维理论背景下阐释问题，力求梳理新的学术肌理，形成新中文研究增长点。如以儒、道、佛哲学思想为切入点分析文人画家在中华文化背景下的艺术思维，并针对我国当下影视文化创意产业发展过程中的偏差"对症下药"。研究者无论在理论融合和案例实践方面都寻求新突破，能够与该领域前沿进行对话。又如将语言文学置于传播学的视野下，通过对文学传播的各个要素做全面的分析研究，总结文学传播的规律，研究文学传播的多样性，并从大众传播延伸到分众传播的研究中，把握互联网时代文学传播的规律。又如研究现代主义的本土化历程既要在文学内外、中西之间探源溯流，更要在历史文化的特定需求中寻找文化变异的依据。有的老师有意识地带领学生，通过访谈形式，在人文多学科多领域进行对话，让学生感受跨学科精神撞击的火花。相信这样的研究是在新时代对"文史哲"融合的回归。

教材类丛书侧重于对基础文本的解读，如国学教育注重对原典的解读。学习者的基本任务之一就是研读这些原典，从而夯实专业基础，在原典的解读习得重拾"学问乃千秋事，订讹规过，非以訾毁前人，实以嘉惠后学"（钱大昕《答西庄书》）的传统治学态度，在传统中领会中华文化之精髓。今日，国学教育已渐成国内高校课程体系的重要一环，也是新中文强调"中国方法"的基石。当然，回归传统并不是排斥现代，泥古不化。比如在解读唐代诗歌，列举"历代诗话"之后，教师与学生仍然会以更加鲜活的个体形式与古代对话，学生和唐代诗歌经典有了新的联系，学习主体性在古今之间的建构是对传统文本进行的一种激发新意的探索。

总之，既要尝试学科融合，对传统中文有重构，研究有新见，又望这种探索能够在更大视野中深化学生对中文学科知识的理解，提升其创新能力，这就是我们编辑新中文系列丛书的宗旨。尽管作者们著述力求辨析慎密、言出有证，或自谓创见，但是鉴于水平和学力，大概只能是抛砖引玉，期待大家指导！

内江师范学院文学院
2022 年 4 月

文本详解与唐代诗歌语文教学

前　言

　　自 2017 年秋季起，全国中小学语文教材统一使用"部编版"。本书以"部编版"教材（一至九年级语文 2019 年版）为依据，对 18 册语文教材中的唐代诗词进行系统研究与分析，主要采用文献研究、比较分析、经验总结等研究方法，对教材中所选作品逐首从诗歌再现、作者作品介绍、历代名家点评、研读心得和教学心得五个方面进行系统梳理，最后按教材的顺序编撰成书，以期为中小学一线教师提供有力有效的教学参考，并为唐代诗词爱好者提供较为翔实的资料。

　　本书主要特色如下：

　　一是有高校教师、中小学一线教师及高校学生等的广泛参与。本书在撰写过程中既有高校古代文学专任教师的悉心指导，又有中小学一线语文教师的教学总结，还有汉语言文学专业本科学生的广泛调研，综合了多方力量，团队科研能力较强。

　　二是紧密结合教材，对"部编版"中小学语文教材中的唐代诗词进行系统整理。中小学语文教材中所选唐代诗词种类丰富，所选诗人也在一定程度上代表了唐代社会各阶层人士，对此进行专题研究有利于从整体上对唐代诗词进行解读。

  三是设置诗歌作者作品介绍及历代名家点评专栏，由编者及撰写研读心得的学生对所选诗词进行学术史梳理，以期能够解决一线教师查找文献资料困难的实际问题。历代名家点评专栏力图梳理自唐至近代主要文人对该首诗词的评论，主要拟为读者检索提供便利。

  四是设有研读心得专栏，此专栏主要由内江师范学院文学院汉语言文学专业的学生撰写，撰写者在认真梳理历代诗评及借鉴一线教学名师授课视频、相关论文的基础上进行撰写，力争对读者理解诗词有所启示。

  五是设有教学心得专栏，此专栏由中小学一线优秀教师撰写，撰写者都曾对所写篇目进行过教学，他们在自身教学心得的基础上进行了整理，力争对读者理解诗词和一线教师教学相关篇目提供参考。

  因编者水平有限，书中难免有不足和疏漏之处，恳请读者批评指正。

梁明玉

2022 年 8 月

文本详解与唐代诗歌语文教学

目 录

小学篇

一年级上册

咏　鹅　/ 002
画　/ 004
悯　农　/ 006
古朗月行　/ 010
风　/ 012

一年级下册

春　晓　/ 015
赠汪伦　/ 017
静夜思　/ 020
寻隐者不遇　/ 023
池　上　/ 025

二年级上册

小儿垂钓　/ 028
登鹳雀楼　/ 031
望庐山瀑布　/ 033
江　雪　/ 036
夜宿山寺　/ 039

二年级下册

咏　柳　/ 042
赋得古原草送别　/ 045
绝　句　/ 048
悯农（其一）　/ 051

三年级上册

山　行　/ 054
望天门山　/ 057
望洞庭　/ 059
早发白帝城　/ 062
采莲曲　/ 065

三年级下册

绝　句　/ 069
忆江南　/ 072
清　明　/ 074
九月九日忆山东兄弟　/ 076
滁州西涧　/ 078
大林寺桃花　/ 080

小学篇

四年级上册

浪淘沙 / 083

鹿　柴 / 085

暮江吟 / 088

嫦　娥 / 091

出　塞 / 093

凉州词 / 097

别董大 / 100

四年级下册

江畔独步寻花 / 104

蜂 / 106

独坐敬亭山 / 109

芙蓉楼送辛渐 / 113

塞下曲 / 115

五年级上册

蝉 / 118

乞　巧 / 120

登鹳雀楼 / 122

山居秋暝 / 123

枫桥夜泊 / 126

渔歌子 / 129

五年级下册

游子吟 / 132

鸟鸣涧 / 135

从军行 / 138

闻官军收河南河北 / 141

凉州词 / 146

黄鹤楼送孟浩然之广陵 / 149

六年级上册

宿建德江 / 152

过故人庄 / 155

回乡偶书 / 158

浪淘沙 / 160

江南春 / 162

六年级下册

寒　食 / 166

十五夜望月 / 170

马　诗 / 172

送元二使安西 / 174

春夜喜雨 / 177

早春呈水部张十八员外 / 181

初中篇

七年级上册

闻王昌龄左迁龙标
　遥有此寄　/ 186
次北固山下　/ 189
峨眉山月歌　/ 191
江南逢李龟年　/ 193
行军九日思长安
　故园　/ 196
夜上受降城闻笛　/ 199
秋词（其一）　/ 202
夜雨寄北　/ 205

七年级下册

竹里馆　/ 208
春夜洛城闻笛　/ 210
逢入京使　/ 213
晚春　/ 215
登幽州台歌　/ 217
望岳　/ 220
泊秦淮　/ 222
贾生　/ 224

八年级上册

野望　/ 227
黄鹤楼　/ 229
使至塞上　/ 233
渡荆门送别　/ 236
钱塘湖春行　/ 239
春望　/ 241
雁门太守行　/ 244
赤壁　/ 247

八年级下册

送杜少府之任蜀州　/ 250
望洞庭湖赠张丞相　/ 252
石壕吏　/ 254
茅屋为秋风所破歌　/ 256
卖炭翁　/ 259
题破山寺后禅院　/ 262
送友人　/ 265

九年级上册

行路难　/ 269
酬乐天扬州初逢席上
　见赠　/ 271
月夜忆舍弟　/ 273
长沙过贾谊宅　/ 277
左迁至蓝关示侄孙湘　/ 280
商山早行　/ 282
咸阳城东楼　/ 285
无题　/ 288

九年级下册

白雪歌送武判官归京　/ 293

文本详解与唐代诗歌语文教学

小 学 篇

一年级上册

咏 鹅

📋 诗歌再现

> 咏　鹅
> （唐）骆宾王
>
> 鹅，鹅，鹅，曲项向天歌。
> 白毛浮绿水，红掌拨清波。

（语言园地一）

作者作品介绍

（唐）刘肃《大唐新语》卷八：华阴杨炯与绛州王勃、范阳卢照邻、东阳骆宾王皆以文词知名海内，称为"王杨卢骆"。

（唐）骆宾王《骆丞集》卷二：咏鹅杂言，时年七岁，鹅鹅鹅，曲项向天歌。白毛浮绿水，红掌拨清波。

（南宋）计有功《唐诗纪事》卷七：宾王七岁咏鹅云："鹅鹅鹅，曲项向天歌。白毛浮绿水，红掌拨清波。"

（明）胡应麟《补唐书骆侍御传》：骆宾王，越东阳郡人也。父为博昌令。宾王生七岁能诗，尝嬉戏池上，客指鹅群令赋焉，应声曰"白毛浮渌水，红掌拨清波"，客叹诧呼神童。

（明）胡应麟《史书占毕》卷四：武以淫牝秽乱唐室，实旷劫所无之变，而一代英才杰士俯首臣伏，无敢声其罪者，独骆宾王，广陵一檄词，严义正足，寒猾贼之胆，盖唐初第一流人物也。

（明）蒋一葵《尧山堂外纪》卷二二：骆丞文好以数对，如"秦地重关一百二，汉家离宫三十六"，号为"算博士"。

研读心得

本诗作者不仅观察十分细致，描写生动形象，同时还将儿童的心性、稚嫩的语气表现得淋漓尽致，令人拍案叫绝。全诗自然贴切，具有儿歌形象鲜明的特点。

这首广为流传的诗歌，没有什么深刻的思想内涵和哲理，而是以清新欢快的语言，抓住鹅的突出特征来描写，能够引起学生的学习兴趣。符合一年级学生的心理特征和兴趣要求，从这个角度来说，它是我国儿童文学宝库中的珍贵遗产。诗歌写得自然、真切、传神，使学生充分了解了鹅的形象和情态。

（杜金江）

教学心得

《咏鹅》是部编教材收录的第一首古诗，放在语文园地一的"日积月累"板块。我在教学时，以激发学习古诗的兴趣和识字教学为目标，引领孩子们兴趣盎然地走进古诗的殿堂。

首先，让学生展示自己学前能背的古诗，激发学习的热情。有孩子背到了《咏鹅》，就顺势引出新课，出示书上插图，引导学生观察：多么美的一只白鹅啊！七岁的骆宾王开心地写下了这首诗——《咏鹅》。题目里哪个字有赞美的意思？"咏鹅"就是赞美鹅的意思。

然后，多种形式朗读古诗，以教师领读、学生跟读、伙伴互读等方式正音、断句，做到正确朗读。通过朗读、字词定位、图文结合等方式鼓励学生认识诗中的生字。通过老师说诗意，学生读诗句，理解诗句赞美了鹅的什么，感受古诗的情感美。

最后，在熟读的基础上，指导学生练习背诵，感受古诗的语言美。鼓励学生课余诵读其他的古诗词，在古诗的殿堂里自由徜徉，日积月累，唤醒诗词文化的基因。

（内江市桐梓坝小学校　温春梅）

画

诗歌再现

> 画
> 远看山有色，近听水无声。
> 春去花还在，人来鸟不惊。

（识字 第6课）

作者作品介绍

《画》的作者众说纷纭，有的署名王维，有的署名大川禅师，有的署名元代王冕，或明唐伯虎，或清代高鼎。根据已有的史料，它更像上是偈颂的节选。作者很可能是南宋僧人道川，源出其《金刚般若波罗蜜经颂》（又称《川老金刚经注》）。颂曰："远观山在色，近听水无声。春去花犹在，人来鸟不惊。头头皆显露，物物体元平。如何言不会，只为太分明。"

历代名家点评

（宋）释惟白《续灯录》卷八：师云："教外别传，直指人心，见性成佛，敢问诸人，作么生说个见性底道理。"良久，云："远观山有色，近听水无声。"

（元）贤重《寿昌无明和尚语录》卷一：师曰："噫，莫道无事好。金刚与泥人揩背，汝等作么生商量。"僧曰："远观山有色，近听水无声。"师曰："好事不如无。"

（明）韩岩集解、程衷懋补注《金刚般若波罗蜜经补注》引作：虽曰实相，其实无相。但就无相中能生照心，比之顽空者不同，故言为非，不是竟言无。如龟毛兔角，只说龟无毛，兔无角，不说无龟毛兔角，只说实相无相，不说无实相。达摩曰："若解实相，即见非相。正犹水中盐味，色里胶青，决定是有，不见其形。是故如来虚名之为实相传。"

颂曰："众生与寿者，蕴上立虚名。如龟毛不实，似兔角无形。"川禅师云："山河大地，甚处得来？颂曰：远观山有色，近听水无声。春去花犹在，人来鸟不惊。头头皆显露，物物体元平。如何言不会，只为太分明。"

（清）释迦陵性音《宗鉴法林》卷四七："天童华云：我闻独眼龙，果然只具一只眼。忽有衲僧出来问：一人所在即不问，如何是半人所在？劈脊便棒。更问如何是一人所在？便与连夜赶出。何故？一不做二不休。嵩乳密云：远观山有色，近听水无声。且道者里是一人所在？是半人所在？拈竹篦击一下云：土地前更着一分。"

研读心得

原诗为"远观山有色，近听水无声。春去花还在，人来鸟不惊。头头皆显露，物物体元平。如何言不会，只为太分明"。该诗是对清净自性的体悟，以及清净自性对于显现之物的观察。

另，虽说禅诗是越写越明，但抛开后四句，我们仍可从其中窥得其禅味一二。若抛开原有题目的限制，那么，诗歌给我们的第一印象就是悖论：流水一泻而下，在近处怎么就听不到声呢？春天远去了，花怎么还在呢？人走近了，鸟怎么不受惊呢？这就不是日常生活的一般体验了，而是一种特殊的宗教体验，即禅宗体验。在因果论中，万物所存有其因，因而生物，物存在色，物本空无，也就是禅宗中的"色空一如"。看山非山，看水非水，无春但春在心，对于禅者修为达到一定进阶，便可不问春秋色，归心四季同，也就"人鸟不相乱，见兽皆相亲"。

在自然描写中不着痕迹地暗示禅意、禅趣、禅理，此乃诗人的高明之处，中国古代禅诗浩如烟海，但绝大部分禅诗都指明或比较明显地暗示出诗歌的禅意、禅趣、禅理，只有极少部分禅诗将禅意与描写自然不着痕迹地交融在一起。比如王维的《鸟鸣涧》："人闲桂花落，夜静春山空。月出惊山鸟，时鸣春涧中。"该诗以动写静，反映了诗人心境之空无，这正是禅境的体现，但是诗歌的描写极为自然，毫无"理"的痕迹，也就是"羚羊挂角，无迹可求"的境界。

（周海洪）

📖 教学心得

《画》是教材中继拼音教学及《咏鹅》之后的第一首正式出现在课文中的唐诗。教参中明确此诗是一则"五言谜语诗",谜面描述了山、水、花、鸟等景物,通过远、近、来、去等方位或动作的变化,凸显"画"的形象特征。教学时,我结合本单元的识字目标和插图"水墨画"等,引领孩子们积累字词,给予学生传统文化的熏陶感染。

首先,出示教材中的插图"水墨画",学生观察后得到山水相衬、花鸟不惊的信息,教师顺势出示《画》,师生共读,做到朗读准确,停顿到位,进而引导学生联系生活,重读差异,读出韵味,朗读的形式可多样(分组读、自由读、师引读、生示读等)。

其次,采用对比,理解谜底"画"。学生熟读诗句,圈画诗中景物,结合所见所闻说说诗中景物与现实情景的不同,通过想象、表演、朗读等形式,感悟诗意,感受古诗的趣味性。

最后,师生结合插图"水墨画",共同诵读《画》,联系生活记诵诗中反义词,并结合书中田字格书写"水、去、来、不",教师示范,学生练习,进而拓展阅读,给予学生传统文化的熏陶感染。

(内江市桐梓坝小学校 拾顺利)

悯 农

📋 诗歌再现

悯农(其二)

(唐)李绅

锄禾日当午,汗滴禾下土。
谁知盘中餐,粒粒皆辛苦。

(识字 语文园地五)

作者作品介绍

此诗作者主要有李绅和聂夷中两种说法：

1. 李绅说

（南宋）计有功《唐诗纪事》卷三九：绅初以《古风》求知于吕温，温见其齐煦，诵其《悯农》诗曰："春种一粒粟，秋收万颗籽。四海无闲田，农夫犹饿死。锄禾日当午，汗滴禾下土。谁知盘中餐，粒粒皆辛苦。"又曰："此人必为卿相。"果如其言。

（唐）范摅《云溪友议》卷上（江都事）：初，李公赴荐，常以《古风》求知，吕光化温谓齐员外煦及弟恭曰："吾观李二十秀才之文，斯人必为卿相。"果如其言。

2. 聂夷中说

（宋）孙光宪《北梦琐言》卷二：咸通中，礼部侍郎高湜知举，榜内孤贫者公乘亿，赋诗三百首，人多书于屋壁。许棠有《洞庭诗》尤工，诗人谓之"许洞庭"。最奇者有聂夷中，河南中都人，少贫苦，精于古体，有《公子家》诗云："种花于西园，花发青楼道。花下一禾生，去之为恶草。"又《咏田家》诗云："父耕原上田，子劚山下荒。六月禾未秀，官家已修仓。"又云："锄禾日当午，汗滴禾下土。谁念盘中餐，粒粒皆辛苦。"又云："二月卖新丝，五月粜新谷。医得眼前疮，剜却心头肉。我愿君王心，化为光明烛。不照绮罗筵，只照逃亡屋。"所谓言近意远，合《三百篇》之旨也。

历代名家点评

（明）周珽《唐诗选脉会通评林》：吴山民曰：由仁爱中写出，精透可怜，安得与风月语同看？知稼穑之艰难，必不忍以荒淫尽民膏脂矣。今之高卧水殿风亭，犹苦炎燠者，设身"日午汗滴"当何如？

（清）吴乔《围炉诗话》卷一：诗苦于无意；有意矣，又苦于无辞。如聂夷中之"锄禾日当午，汗滴禾下土。谁知盘中餐，粒粒皆辛苦"诗之所以难得也。

（清）徐增《而庵说唐诗》：种禾偏在极热之天，赤日杲杲，当正午之际，锄者在田里做活，真要热杀人……及至转成四糙，煮饭堆盘，白如象齿，尽意大嚼，那知所餐之米，一粒一粒，皆农人肋骨上汗雨中锄出来者也！公垂作此诗，宜乎克昌其后。此题"悯"字，自必点出，若说得透彻，则"悯"字在其中矣。

（清）吴瑞荣《唐诗笺要》：至情处莫非天理。暴弃天物者不怕霹雳，却当感动斯语。

（清）贺裳《载酒园诗话》："诗有别趣，非关理也。"然理原不足以碍诗之妙。如元次山《春陵行》、孟东野《游子吟》、韩退之《拘幽操》、李公垂《悯农》（即《古风》）诗，真六经鼓吹。

（清）李锳《诗法易简录》：此种诗纯以意胜，不在言语之工，《幽》之变风也。

刘永济《唐人绝句精华》：此二诗说尽农民遭剥削之苦，与剥削阶级不知稼穑艰难之事，而王士禛（《唐人万旨绝句选》）乃不入选，但以肤廓为空灵、以缥缈为神韵，宜人多有不满之论。

研读心得

首句"锄禾日当午"点出时间，已有"辛苦"之意。二句"汗滴禾下土"，更见"辛苦"。三句转写"盘中餐"，四句结出"粒粒皆辛苦"。语语动人，已经成为家喻户晓的格言了。

（唐杰）

教学心得

《悯农（其二）》全诗共四句，语言朴实无华，描述了在烈日炎炎的中午，农民们还在禾地里锄草，汗水滴到禾苗下的泥土中的情景。可有谁明白人们碗里的每一粒饭都饱含着农民的辛勤劳动呢？此诗道出了劳动的艰辛和劳动果实的来之不易，表达了作者热爱劳动人民，珍惜劳动成果的情感。在教学过程中，除了要让学生借助拼音认识生字，读准、读通、背诵诗歌外，还要达到教育的目的：让孩子们认识到浪费可耻，节约光荣，养成爱惜粮食、珍惜别人劳动成果的好习惯，让他们尊重辛勤劳动的农民。我在教学《悯农（其二）》一课时，针对课文内容，运用插图引导学生开展了两次对话练习：第一次，出示插图（农民正在烈日下给禾苗锄草，汗水直往下滴）。我问："看到这个画面，你们有什么想讲的吗？"几乎所有的学生都举起了手。这一问，既创设了情境，拓展了学生们的思维能力，又激发了学生们的学习兴趣，让他们得到初步的情感体验，为学习更多诗文做好铺垫；第二次是在学生理解诗意的基础上进行的。再次出示上图："请同学们再看这张图，面对着农民辛辛苦苦种出来的粮食，你们有什么想对大家或者对自己讲的吗？"

因为有了前面情感体验的铺垫，学生们争先恐后地发言：我想对自己讲要爱惜粮食；我想对同学讲吃饭时不要掉饭粒；我想对爸爸妈妈讲假如浪费了粮食，农民伯伯的辛苦就白费了；我想要在食堂贴一个标语"浪费可耻，节约光荣"以呼吁大家一起"厉行节约，反对浪费"。

部编版"日积月累"有着积累的特色。我给学生们补充了李绅的另一首古诗《悯农（其一）》："春种一粒粟，秋收万颗子。四海无闲田，农夫犹饿死。"同时，让《悯农（其二）》中的"粒粒"与《悯农（其一）》中的"子"和诗句"锄禾日当午，汗滴禾下土"与"四海无闲田，农夫犹饿死"紧密相连，其义与情迎刃而解。如此辛劳的劳动者居然"犹饿死"，巧妙地激发学生们对劳动人民的悲悯之情，让学生们树立劳动光荣，剥夺别人的劳动成果可耻的核心价值观。

在中国传统文化发展中，诗和乐一直是紧密相伴的。古代的诗是能够吟唱的，而古代的乐也总是带有许多诗意和想象的。因为古诗短小、朗朗上口，孩子们很小就听熟或背熟了。在教学中，通过诵读、吟唱、想象等方式，学生们能在自己熟悉的诗歌中获得更多的体验。

（内江市桐梓坝小学校　刘丽华）

古朗月行

📋 诗歌再现

> 古朗月行（节选）
> （唐）李白
>
> 小时不识月，呼作白玉盘。
> 又疑瑶台镜，飞在青云端。

（课文 语文园地六）

📄 作者作品介绍

（元）萧士赟《分类补注李太白诗》云："按此诗借月以引兴。日，君象；月，臣象。盖为安禄山之叛，兆于贵妃而作也。"

（明）胡震亨《唐音癸签》："卢仝《月蚀》诗，生于李白之《古朗月行》。李白《古朗月行》，生于《天问》'夜光何德？死则又育。厥利维何？而顾菟在腹'数语。始则微辞含寄，终至破口发村，灵均氏亦何料到此！"

（明）胡震亨《李杜诗通》："曲始鲍照，叙闺阁玩赏。白则借自刺阴之太盛，思去之。或似指太真妃言。便觉可疑、可问。不待后语（首二句下）。"

✏️ 历代名家点评

（清）沈德潜《唐诗别裁》：暗指贵妃能惑主听。

（清）陈沆《诗比兴笺》：忧禄山将叛时作。月后象，日君象。禄山之祸兆于女宠，故言蟾食月明，以喻宫闱之蛊惑。九乌无羿射，以见太阳之倾危，而究归诸阴精沦惑，则以明皇本英明之辟，若非沉溺声以安危乐亡而不悟耶？危机之际忧愤之词。

（清）王闿运《王闿运手批唐诗选》：先本咏月，后乃思及杨妃。

胡前后不相顾？

（清）爱新觉罗·弘历敕编《唐宋诗醇》卷三：寓托处书法谨严。蟾蜍以比禄山，阴精以刺太真，取义皆切。羿射九乌，以彼比此。原无指实，必字字为之附会，则凿矣。

研读心得

初读《古朗月行》时停留在认识多个生字而已，只了解诗的本意，对于诗中所表达的情感不能够很好地把握住，对诗的理解也有待提升。反复吟诵几番之后，心头的情感慢慢涌现，再结合当时的时代背景就逐渐明了了诗人所作之情。诗就是李白的思想，也彰显出李白的浪漫主义情怀和他童年时的天真遐想。诗人多采用月亮等意象，将多个意象神秘化，隐晦地表达对大唐的担忧，抒发了诗人浓烈的爱国情怀。

（沙哥子）

教学心得

教学时，我通过多媒体再现古诗情境，激发学生对古诗的兴趣，从直观上感知古诗描绘的情境美，引起学生的情感共鸣。美丽的月光吸引了学生的注意力，也激发了学生对月亮的喜爱，同时让学生感悟到古诗的情境美，用句式"（　　）的月亮像（　　）。"训练学生的语言表达能力，同时引出李白眼里的月亮是怎样的，使学生与古诗产生共鸣。

通过反复诵读，学生在诵读中读出趣味。在处理阅读与感悟上，从易到难：先读准字音，读通、读顺古诗，再读出古诗的节奏和韵律美，最后图文结合，加以想象读。让学生参与读书，自主读书，从读书中感悟古诗。

在想象读的这个环节，我创设情境，化学生为小李白，通过问"小李白，你喜欢怎样看月亮呀""你把那又圆又亮的东西叫什么呀"的设置，帮助学生理解诗的意思，也再创了古诗的情境，学生体会到了李白儿童时代的天真可爱，在品读中引出趣味。接着追问孩子："你为什么这样读？"进一步深化学生们的读书体验。

然后，老师戴上月亮的头饰扮演月亮，"我是月亮，我来了，你们怎样赞美我？"学生在经历语言训练的同时，也经历了情感的熏陶，"月亮真美，我要美美地读。"教师再说："我带来了许多月亮上的秘密，谁想了解就抓住机会吧。"以此激发孩子们的好奇心，孩子们争先恐后地表达着自己的疑问，如"嫦娥长得怎么样""月亮上真的有桂花树吗""它真的砍不断吗"。我不由得想：孩子们不也是一个个小李白吗？就让他们带上这份好奇，这份童稚，带上他们天真的想象吧，让他们在这样的情境中去品读古诗！

（内江市桐梓坝小学校　刘丽华）

风

诗歌再现

> 风
> （唐）李峤
>
> 解落三秋叶，能开二月花。
> 过江千尺浪，入竹万竿斜。

（课文　语文园地八）

作者作品介绍

（唐）孟启《本事诗》事感（第二）：天宝末，玄宗尝乘月登勤政楼，命梨园弟子歌数阕……因凄然泣下，不终曲而起，曰："李峤真才子也。"

（五代）刘昫《旧唐书》卷九四："为儿童时，梦有神人遗之双笔，自是渐有学业。弱冠举进士，累转监察御史。""则天深加接待，朝廷每有大手笔，皆特令峤为之。""三年，又加修文馆大学士，监修国史，封赵国公。景龙三年，罢中书令，以特进守兵部尚书、同中书门下三品。"

（北宋）欧阳修等编《新唐书》卷一二三：为儿时，梦人遗双笔，自是有文辞，十五通《五经》，薛元超称之。二十擢进士第，始调安定尉。举制策甲科，迁长安。时畿尉名文章者，骆宾王、刘光业，峤最少，与等夷。

（南宋）佚名《锦绣万花谷别集》卷一：解落三秋月，能开二月花。渡江千尺浪，入竹万竿斜。

📝 历代名家点评

（北宋）李昉等《太平广记》卷二四〇：武三思为其文，朝士献诗者，不可胜纪。唯峤诗冠绝当时。

（宋）王之道《次韵刘春卿书怀》：李峤真才子。

（元）辛文房《唐才子传》卷一：峤富才思，有所属缀，人辄传讽。

📖 研读心得

"解落"一词显示了风柔和的一面，温情脉脉地将摇摇欲坠的枯叶"解落"，读来并不感到萧瑟凄凉，反而感觉到风的柔和，似乎她在轻轻抚摸，使枯叶不觉疼痛地缓缓飘落。

作者通过风表现了万物的动态美，但不易发觉的是，这动态又有时间长短的区别，解落枯叶、催开春花，都是长时间的，风轻轻吹，吹了一季，才使花叶生长或凋零；千层浪起、万竿竹斜，都是短时间的，一阵狂风呼啸而过，便有了这种画面。一个是细水长流的，一个是短暂突然的，表现了诗人对生活细致入微的观察。

此诗写风，而正文中无一"风"字，如果遮盖标题，这首诗就可当作一个谜语来解。风在日常生活中是看不见、摸不着的，只能通过其他物体的形态变化来观察，因此李峤通篇都是间接描写，和现实中的风一样，只能间接观察。间接观察、间接描写的熟练运用一来体现了诗人对现实生活的观察，二来体现了诗人对文字的驾驭度。

（郭其熹）

文本详解与唐代诗歌语文教学

教学心得

《风》是部编版一年级上册"语文园地八"收录的一篇诗歌，这首诗作者李峤采用了间接描写的方法，以自己的生活体验为基础，化抽象为形象，把"风"这一物象的温柔与刚猛写得生动形象，让人过目不忘。

在教学时，由于本课去除标题后在形式上具有谜语的特点，我把学过的一首谜语诗《画》与之联系起来，用《画》巧妙地引入课堂教学，激发学生的学习兴趣。然后出示PPT，故意不出示课题，先让学生采用多种方式熟读，然后抽学生来猜作者写的是什么。当然，学生的回答是多种多样的，不过还是有部分学生猜到了答案。我对所有积极猜谜的孩子都进行了肯定和鼓励，并且还引导得出正确答案的孩子说出原因，从而帮助他们真正地理解这首诗描写的对象就是"风"，"风"的特点有两个：温柔与刚猛。温柔时能轻轻吹落秋天的枯叶，能吹开春天灿烂的鲜花，刚猛时能掀起滔天的巨浪，也可以折弯无数的翠竹。

在学生们充分理解了本诗的内容后，我点拨学生，让学生们领悟到诗人所写的景色都来源于对生活细致的体验，让他们初步感知到生活才是写作的源泉，从而鼓励他们平时要在生活中仔细观察，多加体会，才能有所领悟。

最后，为了激发他们对我国传统文化的喜爱，我布置了一项作业，让孩子们回家后去读十首谜语诗，并且猜猜答案是什么。通过这项作业，使孩子们了解我国诗歌的魅力，进而产生对古诗的喜爱之情。

（内江市桐梓坝小学校　赵筱瑜）

一年级下册

春 晓

诗歌再现

> 春　晓
> （唐）孟浩然
>
> 春眠不觉晓，处处闻啼鸟。
> 夜来风雨声，花落知多少。

（课文 语文园地二）

作者作品介绍

《春晓》一诗当作于开元二十七年（739年），即孟浩然去世前一年的晚春时节，其时孟浩然患疽病于背，晚间辗转难眠，好不容易挨到后半夜才昏昏入睡，一觉醒来已经天亮，听到庭院鸟声啾啾，想起昨夜风雨，引起诗人对于年华老去而终生不遇的深沉感喟，故随兴吟成此诗。

历代名家点评

（明）胡应麟《诗薮外编》卷四："唐轻薄子弹摘人诗句，若卫子，鹧鸪，失猫，寻母之类，至今笑端。余谓此不必泥，顾其句何如耳。数诗浅俗鄙夷，即与所讥不类，宁免大雅卢胡。如孟浩然'春眠不觉晓'二十字，清新婉约，纵轻薄姗侮万端，亦何害其美哉！"胡应麟在其后自注曰："无名子以浩然'春眠'一绝为盲子诗。"

（明）陆时雍编《唐诗镜》卷一一盛唐三："喁喁恹恹，绝得闺中体气，宛是六朝之余，第骨未峭耳。"

（明）钟惺、谭元春《唐诗归》卷一一盛唐六：钟云："通是猜境，妙！妙！"

（明）凌宏宪编《唐诗广选》：顾云："真景实情，人说不到。高兴奇语，唯吾孟公。"

研读心得

好的诗，无一不是用极简洁的文字表达极丰富的内容，甚至只是用一个片段或一个截面来讲述完整的故事。本诗短短二十个字，恰到好处地抓住了一个瞬间的微妙感受，且写得富有动态感。我向来认为一首诗，一幅画，如果能把一个动态描绘得生动到位，则这个作品的艺术感染力就已经非常高了。春天，鸟鸣，风雨，花落都不过是自然之中的寻常之物，大有"清水出芙蓉，天然去雕饰"之意，虽无太多新奇的表现手法，却在平淡自然中描绘画面，传情达意，不仅雅俗共赏，而且情真意切。

（俸荣麒）

教学心得

古诗《春晓》是众所熟识的富有情趣的五言诗，在学习之前很多学生都会背了，所以，我在教学过程中避免"讲问答背"的传统模式，而是采用"品诗+评画+构画"三步教学法，带动学生主动学习，理解记忆，陶冶情趣，领悟意境。

"品诗"环节，播放儿童歌曲《春天在哪里》，启发学生说说自己知道的或看到的春天美丽的景色，激起学生学习古诗的兴趣，接着交给学生识字的主动权，从字词入手，通过讨论，重点解决"晓、处处、闻、啼鸟、知多少"等词语的意思，结合表演启发学生了解诗的大意，再连词成句，领悟整句及整首诗的意思，进而领悟诗歌描写了怎样的景象。以此为前提，学生会轻而易举地概括出：诗歌描写了春天的早晨鸟语花香，风雨过后落花满地的景象。顺势让学生观看雨后春天早晨鸟语花香的绚丽图景，听配乐朗读，师生情不自禁地共诵古诗。

品诗之后，我充满感情地启发学生："整首诗只有短短四行，却向我们展示了一幅美丽的风景画。看诗文插图，你觉得画家画得如何？"

学生观察之后大有所感，有了更多新的发现，更助推了诗歌的理解，这样学生初步感知到了"诗中有画，画中有诗"的境界。接下来，拓展学生思维，促进学生全方位发展，可以让学生给诗配幅画；可以画出自己眼中、心中的美丽的春天，再给画配上两句诗；也可以把古诗《春晓》写成小短文；还可以唱古诗。不经意间，学生尽情地想象着莺歌燕舞、百花齐放的烂漫春光，对看似平淡却韵味无穷的《春晓》一诗的感悟又上了一个新的台阶。

（巴中市南江县实验小学　张菊华）

赠汪伦

诗歌再现

> 赠汪伦
> （唐）李白
>
> 李白乘舟将欲行，忽闻岸上踏歌声。
> 桃花潭水深千尺，不及汪伦送我情。

（课文　语文园地三）

作者作品介绍

（宋）《李太白文集》卷十一题下注：白游泾县桃花潭，村人汪伦常酝美酒以待白。伦之裔孙至今宝其诗。

（明）唐汝询《唐诗解》卷二五：太白于景切情真处，信手拈来，所以调绝千古。

（清）袁枚《随园诗话补遗》记载：唐时汪伦者，泾川豪士也，闻李白将至，修书迎之，诡云："先生好游乎？此地有十里桃花，先生好饮乎？此地有万家酒店。"李欣然至。乃告云："'桃花'者，潭水名也,并无桃花;'万家'者,店主人姓万也,并无万家酒店。"李大笑,款留数日,赠名马八匹,官锦十端,而亲送之。李感其意,作《桃花潭》绝句一首。

历代名家点评

（明）朱谏《李诗选注》卷八:此诗直叙实事,略无纤巧句语,而大方家格力过于唐之诗人绝句亦远矣。

（明）谢榛《四溟诗话》卷二:诗有四格:曰兴,曰趣,曰意,曰理。太白《赠汪伦》曰:"桃花潭水深千尺,不及汪伦送我情。"此兴也。

（明）高棅辑、（明）桂天祥批《批点唐诗正声》:好句好意,放之又放,达之又达。只"桃花"之情,千载无人可到,何云非诗之清者耶?

（清）沈德潜《唐诗别裁》卷二十:若说汪伦之情,比于潭水千尺,便是凡语,妙境只在一转换间。

（清）黄叔灿《唐诗笺注》:相别之地,相别之情,读之觉娓娓兼至,而语出天成,不假炉炼,非太白仙才不能。"将"字、"忽"字,有神有致。

研读心得

开头一句"李白乘舟将欲行"描绘出李白兴尽而归的潇洒画面,而下一句"忽闻岸上踏歌声"中的"忽"字表示汪伦是不期而至的,并且是未见其人先闻其声,这表示出汪伦的不拘一格,送友人的场面十分自由,没有相互的客套,只有直接的感情表达——踏歌。第三句"桃花潭水深千尺"看似与前两句无关,却是为第四句做铺垫,运用夸张的手法描写桃花潭水的深,再写第四句的"不及汪伦送我情",通过桃花潭水的深来烘托汪伦与诗人的感情更深,不直接写感情多么深厚,而是通过侧面描写,更生动形象,并且不直接写出诗人与汪伦的感情到底有多深,而是只说比千尺还深,耐人寻味,回味无穷。

通过桃花潭水来写诗人与汪伦的感情还有一个好处就是感情是抽象的东西，而桃花潭水却是具体的事物，用桃花潭水衬托诗人与汪伦的感情就是化抽象为具体，使得整个画面立体，增加诗的形象性、可读性和亲切感。

最后在诗中直接写出汪伦姓名，也可以看出诗人与汪伦的亲密关系和深厚感情。

（何豪）

教学心得

一是游戏导入，激欲望。运用补充诗句的游戏方式导入新课，将学生从对旧知识的回顾引向新内容的学习，既满足了孩子的表现欲，又激发了他们的求知欲。

二是问题激趣，诵诗文。入课后，用"大家把这首诗读准确、流利后，我就讲个有趣的故事给大家"的话题，抓住学生的好奇心引导学生自由读、正音后再读、男女生接龙读、分组读、抽生读，多种形式熟读成诵。

三是创编故事，知诗意。老师讲"十里桃花，万里酒家"的故事。"后来，李白因为有事要离开了……"接着发生了什么事？让学生根据古诗续编故事。在学生续编的过程中，老师加以引导，理解重点词句。由于有了生动的故事充实诗歌内容，学生在故事的情境之中激发了情感的共鸣，读文而抒情，悟文而移情，真正进入情动辞发、情景交融的境界。

四是拓展延伸，悟诗情。出示一组送别诗，学生诵读。体会不一样的时间，不一样的地点，不一样的人物，不一样的诗句，心底流淌的却是同样一份美好的情感。通过学习一首送别诗，延伸学习积累一组送别诗，达到丰富学生文化底蕴的目标。

（巴中市南江县实验小学　赵雪梅）

静夜思

诗歌再现

> 静夜思
> （唐）李白
>
> 床前明月光，疑是地上霜。
> 举头望明月，低头思故乡。

（课文 第8课）

作者作品介绍

《静夜思》创作于唐玄宗开元十四年（726年）九月十五日的扬州旅舍，时李白26岁。同时同地所作的还有一首《秋夕旅怀》。在一个月明星稀的夜晚，诗人抬望天空一轮皓月，思乡之情油然而生，写下了这首传诵千古的名诗——《静夜思》。

郁贤皓《李白选集》中云："此诗乃客久思乡之辞，疑作于'东涉溟海''散金三十万'之后的贫困之时。"

安旗主编的《李白全集编年注释》云："此诗思乡之情略似上年（指开元十四年，726年）《秋夕旅怀》，其作时当相去不远又诗中有'山月'一语，当系山居所见，则其作地或在安陆寿山。"

注：本诗流传有两个版本，一个版本为："床前明月光，疑是地上霜。举头望明月，低头思故乡。"出自《唐诗三百首》；另一版本为宋代版本，载于宋蜀刻本《李太白文集》卷六："床前看月光，疑是地上霜。举头望山月，低头思故乡。"

历代名家点评

（明）胡应麟《诗薮·内编》卷六：太白五言，如《静夜思》《玉阶怨》等，妙绝古今，然亦齐、梁体格。他作视七言绝句，觉神韵小减，缘句短，逸气未舒耳。

（明）钟云《唐诗归》卷十六：忽然妙境，目中口中，凑泊不得，所谓不用意得之者。

（明）徐增《而庵诗话》：因疑则望，因望则思，并无他念，真静夜思也。

（明）胡应麟《诗薮·内编》卷六：太白诸绝句，信口而成，所谓无意于工而无不工者。

（明）胡震亨《李诗通》：思归之辞，白自制名。

（明）高棅辑，（明）桂天祥批《批点唐诗正声》：乐府体。老炼着意作，反不及此。

（明）郭云《增订评注唐诗正声》：悄悄冥冥，千古旅情，尽此十字（末二句下）。

（明）高棅《唐诗正声》：百千旅情，妙复使人言说不得。天成偶语，讵由精炼得之？

（明）唐汝询《唐诗解》：摹写静夜之景，字字真率，正济南所谓"不用意得之"者。

（清）爱新觉罗·弘历敕编《唐宋诗醇》卷四：《诗薮》谓古今专门大家得三人焉，陈思之古、拾遗之律、翰林之绝，皆天授而非人力也，要是确论。至所云唐五言绝多法齐梁，体制自别：此则气骨甚高，神韵甚穆，过齐梁远矣。

（清）黄叔灿《唐诗笺注》卷七：即景即情，忽离忽合，极质直却自情至。

（清）沈德潜《唐诗别裁》卷一九：百千旅情，虽说叫却不说尽。

研读心得

诗中的前两句表达了诗人身为他乡客而在异乡那种特定的环境下产生的感受。"疑"字可体现诗人睡梦初醒的那样一种状态，用得妙极！"霜"字更是给人一种孤寂凄凉之情。后两句中一个"思"字就体现了诗人当时的情感——他思念自己的故乡。本诗既没有奇特新颖的想象，也没有精美华丽的辞藻，只是用叙述的语气来抒发诗人内心的情感，意味深长，耐人寻味！

（符长萍）

教学心得

《静夜思》是一首语言浅显却感情真挚的思乡曲，流传广泛，多数学生已经能背诵，但往往无心成诵，亦有错读现象，因此，我把教学重点放在"朗读古诗和初步感受诗中描绘的美好意境"和"体会诗人思念故乡的心情"两个方面。

教学时，我紧扣"家人"这一单元主题，抓住"思"这条主线，由浅入深地展开导学。从学习"思"这个生字导入课题。然后出示课文插图，播放配乐，师："就在这样一个安静的夜晚，诗人李白抬头仰望天上的明月，一股思念家乡、思念亲人的情感油然而生！"然后师范读，生试读，小老师教读，标示节奏读，男女生合作读等。圈注重点词"光、乡、霜"，完成随文识字（多种方法识），并引导学生把"ang"音读到位，读出朗朗上口的美感。

一问：你在哪儿见过霜？出示课件，直观认识霜，并与月光下的景象做对比，闭眼想象："明亮的月光洒在诗人的床前，好像地上铺了一层洁白的霜"之意境。

二问："古来明月寄乡思，遥望明月诉乡愁——诗人抬头望着空中的明月，可能会想到了什么？"学生可能答"会想到他的爸爸妈妈""家乡的兄弟姐妹""家乡的山""家乡的小河""家乡的伙伴"等。学生进入角色，深情诵读。

追问："离开家乡，离开亲人朋友，离开朝夕相处的伙伴，李白的心里一定非常（难过、伤心……）你也有过这样的经历吗？是因为什么呢？"学生可能答"想念在上海打工的爸爸""思念转学到外地的同学""思念生病离世的奶奶"等，学生转换角色，在感悟中配乐读"举头望明月，低头思故乡"并背诵且踏实完成写字等教学目标。最后把《月下独酌》《子夜四时歌·秋风入窗里》等相关诗歌补充给孩子们，拓展孩子们的文化视野，延伸所学。

（巴中市南江县实验小学　饶利华）

寻隐者不遇

📝 诗歌再现

> 寻隐者不遇
> （唐）贾岛
>
> 松下问童子，言师采药去。
> 只在此山中，云深不知处。

（课文 语文园地四）

作者作品介绍

此诗是中唐时期，诗僧贾岛到山中寻访一位隐者未遇而作。隐者不详何人，有人认为是贾岛的山友长孙霞。此诗的具体创作时间难以考证。

历代名家点评

（宋）蔡正孙《诗林广记》后集卷九十七：此诗有"模写幽寂之趣，真所谓蝉蜕污浊之中，蜉蝣尘埃之表"。

（明）蒋一葵《唐诗选汇解》：首句问，下三句答，直中有宛，宛中有直。

（清）李锳《诗法易简录》：一句问，三句答，写出隐者高致。

（近代）王文濡《唐诗评注读本》：此诗一问一答，四句开合变化，令人莫测。

研读心得

　　此诗首句写诗人向童子提问，后三句写了童子的答语，采用了寓问于答的手法，把作者寻访隐者朋友而不遇的焦急心情描绘得淋漓尽致。此诗言简意深，短短二十字，却清楚地描绘了当时的画面，其中有无穷深意，颇具禅味，写出了隐者超脱于世俗的飘逸情致。

（梁一天）

教学心得

　　本诗作者采用寓问于答的写作手法，结构巧妙，语言平实，意境幽远。这首诗暗含两条线索，一条是隐者的线索，实中有虚，虚中有实，把隐者的踪迹写得虚虚实实，若隐若现，令人难以捉摸；第二条线索是写诗人的心理活动，细致刻画了诗人从渴望到失望，由失望到希望，由希望再到彻底地失望的心理历程。教学时，我主要分三个板块：一是初读，读顺，读准字音；二是细读古诗，理解诗意。先帮助学生用多媒体理解"云深"的意思，再创设情境，想象贾岛和童子会说些什么，并进行角色表演，让学生在表演中理解诗意，体会作者渴望见到隐者的迫切心情和对隐者的仰慕之情；三是反复诵读，抓住意象，感受隐者的形象。我让学生将诗中的景物与隐者联系起来，从诗中感受隐者到底是一个怎样的人。如，"采药"道出了山中草木繁茂，也可想象隐者是懂医术的人，"松下"可见松树的高大，隐者住处环境的壮美与幽静，也象征隐士的品格像松树一样坚强，精神像松树一样长青。在教学过程中，我以诵读为本，通过初读、品读、细读来体会诗人的悲欢离合、感受本诗所蕴含的内容，让学生学得轻松，掌握得更好。

（巴中市南江县实验小学　夏珊）

池 上

📝 诗歌再现

> 池 上
> （唐）白居易
>
> 小娃撑小艇，偷采白莲回。
> 不解藏踪迹，浮萍一道开。

（课文 第12课）

文 作者作品介绍

此诗作于大和九年（835年），诗人时任太子少傅分司东都洛阳。一日游于池边，见山僧下棋、小娃撑船而作此诗。此年，白居易被任命为同州刺史，辞不赴任，后改任命为太子少傅分司东都，封冯翊县侯，仍留在洛阳。

（唐）李忱《吊白居易》诗云："缀玉联珠六十年，谁教冥路作诗仙。浮云不系名居易，造化无为字乐天。童子解吟长恨曲，胡儿能唱琵琶篇。文章已满行人耳，一度思卿一怆然。"可作为白居易一生的概括。

（北宋）欧阳修等编《新唐书》：观居易始以直道奋，在天子前争安危，冀以立功。虽中被斥，晚益不衰。当宗闵时，权势震赫，终不附离为进取计，完节自高。而积中道微险得宰相，名望溘然。呜呼！居易其贤哉！

（金末）元好问《感兴四首》之二：并州未是风流域，五百年中一乐天。

（明）江进之《雪涛小书》：前不照古人样，后不照来者议。意到笔随，世间一切都着并包囊括入我诗内。诗之境界，到白公不知开扩多少。

文本详解与唐代诗歌语文教学

历代名家点评

（清）徐增《而庵说唐诗》："不解藏踪迹"，"不解"妙。乐天心中正喜其不解，若解则不采莲，浮萍中又安得有此一道天光哉！此种诗，着不得一些拟议，犹之西子面上着不得一些脂粉。今人胸中不干净，那有此好诗作出来？

（近代）邹弢《精选评注五朝诗学津梁》：清新俊逸，见胸中垒块全消。

刘永济《唐人绝句精华》：此二十字写小娃天真如在眼前，有画笔所不到者。

研读心得

白居易的诗歌题材广泛，但他对"池塘"这一意象似乎更为偏爱，特别是在晚年时期，他作了大量关于池塘的诗。白居易的这首《池上》只是其中一首，他将"小娃偷采白莲回"的这一画面用短短二十字呈现在我们面前，语言平素易懂，而又不失风趣。读这首诗能想象到"小娃"偷采莲的生动画面，让人顿生喜爱之情。

诗中的"不解"二字将小孩的天真无邪体现得淋漓尽致，他不会瞻前顾后，也不会想到这样会被发现，可能只顾着想自己船上的白莲就心满意足了。将这首诗放在一年级来教学实在合适不过了，一年级的同学正能体会到诗中"小娃"的童稚与采莲之乐，学习这首古诗，不仅能让学生体会到童年时光的愉悦欢乐，还能激发他们对古诗词的学习兴趣，教学时若将同学们亲身经历的类似趣事相结合，请同学们分享出来，则能让同学们更理解和接受这首古诗，并且激发学生学习古诗的深层兴趣。

（曹洪霞）

教学心得

白居易的《池上》是一首五言绝句，脍炙人口，字里行间洋溢着童心的可爱、乡村生活的有趣，诗歌动静结合，情景交融，描写了一个小娃偷采白莲的情景，细腻传神，其中"偷采"和"不解"更是把一个顽皮、天真无邪的小娃娃形象写得呼之欲出，活灵活现，颇有趣味。

  准备教学这首诗时，我想到了自己的童年，我也曾偷采过别人家的果子，现在的孩子，能做这些事的生活体验不多，但《池上》中"偷"字却恰如其分地写出了孩提时代的趣味，用"诗中所描写的偷白莲的小娃娃与我们平常所说的小偷一样吗？"这个问题开始，让学生们来猜想，小娃娃可能是在怎样的情况下去"偷"采白莲的呢？结合学生们已有的实际生活经验，引导学生们结合文中的插图，反复诵读诗文，学生们就能从"不解藏踪迹，浮萍一道开"中真切地感受小娃娃的天真可爱，就自然明白文中的"偷"不能理解为"偷窃"，而是偷偷地、瞒着大人的。此时，我顺势引导学生结合自己儿时"偷偷"做的一些小恶作剧和顽皮之事，让学生们和诗中的小娃产生共鸣，体会孩子的无邪、可爱、纯真与童年的快乐和无忧。然后，紧紧抓住"不解""藏踪迹"等学生难以体会的词句展开反复诵读，更深层次地悟出作者所表达的情感。在读懂了古诗的基础上，顺势为学生们创造多种朗读情景，引导学生积极诵读，学生多读而不乏味，诗的韵味自不必说，读的形式亦可多种多样，诵读、打节奏读、拍手读、表演读、谱上我们熟悉的曲唱读……感受诗中儿童的快乐，体会诗歌的韵味和美好意境，感悟课文情感，达到情感升华，辅助学生圆满完成各项学习任务，掌握所学。

（巴中市南江县实验小学 康宁）

二年级上册

小儿垂钓

诗歌再现

> 小儿垂钓
> （唐）胡令能
>
> 蓬头稚子学垂纶，侧坐莓苔草映身。
> 路人借问遥招手，怕得鱼惊不应人。

（课文 语文园地三）

作者作品介绍

（唐）范摅《云溪友议》卷下《祝坟应》中说到胡令能的身世云："列子终于郑，今墓在郊薮。谓贤者之迹，而或禁其樵采焉。里有胡生者，性落拓，家贫。少为洗镜镂钉之业，候遇甘菓、名茶、美酝，辄祭于列御寇之祠垅，以求聪慧，而思学道。历稔，忽梦一人，刀画其腹开，以一卷之书，置于心腑。及睡觉，而吟咏之意，皆绮美之词，所得不由于师友也。既成卷轴，尚不弃于猥贱之事，真隐者之风，远近号为'胡钉铰'。太守名流，皆仰瞩之，而门多长者。或有遗赂，必见拒也；或持茶酒而来，则忻然接奉。其文略记数篇，资其异论耳。"

（后蜀）何光远《鉴戒录》卷八：王右丞有《题云母障子》，胡令能有《题绣障子》，虽异代殊名，而才调相继。

（明）杨慎《丹铅杂录》卷六：张打油、胡钉铰亦浅而露。

（明）王世贞《艺苑卮言》卷四：徐凝"千古长如白练飞，一条界破青山色"，极是恶境界，白亦喜之，何也？风雅不复论矣，张打油胡钉铰,此老便是作俑。

（清）王士禛《渔洋诗话》：然钉铰诗载洪文敏《万首绝句》者,实不劣也。

（清）吴乔《围炉诗话》卷一：诗有魔鬼：宫体淫哇,梁至初唐之魔鬼也。打油钉铰,晚唐、两宋之魔鬼也。

（清）冯梦龙《太平广钞记》卷一百六十二："胡钉铰"尽有诗思,后人乃与"张打油"并称,冤哉！

注：在《御选唐诗》卷三二与《万首唐人绝句诗》卷六十八中是"倒坐莓苔草映身",而《唐诗纪事》与《石仓历代诗选》中是"侧坐莓苔草映身"。

历代名家点评

（清）爱新觉罗·玄烨选,陈廷敬等辑注《御选唐诗》卷三二：倒坐莓苔草映身,杜甫诗"随意坐莓苔",孙绰赋"践莓苔之滑石"。

（清）赵翼的《赠说书黄周士》：张打油诗岂必工,胡钉铰句不嫌苟。

（现代）钱锺书《谈艺录》：写实者固牛溲马勃,拉杂可笑,如卢多逊、胡钉铰之伦。

研读心得

这首诗简单易懂但通而不俗,寥寥几笔一幅小儿垂钓图就跃然纸上,诗人平实的语言,将一个天真烂漫的小儿形象展现在我们面前。全诗围绕"学"这一字,将小儿的可爱形象一切合理化,正是因为"学"才会遥招手,就怕惊到鱼,一副担惊受怕的样子,将小儿的懵懂也体现得淋漓尽致。

此诗对小儿的可爱形象的描写虚实结合,前两句从动作、外貌等方面描写,后两句从问路动作、形态等方面描写,形神兼备。侧坐说明小儿的跳脱，不安分地在那里坐着，乱蓬蓬的头发不加修饰，天真可爱。"怕"又写出了小儿又恼又恨、害怕的样子。本诗的第二句"侧坐莓苔草映身"在《御选唐诗》卷三十二与《万首唐人绝句诗》中为"倒坐"，"侧坐"在这句诗中的意思为侧身坐着，"倒坐"的意思为反向坐着。杜甫诗写道："随意坐莓苔。"侧坐与倒坐相比更加反映了小儿钓鱼时的状态与他的可爱。

（柯晗）

教学心得

这个单元围绕着"儿童"展开，四篇课文从不同角度展现了古今中外儿童的美好品质，这首诗位于语文园地三中的日积月累部分，展现的是古诗中儿童的天真可爱，是对单元题材的进一步丰富，但不宜讲得太多。

教学时，首先引导学生观察插图，用自己的话讲讲插图内容。引导学生从"谁""在什么地方""干什么""遇到了什么事"等方面描述。然后，学生借助拼音读准古诗的字音，读好停顿。在学生熟读古诗之后，再请学生从古诗中圈出"谁""在什么地方""干什么""遇到了什么事"，让学生将看图讲述的内容与古诗相照应，达到看图自学自悟诗意的效果。

教师只需抓住"遥招手"引导学生结合自己的生活经验思考：为什么用"遥招手"而不用"遥摇手"？从"招手"中你想到了什么？感悟诗人抓住孩童瞬间的变化，惟妙惟肖地刻画出孩童的神情意志，令大家不得不爱上这个天真可爱的孩子。通过思考和想象，学生不仅学习到了古诗准确生动的描写，还从细微之处潜移默化了礼貌待人的好品德。

（成都市海滨小学校　文霞）

登鹳雀楼

诗歌再现

> 登鹳雀楼
> （唐）王之涣
>
> 白日依山尽，黄河入海流。
> 欲穷千里目，更上一层楼。

（课文 第8课）

作者作品介绍

此诗作者存在争议，在《翰林盛事》里说是朱斌，而《梦溪笔谈》里说是王之涣。

（宋）郑虎臣《吴都文粹》卷六："《翰林盛事》：朱佐日，吴郡人，两登科制，三为御史。子承庆，年十六，登秀才科，代济其美。天后当吟诗云云，问是谁作。李峤对曰：'御史朱佐日诗也。'赐采百尺，转侍御史。承庆尝为昭陵挽辞，入高等，由是父子齐名。"

（宋）沈括《梦溪笔谈》卷十五：河中府鹳雀楼，三层，前瞻中条，下瞰大河。唐人留诗甚多，唯李益、王之涣、畅诸三篇能状其景。

历代名家点评

（清）李锳《诗法易简录》卷一三：凡登高临，皆须写望中之景，又须切定本地形，胜不可挪移为佳。然先写登楼，再写形胜，便嫌平衍，虽有名句，终是卑格。此诗首二句先切定鹳雀楼境界写景，后二句再写登楼，格力便高。然尚有不尽此者。转若首二句所见，犹为未远而更上一层所见，当更出于寻常景象之外，不言楼之如何高，而楼之高已极尽形容，且于写景之外，更有未写之景在。此种格力，尤臻绝顶。

（清）潘德舆《养一斋诗话》卷九：市井儿童皆知诵之，而至今斩然如新。

研读心得

"白日依山尽，黄河入海流。"该句写出了白日依恋着山，渐渐西下，望不见尽头的黄河也奔流入海，本来很壮阔的场面似乎又寓意着美好的事物总有消失殆尽的一天，用写景来铺垫和衬托作者浓浓的消极颓废之感。而"欲穷千里目，更上一层楼"却又拐了个弯，写出了想要到达理想的高度，那就必须坚持不懈地往上爬，站得更高，才能看得更远，才能实现自己伟大的理想抱负,让诗的意境上升到一个更高的哲理境界。这首诗以诗人的目之视角，向我们展示了宇宙的奥妙和广袤，读者可感受诗人开阔的胸怀和非凡的气度。

（黄婷）

教学心得

这首古诗是第四单元"祖国风光"的第一篇，"鹳雀楼"作为古代四大名楼之一，开课伊始，我结合插图做简要介绍。配乐范读，帮助学生感受诵读的韵律，读出节奏。

引导学生诵读前两行诗句，圈画出作者眼中所见之景，结合文中插图，重点通过"依""入"想象夕阳依傍西山即将落下，滔滔黄河奔涌不息地流向大海的壮观画面。同时，遵循字从文中来，回到文中去的低段阅读教学规律，引领学生一边读诗，一边识字。

诵读后两行诗句，勾画、感悟、延伸作者心中所想。结合"欲""穷"两个生字的学习和理解，引导学生联系生活实际感悟哲理：站得高就能看得更远。

（成都市海滨小学校　文霞）

望庐山瀑布

诗歌再现

> 望庐山瀑布
> （唐）李白
>
> 日照香炉生紫烟，遥看瀑布挂前川。
> 飞流直下三千尺，疑是银河落九天。

（课文 第8课）

作者作品介绍

李白有《望庐瀑布》诗两首，一般认为是唐玄宗开元十三年（725年）前后，李白出游金陵途中初游庐山时所作。吴小如教授认为，李白这两首诗体裁不一，内容也有一部分重复，疑非一时之作。詹锳先生在《李白诗文系年》中根据任华《杂言寄李白》诗，认为第一首五古为李白入长安以前（开元年间）所作。另有人认为第二首七绝作于唐玄宗天宝十五载（756年）李白到庐山的夏秋之交。

（宋）苏轼《苏载文集》卷六八《自记庐山诗》：仆初入庐山，山谷奇秀，平日所未见，殆应接不暇，遂发意不欲作诗……是日有以陈令举《庐山记》见寄者，且行且读，见其中有云徐凝、李白之诗，不觉失笑。旋入开元寺，主僧求诗，因作一绝云："帝遣银河一派垂，古来唯有谪仙词。飞流溅沫知多少，不与徐凝洗恶诗。"

（宋）严羽评点《李太白诗集》云：亦是眼前喻法，何以使后人推重？试参之。

（清）爱新觉罗·弘历敕编《唐宋诗醇》：苏轼曰：仆初入庐山，有陈令举《庐山记》见示者，且行且读，见其中有徐凝和李白诗，不觉失笑。开元寺主求诗，为作一绝，云："帝遣银河一派垂，古来惟有谪仙词。飞流溅沫知多少，不为徐凝洗恶诗。"

历代名家点评

（宋）胡仔《苕溪渔隐丛话后集》卷四：然余谓太白前篇古诗云："海风吹不断，江月照还空。"磊落清壮，语简而意尽，优于绝句多矣。

（宋）葛立方《韵语阳秋》卷十三：徐凝《瀑布》诗云："千古犹疑白练飞，一条界破青山色。"或谓乐天有赛不得之语，独未见李白诗耳。李白《望庐山瀑布》诗云："飞流直下三千尺，疑是银河落九天。"故东坡云："帝遣银河一派垂，古来惟有谪仙词。"以余观之，银河一派，犹涉比类，未若白前篇云："海风吹不断，江月照还空"，凿空道出，为可喜也。

（元）韦居安《梅磵诗话》：李太白《庐山瀑布》诗有"海风吹不断，江月照还空"二句"语简意足，优于绝句，真古今绝唱"，"非历览此景，不足以见诗之妙"……有"疑是银河落九天"句，东坡尝称美之。

（明）高棅《唐诗品汇》：刘云："奇复不复可道。"又云："以为银河，犹未免俗耳。"

（明）康汝询《唐诗解》卷二五：泉自峰顶而出，故以香炉发端，从天际而下，故以银河取譬。

（清）宋宗元《网师园唐诗笺》：非身历其境者不能道。

（清）吴昌祺《删订唐诗解》卷一三：东坡以此斥徐凝，而刘须溪曰："银河犹不免俗，亦太刻矣。"

研读心得

《望庐山瀑布》是《望庐山瀑布二首》之其二。诗中"遥看瀑布挂前川"的"前川"缪本作"长川"，"疑是银河落九天"中"九天"一作"半天"。

本诗前两句写景，后两句融情。"飞流直下三千尺，疑是银河落九天。"诗人运用夸张的手法，将瀑布比作银河，既写出了瀑布的壮阔，也写出了瀑布的美丽，读来使人有很强的冲击感。把"瀑布"比作"银河"，实在也是很玄妙的：两者从天而降、一泻千里的那种果决、浩荡是相像的；而瀑布直泻而下的四溅水花与银河四周的星辰也有异曲同工之妙。更有趣的是，当读完本诗后再去想象银河，原本美得空洞、美得寂静的银河也会变得具象、真实且有声了。

从"炼字"方面看，"生"字仿佛使香炉峰获得生命，使人感到那紫烟是有灵性的香炉峰创造出来的。且此句为后面的诗句作了铺垫，即为写瀑布设置了奇特的背景。而"挂"字用得更妙：一是化动为静，暗中又藏着一个比喻，使聪明的读者想到，诗人又把瀑布比成一条悬挂在绝壁上的白色丝绸，绘出一幅壮美的山水画来；二是由"川"顺理成章地引出后面的"银河"。另外，一个"直"字，又写出了庐山瀑布的另一个特点：它的依托是高耸而陡峭的峭壁，它的流速是一冲到底。"直"字写出了瀑布的来势汹汹、果决和壮阔。而"落"字不仅写出了庐山瀑布的起点之高，也隐含了它的响声。我们都感受过一个物件从高处落下的情景，看到过它们落下时的样子，听到过它们落下时的声音。但是，银河从最高的天空落到人间的情景是怎样的，这就由读者自己想象了。

此诗大概是李白二十几岁，还未入长安前，在庐山隐居时所作。而李白在庐山不是为了躲避世俗杂物，而是在静静等待时机报效祖国。安史之乱爆发后，李白觉得时机来了，报国的愿望更加强烈。《望庐山瀑布》就是在这个时期写的，因此诗里除了表达他对庐山的欣赏、赞叹之情外，还表达了他想要出山报国、大展宏图的愿望。

（杨华丽）

教学心得

《望庐山瀑布》顺承《登鹳雀楼》，同为写景诗，学生并不陌生，教学时可通过复习《登鹳雀楼》引入《望庐山瀑布》，将初读古诗改为指导诵读。补充图片资源，让学生了解瀑布，识记"瀑布"二字。本首诗识字量不大，学生也已有一定识字基础，可先自主识记，再由教师集中指导。

引导学生边读边想象画面,感受大自然的神奇、壮丽是本课教学的重点。通过诵读前两行诗句,我引导学生思考:你脑海里出现了哪些景物?(太阳、香炉、紫烟、瀑布)结合香炉峰、瀑布的图片,引导学生想象烟雾升腾、瀑布如白丝带挂在山前的画面,体会比喻的贴切形象,感受并读出画面美。

诵读后两行诗句,欣赏"三叠泉瀑布"图片,感受其壮观。抓住"三千尺""落九天"体会作者心中的惊叹和赞美,因此用夸张的数字来赞美瀑布的恢宏。教师用优美的语言描述画面,引导学生诵读诗句,进一步体会诗句内容,最后达到熟读成诵的目标并给学生拓展延伸相关诗词。

(成都市海滨小学校 文霞)

江 雪

📝 诗歌再现

江 雪

(唐)柳宗元

千山鸟飞绝,万径人踪灭。
孤舟蓑笠翁,独钓寒江雪。

(课文 语文园地五)

文 作者作品介绍

此诗作于永贞元年(805年)被贬为永州司马以后。《新唐书·柳宗元传》中写道:贞元十九年(645年),为监察御史里行。善王叔文、韦执谊,二人者奇其才。及得政,引内禁近,与计事,擢礼部员外郎,欲大进用。俄而叔文败,贬邵州刺史,不半道,贬永州司马,既窜斥,地又荒疠，因自放山泽间，其堙厄感郁，一寓诸文。

（唐）柳宗元《河东先生集》卷四三《洪驹父诗话》云：东坡曰郑谷诗"江上晚来堪画处，渔人披得一身归"，此村学中诗也。子厚云："孤舟蓑笠翁，独钓寒江雪。"信有格哉，殆天所赋不可及也。

（清）徐增《而庵说唐诗》：余谓此诗乃子厚在贬时所作，以自寓也。

历代名家点评

（宋）范晞文《对床夜语》卷四：唐人五言四句，除柳子厚《钓雪》一诗之外，极少佳者。

（明）高棅《唐诗品汇》卷四十三：得天趣，独由落句五字道尽矣。

（明）高棅辑，（明）桂天祥批《批点唐诗正声》：绝唱，雪景如在目前。

（明）郭濬《增订评注唐诗正声》：好雪景，句句妙（末句下）。

（明）胡应麟《诗薮》内编卷六："千山鸟飞绝"二十字，骨力豪上，句格天成，然律以《辋川》诸作，便觉太闹。青莲"明月出天山，苍茫云海间。长风几万里，吹度玉门关"，浑雄之中，多少闲雅。

（清）李锳《诗法易简录》：前二句不沾着"雪"字，而确是雪景，可称空灵，末句一点便足。阮亭论前人雪诗，于此诗尚有遗憾，甚矣诗之难也。

（清）吴昌祺《删订唐诗解》卷一二：清极峭极，傲然独往。

（清）孙洙《唐诗三百首》：二十字可作二十层，却自一片，故奇。

（清）朱庭珍《筱园诗话》：祖咏"终南阴岭秀"一绝，阮亭最所心赏，然不免气味凡近。柳子厚"千山鸟飞绝"一绝，笔意生峭，远胜祖咏之平，而阮翁反有微词，谓未免近俗。殆以人口熟诵而生厌心，非公论也。

（清）王尧衡《古唐诗合解》：江寒而鱼伏，岂钓之可得？彼老翁独何为稳坐孤舟风雪中乎？世态寒冷，宦情孤冷，如钓寒江之鱼，终无所得。子厚以自寓也。

刘永济《唐人绝句精华》：此诗读之便有寒意，故古今传诵不绝。

研读心得

"千山鸟飞绝，万径人踪灭"用夸张的手法，突出环境的空旷，具有画面感，给人足够的想象空间。整首诗将诗人置身在"千山""万径"之中，一大一小的对比，给人强烈的视觉冲击，在白茫茫的一片中，只有诗人孤身垂钓。诗的后两句中"孤""独"二字更是烘托出人物的心境，表现出诗人的孤独。

诗人选择在一个漫雪纷飞，天寒地冻的恶劣环境中垂钓，这说明诗人醉翁之意不在酒，诗人的一腔报国热情在被贬后被浇灭，内心难免失落、茫然。"孤舟蓑笠翁，独钓寒江雪"刻画出了一个寒江独钓的渔翁形象。诗人被贬永州，在政治上不得志，不受君主赏识，精神上无疑受到了打击，诗人寄情于山水，将自身化为渔翁。诗人借渔翁独钓，表达一种落寞、怅然。

（罗巧）

教学心得

通过学生试读、借助拼音自读、同桌检验读、教师范读、倾听节奏恰当与否等有梯度的朗读练习，让学生体会诗的韵律。

引导学生运用前面学习写景诗的方法，圈出诗中写到的景物，试着把这些景物连起来说一说，想象画面美。理解"绝""灭"的意思，感受环境的清冷，结合"孤""独"体会诗人内心的寂寞。并将对诗的理解融入诵读之中，以读促悟，体会环境与作者心境之间的微妙联系。

（成都市海滨小学校 文霞）

夜宿山寺

📝 诗歌再现

> 夜宿山寺
> （唐）李白
>
> 危楼高百尺，手可摘星辰。
> 不敢高声语，恐惊天上人。

（课文 第18课）

文 作者作品介绍

对于本诗的作者，历来颇有争议：

（宋）赵令畤《侯鲭录》卷二：曾阜为蕲州黄梅令，县有峰顶寺，去城百余里，在乱山群峰间，人迹所不到。阜按田偶至其上，梁间小榜，流尘昏晦，乃李白所题诗也，其字亦豪放可爱。诗云："夜宿峰顶寺，举手扪星辰。不敢高声语，恐惊天上人。"或云王元之少年登楼诗云："危楼高百尺，手可摘星辰。不敢高声语，恐惊天上人。"

（宋）邵博《邵氏闻见后录》：舒州峰顶寺有李太白题诗："夜宿峰顶寺，举手扪星辰。不敢高声语，恐惊天上人。"曾子山始见之，不出于集中，恐少作耳。

（宋）王得臣《麈史》卷中：南丰曾阜子山尝宰蕲之黄梅，数十里有乌牙山甚高。而上有僧舍，堂宇宏壮，梁间见小诗，曰李太白也。"夜宿乌牙寺，举手扪星辰。不敢高声语，恐惊天上人。布衣李白。"但不知其字原本作是，从两钞本改。太白所书耶？取其牌，原本误作脾，从两钞本改。归于丞相吴正宪公。李集中无之，如安陆石岩寺诗，亦不载。

（明）蒋一葵《尧山堂外纪》卷二六：蕲州黄梅县峰顶寺在水中央，环伏万山，人迹所罕到，太白尝题其上云："夜宿峰顶寺，举手扪星辰。

不敢高声语，恐惊天上人。"（后曾阜为令时，因事登其上，见梁间一榜，尘暗粉落，拂涤视之，乃谪仙诗。世传杨大年幼时诗，非也。）

（明）郎瑛《七修类稿》卷二一：世传此诗为杨大年生数岁未语，一日登楼触首，遂吟是作。《西清诗话》又辩非杨亿之诗，乃太白榜峰顶寺诗也。予意太白之诗，前二句"夜宿峰顶寺，手可扪星辰"，已与杨不同，而其集中亦不见载及，考杨之言行录亦无，但古今人相同一二句者，往往有之，不可即定为一人者也。

历代名家点评

（宋）刘宰《漫塘文集》卷二四：句律峥嵘，超越千古。

（宋）江少虞《宋朝事实类苑》卷三：后为天下文章宗工。

研读心得

全诗用字朴实，却形成了极富浪漫主义特色的意境。

前两句从正面入手，描绘出寺庙的挺拔高耸。开篇一个"危"字就让高耸入云的寺楼映入读者眼帘，接着"手可摘星辰"一句又将读者的视线引向高处的灿烂夜空，营造出一种空旷辽远的境界，星辰满天，使人更加向往那高耸的寺楼。

"不敢高声语，恐惊天上人"两句新奇而又浪漫，既写出了作者此时的心理状态，又引人联想到夜空之上的仙境，从侧面衬托出危楼之高。"摘星辰，惊天人"这些富有童趣的想法，让人感到情趣盎然，很容易引起初学古诗者的兴趣。

本诗不仅利于引导学生感受古诗的意境，而且可以激发学生大胆想象。另外在不同的文献资料上，这首诗的题目、作者、诗句、写作时间、写作地点，都有不同说法。借此可以引导学生辩证地看待历史资料，让学生学会质疑与思考。

（胡兴容）

教学心得

在初读古诗，读出节奏之后，引导学生观察插图，说说山寺给自己怎样的感觉。第一句，结合生活识记"危"字，并引发质疑：楼真的有"一百尺"高吗？拓展"飞流直下三千尺，疑是银河落九天""欲穷千里目，更上一层楼"的诗意，感受夸张手法的运用，读出寺庙高耸入云的画面感；第二句，通过做动作读诗句，感受诗人想象的奇特；第三、四句，借助形声字特点，认读"恐、惊"，引导观察字形，发现偏旁特点与心情有关。引导想象：站在高楼之上，诗人此时最担心的是什么？让学生结合生活，说说自己要睡觉时家人说话会用怎样的声调？指导读出轻、慢的语气。指导学生借助重点词语或把自己想象成诗人，想象画面背诵古诗。

在学生基于文本想象，初步获得情感体验的基础上，教师可以引导学生想一想：天上会有谁？把想象的内容填进诗句中：不敢高声语，恐惊_____。（学生可以填：月中兔、嫦娥舞、瑶池梦等）在头脑中创造出新的形象，聚焦表达，提升思维的广度。

（成都市海滨小学校　文霞）

二年级下册

咏 柳

📋 诗歌再现

> 咏 柳
> （唐）贺知章
> 碧玉妆成一树高，万条垂下绿丝绦。
> 不知细叶谁裁出，二月春风似剪刀。

（课文 第1课）

📖 作者作品介绍

王后主咸康年，昼作鬼神，夜为狼虎，潜入诸宫内，惊动嫔妃。老小奔走，往往致卒。或狂游玉垒，书王一于倡楼；或醉幸青城，溺内家于灌口。数涂脂粉，频作戎装。又内臣严凝月等竞唱《后庭花》《思越人》及搜求名公艳丽绝句隐为《柳枝词》。君臣同座，悉去朝衣，以昼连宵，弦管喉舌相应，酒酣则嫔御执卮，后妃填辞，合手相招，醉眼相盼，以至履舄交错，狼藉杯盘。是时淫风大行，遂亡其国。《柳枝》者，亡隋之曲。炀帝将幸江都，开汴河种柳，至今号曰隋堤，有是曲也。胡曾《咏史》诗曰："万里长江一旦开，岸边杨柳几千栽。锦帆未落干戈起，惆怅龙舟更不回。"又韩舍人《咏柳》诗曰："梁苑隋堤事已空，万条犹舞旧春风。那堪更想千年后，谁见杨花入汉宫。"又贺秘监、罗给事咏柳，轻巧风艳，无以加焉，贺君诗曰："碧玉妆成一树高，万条垂下绿丝绦。不知细叶谁裁出，二月春风似剪刀。"又诗曰："袅袅和烟映玉楼，半垂桥上半垂流。今年渐见枝条密，恼乱春风卒未休。"又李博士有《题锦浦垂柳》曰："锦池江口柳垂桥，风引蝉声送寂寥。不必如丝千万树，只禁离恨两三条。"

（唐）李白《对酒忆贺监二首》："四明有狂客，风流贺季真。""狂客归四明，山阴道士迎。"

历代名家点评

（唐）许景先《折柳篇》：春楼初日照南隅，柔条垂绿扫金铺。

（唐）上官昭容《奉和圣制立春日侍宴内殿出剪彩花应制》：密叶因裁吐，新花逐剪舒。

（唐）宋之问《奉和圣制立春日侍宴内殿出剪彩花应制》：今年春色早，应为剪刀催。

《唐诗说》卷八初唐第八：春风如刀，即柳叶如绥，此其为风味之佳。

（明）钟惺、谭元春《唐诗归》：奇露语，开却中晚。

（明）黄周星《唐诗快》：尖巧语，却非由雕琢所得。

（清）黄叔灿《唐诗笺注》：赋物入妙，语意温柔。

研读心得

第一，语言表达非常优美。首先，"碧玉"一词的使用，很容易联想到"碧玉破瓜时""小家碧玉"等，可看出该柳叶之"绿"之"嫩"，其次，拟人的使用，将柳树比作"美人"，赋予柳树人性化，极力表达柳叶之"绿"之"细"，将该柳叶描写得淋漓尽致，非常优美，给人以深刻印象。

第二，层次美，该诗虽短尤美。第一句写诗人总的印象，第二句单就柳枝作细致描写，第三、四句细写柳叶，使诗歌具有强烈的层次感，具有了非常优美的层次美。

第三，该诗课本上附带了河边柳树图像，图中元素不多却足以呈现早春二月绿意盎然的景象，数不清的柳条在和煦的春风中摇曳着，如同千万条绿丝带在风中起舞，树下的顽童在自由自在地嬉戏玩耍，沉浸在早春的气息里。这又进一步衬托了碧玉柳叶之美。书中图像虽简单，却将我国古代诗词中蕴含的"诗情画意"之美表现得淋漓尽致。

（王梅）

教学心得

课前，我让学生展示收集的柳树图片或画的柳树图，并用一句话赞美柳树，然后用一句话导入本诗："一千三百多年前的一位大诗人也赞美柳树，不知他是怎么说的？让我们一起欣赏贺知章写的《咏柳》。"这样的导入自然、简短，学生们顺理成章地理解了诗题。

为培养学生的学习能力、观察能力和创新思维能力，我没有逐句讲解诗句意思。教学"碧玉妆成一树高，万条垂下绿丝绦"时，我用课件展示了一位古典美女和一片柳树林，让孩子们观察这两者的相似之处，孩子们就会发现：二者都很美，飘动的柳枝就像女孩子的绿丝带。教师随之拓展：在古代的文学作品里，"碧玉"指的是年轻貌美的女孩子。教学"不知细叶谁裁出，二月春风似剪刀"时，我启发学生放飞想象的翅膀："二月春风除了剪出碧玉般的柳叶，还剪出了什么？"引导学生联系生活，学生回答："还剪出了嫩绿的小草。""还剪出了火红的映山红。""还剪出了鸟语花香。"

古诗的教学，读是根本。教学中，为学生创设多种方式的朗读，读出节奏，读出情感，读出意境，熟读成诵，从而让学生感受到春天生机勃勃的景象以及作者对即将到来的春天的喜悦和赞美，适当补充有关春天的诗词给学生开阔视野，延伸所学。

（巴中市巴州区第四小学校　冯青春）

赋得古原草送别

📝 诗歌再现

> 赋得古原草送别（节选）
> （唐）白居易
>
> 离离原上草，一岁一枯荣。
> 野火烧不尽，春风吹又生。

（课文 语文园地一）

📖 作者作品介绍

（唐）李枕《吊白居易》：缀玉联珠六十年，谁教冥路作诗仙？浮云不系名居易，造化无为字乐天。童子解吟长恨曲，胡儿能唱琵琶篇，文章已满行人耳，一度思卿一怆然！

（唐）张固《幽闲鼓吹》：尚书白居易应举，初至京，以诗谒著作顾况。顾睹姓名，熟视白公曰："米价方贵，居亦弗易。"乃披卷，首篇曰："离离原上草，一岁一枯荣，野火烧不尽，春风吹又生。"却嗟赏曰："道得个语，居即易矣。"因为之延誉，声名大振。

（五代）刘昫《旧唐书》："居易幼聪慧绝人，襟怀宏放。年十五六时，袖文一编，投著作郎吴人顾况。况能文，而性浮薄，后进文章无可意者。览居易文，不觉迎门礼遇，曰：'吾谓斯文遂绝，复得吾子矣。'""臣观元之制策，白之奏议，极文章之壶奥，尽治乱之根菱。非徒谣颂之片言，盘盂之小说。就文观行，居易为优。放心于自得之场，置器于必安之地。优游卒岁，不亦贤乎！"赞曰："文章新体，建安、永明。沈、谢既往，元、白挺生。但留金石，长有茎英。不习孙吴，焉知用兵？"

（宋）李垕《续世说》卷五：白居易以诗谒顾况，况曰："米价方贵，居亦不易。"及见篇首：离离原上草，一岁一枯荣。野火烧不尽，春风吹又生，乃曰："道得个语，居即易矣。"为之称赞，声名大振。

（宋）蔡正孙《诗林广记》前集卷十：离离原上草，一岁一枯荣。野火烧不尽，东风吹又生。远芳侵古道，晴翠接荒城。又送王孙去，萋萋满别情。《复斋漫录》云：乐天以诗谒顾况，况曰："长安物贵，居大不易。"及至读《咸阳原上草云》"野火烧不尽，东风吹又生"，叹曰："有句如此，居亦何难！前言戏之耳。"予以为不若刘长卿"春入烧痕青"之句，语简而意尽也。

（元）辛文房《唐才子传》卷六：与胡杲、吉皎、郑据、刘真、卢贞、张浑、如满、李文爽燕集，皆高年不仕，日相招致，时人慕之，绘《九老图》。公诗以六义为主，不尚艰难。每成篇，必令其家老妪读之，问解则录。后人评白诗如山东父老课农桑，言言皆实者也。鸡林国行贾售于其国相，率篇百金，伪者即能辨之。与元稹极善胶漆，音韵亦同，天下曰"元、白"。元卒，与刘宾客齐名，曰"刘、白、云"。

历代名家点评

（金）元好问《论诗三十首》其四：一语天然万古新，豪华落尽见真淳。南窗白日羲皇上，未害渊明是晋人。元好问自注："陶渊明，晋之白乐天。"

（明）单宇《菊坡丛话》卷九：白乐天作乐府及诗百余篇，规讽时事，流闻禁中，上见而悦之，召为翰林学士，其作咸阳原上草诗云：离离远上草，一岁一枯荣。野火烧不尽，东风吹又生。还芳侵古道，晴翠接荒城。又送王孙去，凄凄满别情。《复齐漫录》云：乐天以诗谒顾况，况曰："长安物贵，居人不易。"及至读，咸阳原上草云，野火烧不尽，东风吹又生。叹曰："有句如此，居亦何难前言戏之耳。予以为不若刘长卿春入烧痕青之句，语简而有味也。"又绝句云：试问池基主多为将相官，终身不曾到，惟画图看此，言富贵之人当知止足之义，而勿为身后之悔也。

（清）爱新觉罗·弘历敕编《唐宋诗醇》四七卷：自是而外，平易而最近乎情者，无过白居易。

（清）张潜《诗法醒言》卷三：此诗开口道出题中一草字，如鸢之初飞也。

研读心得

唐人的咏物诗，往往仅在最后一句才能见到作者的本意。白居易一向提倡作诗要通俗易懂，但也不反对用隐喻的办法。《古原草》这首诗题目标有"送别"二字，很显然是一首送别友人的诗篇。而通篇几乎都在写草，实是借草取喻，以草木之茂盛显示友人之间依依惜别时的绵绵情谊。情深意切，所喻尤为巧妙，不愧为白居易的成名作。

（林心宇）

教学心得

二年级下册教材语文园地一"日积月累"栏目中节选的是本诗的前四句，后四句为："远芳侵古道，晴翠接荒城，又送王孙去，萋萋满别情。"这首诗通过对古原上野草的描写，抒发送别友人时的依依惜别之情。"日积月累"栏目重在积累，教材节选的前四句诗着重感受小草顽强的生命力，比较容易理解，教学时要放手让学生充分地朗读。

首先，借助拼音自读古诗，把诗句读正确。

其次，指导学生边读边想象，读出诗人描绘的画面。在整体通读、读准字音、读顺诗句的基础上，教师配乐范读，请学生闭上眼睛边听边想象，问学生"你仿佛看到了什么？听到了什么？感受到了什么？"，学生说完感受，再请他把这种画面、这种感受读出来，可以是对草原的赞美，也可以是对小草的歌颂……教师不要专门讲解诗意，学生有质疑可让学生借助插图感受一下诗人描写的那个情景。

再次，熟读成诵。通过个性化诵读，再引导学生把这么美的诗句背下来，记在脑子里面。自由背诵，指名配乐背诵，配乐齐背等。

最后，拓展升华。让学有余力的学生读、背本诗的后四句并了解整首诗的意境,知道这是一首送别诗,激发学生对古诗的兴趣。

(巴中市巴州区第四小学校 陈艺升)

绝　句

📋 诗歌再现

> 绝　句
> (唐)杜甫
> 两个黄鹂鸣翠柳,一行白鹭上青天。
> 窗含西岭千秋雪,门泊东吴万里船。

(课文 第15课)

📄 作者作品介绍

《分门集注杜工部诗》卷二五:"两个黄鹂鸣翠柳,一行白鹭上青天。"郑曰:"行,胡冈切,列也。""窗含西岭千秋雪",洙曰:"西山白雪四时不消。""门泊东吴万里船",洙曰:"西山,旧谓雪山,以比也。"赵曰:"公之志,每欲南下,其所买而治,门外之船,乃欲万里往东吴之船也。"(宋代蔡梦弼的《杜工部草堂诗笺》卷二十三、宋代黄希黄鹤所著《补注杜诗》卷二十六以及《集千家注杜诗》卷八皆有类似提法)

(清)卢元昌《杜诗阐》卷一二:"两个黄鹂鸣翠柳"一句低,"一行白鹭上青天"一句高,"窗含西岭千秋雪"一句近,"门泊东吴万里船"一句远。低而见翠绿中黄鹂对语,高而见青天上白鹭齐飞,近而见西岭之雪常在窗前,远而思东吴之船还泊门外,幸下东吴,为上青天之白鹭勿滞西岭,为鸣翠柳之黄鹂也。鹂曰两个,公当曰黄鹭并坐交愁是并坐则有时两个,鹭曰一行,公当曰白鹭群飞太剧干群飞则有时一行。雪白千秋西山积雪，冬夏不消，非千秋而何船曰万里。孔明在蜀送吴使曰："万里之行，自北始，非万里而何。"

（清）王嗣奭《杜臆》此四诗盖作于入居草堂之后，拟客居此以终老，而自叙情事如此。其三，是自适语。草堂多竹树，境亦超旷，故鸟鸣鹭飞，与物俱适，窗对西山，古雪相映，对之不厌，此与挂笏看爽气者同趣。门泊吴船，即公诗"平生江海心，夙昔具扁舟"是也。公盖尝思吴，今安则可居，乱则可去，去亦不恶，何适如之！

历代名家点评

（南宋）曾季狸《艇斋诗话》：韩子苍云，老杜"两个黄鹂鸣翠柳，一行白鹭上青天"，古人用颜色字，亦须匹配得相当方用，"翠"上方见得"黄"，"青"上方见得"白"，此说有理。

《集千家注杜诗》卷八：《漫叟诗话》云："诗中有拙句，不失为奇作。若退之逸诗云：'偶在城南土骨堆，共倾春酒两三杯。'子美诗云'两个黄鹂鸣翠柳，一行白鹭上青天'之类是也。"

（南宋）曾慥《高斋诗话》：子美诗云："两个黄鹂鸣翠柳，一行白鹭上青天。窗含西岭千秋雪，门泊东吴万里船。"东坡《题真州范氏溪堂诗》云："白水满时双鹭下，绿槐高处一蝉吟。酒醒门外三竿日，卧看西南十亩阴。"盖用老杜诗意也。

（南宋）魏庆之《诗人玉屑》卷一四：杜少陵诗云："两个黄鹂鸣翠柳，一行白鹭上青天。"王维诗云："漠漠水田飞白鹭，阴阴夏木啭黄鹂。"极尽写物之工。后来唯陈无己有云："黑云映黄槐，更着白鸟度。"无愧前人之作（室中语）。

（明）杨慎《升庵诗话》卷一一：绝句者，一句一绝，起于《四时咏》"春水满四泽，夏云多奇峰。秋月扬明辉，冬岭秀孤松"是也。或以为陶渊明诗，非。杜诗"两个黄鹂鸣翠柳"实祖之。

（明）胡应麟《诗薮》：杜之律，李之绝，皆天授神诣。然杜以律为绝，如"窗含西岭千秋雪，门泊东吴万里船"等句，本七言律壮语，而以为绝句，则断锦裂缯类也。

（明）顾元庆《夷白斋诗话》：长江万里，人言出于岷山，而不知元从雪山万壑中来。山亘三千余里，特起三峰。其上高寒多积雪，朝日曜之，远望日光若银海。杜子美草堂正当其胜处。其诗曰："窗含西岭千秋雪。"

（清）爱新觉罗·弘历敕编《唐宋诗醇》：第三部分虽非正格，自是绝唱。近人以四句皆对为截律诗中四句。是不知古人两句一联，四句一绝也。

（清）浦起龙《读杜心解》卷六："两个黄鹂鸣翠柳，一行白鹭上青天。窗含西岭千秋雪，门泊东吴万里船。"鹂止鹭飞，何滞与旷不齐也？今西岭多故，而东吴可游，其亦可远举乎？盖去蜀乃公素志，而安蜀则严公本职也。蜀安则身安，作者有深望焉。上兴下赋，意本一串，注家以四景释之，浅也。

（清）仇兆鳌《杜诗详注》卷一三：杨慎曰："绝句四句皆对，少陵'两个黄鹂鸣翠柳'是也。"

研读心得

晚年的杜甫有如此的想象力，根据窗外在别人看来十分单调的景色展开想象，写出这样富有意境的诗句，实在是令人叹服！这让我不禁反思自身，为什么一个正值青春的人却思想僵硬，被禁锢得没有一丝想象力呢？写诗没有思想，没有意境，写出来的句子也是干瘪瘪的。文学，就得多思多写，做生活的有心人，去发现不一样的东西。

该诗用"个"形容黄鹂，用"行"形容白鹭，生动形象，让文字一下就有了画面感。"黄""翠""白""青"又增添了几分颜色，更让读者印象深刻，而且此诗这般使用数量词，别出心裁，使此诗名垂千古。

（易成钰）

教学心得

1. 巧用绘画，体会诗境

"两个黄鹂鸣翠柳，一行白鹭上青天"连用了"黄、翠、白、青"

四个写颜色的词语，黄翠互衬、青白相映，煞是好看。让学生拿出彩色笔作一幅画，作画过程中，加深对诗句的感悟，动手又动脑，兴趣浓、积极性高，避免机械地死记硬背。

2. 情景再现，突破难点

"窗含西岭千秋雪，门泊东吴万里船"这两句诗，学生不容易理解"窗含"。教学中，先让学生观察插图，了解诗人的观景角度，再让学生站在教室窗前模仿诗人眺望远方，从而理解"窗含"的意境。

3. 问题引领，快速记忆

引导学生用诗文的形式来回答问题，帮助学生记忆。问：是什么在"鸣翠柳"？答："两个黄鹂"。问："一行白鹭"干什么？答："上青天"。问：透过窗户看到远处、近处各有什么？答：远处有"西岭千秋雪"，近处有"万里船"。问：这些船要到哪里去？答："东吴"。在熟读的基础上质疑问难，学生能很快掌握古诗大意，并快速记忆。

（巴中市巴州区第四小学校　冯青春）

悯农（其一）

诗歌再现

悯农（其一）
（唐）李绅

春种一粒粟，秋收万颗子。
四海无闲田，农夫犹饿死。

（课文　语文园地六）

作者作品介绍

李绅，字公垂。祖籍亳州谯县（今安徽省亳州市谯城区古城镇人）。

唐朝宰相、诗人，中书令李敬玄曾孙。《悯农》二首是唐代诗人李绅的早期创作的一组五言古诗，收录于《全唐诗》中。根据唐代范摅《云溪友议》和《旧唐书·吕渭传》等书的记载，大致可推定这组诗为李绅于唐德宗贞元十五年（799年）之前所作，具体时间有待考证。中唐时期，藩镇林立，中央集权削弱。宦官染指朝政，朋党倾轧，酿成了政治黑暗，战祸频仍，土地集中，赋税沉重，灾荒不断，民不聊生的局面。青年时李绅目睹农民终日劳作而不得温饱，以同情和愤慨的心情，写出了千古传诵的《悯农》诗二首。

（唐）范摅《云溪友议》江都事：初，李公（绅）赴荐，常以《古风》求知吕光化，温谓齐员外煦及弟恭曰："吾观李二十秀才之文，斯人必为卿相。"果如其言。

（五代）刘昫《旧唐书·李绅传》：绅形状眇小而精悍，能为歌诗。乡赋之年，讽诵多在人口。

历代名家点评

（清）李锳《诗法易简录》：此种诗纯以意胜，不在言语之工，《豳》之变风也。

（清）吴瑞荣《唐诗笺要》：至情处莫非天理。暴弃天物者不怕霹雳，却当感动斯语。

（清）贺裳《载酒园诗话》："诗有别趣，非关理也。"然理原不足以碍诗之妙。如元次山《舂陵行》、孟东野《游子吟》、韩退之《拘幽操》、李公垂《悯农》（即《古风》）诗，真六经鼓吹。

刘永济《唐人绝句精华》：此二诗说尽农民遭剥削之苦，与剥削阶级不知稼穑艰难之事，而王士禛（《唐人万首绝句选》）乃不入选，但以肤廓为空灵、以缥渺为神韵，宜人多有不满之论。

研读心得

《悯农》其一中前两句通俗易懂，在春秋转变中写出自然规律的演变，从播种希望到收获成果。从数量上看，一到万的跨越，让人觉得成果颇丰。后两句，承接前文，与四海无闲田，但是农夫依旧会有饿死的状况形成强烈的对比，引人深思为什么会出现这种状况，结合中唐的时代背景分析可得。

再站在农民的角度分析整首诗，可以从农民的勤劳质朴中透露出政策的严苛，侧面也反映出农民阶级的软弱性与易受外界影响的脆弱性。

（蒋润英）

教学心得

《悯农二首》是唐代诗人李绅的组诗作品。这组诗深刻地反映了中国封建时代农民的生存状态。《悯农（其二）》一年级时已经学过，二年级下册教材语文园地六"日积月累"栏目中选取的是《悯农（其一）》。教学流程如下：

首先，复习旧知，导入新课。背诵《悯农（其二）》，并问学生："通过这首古诗，你会懂得什么？今天，我们就来学习《悯农》的第一首。"

其次，初读文本，指导正音。借助拼音，把这首诗读正确、读通顺，不认识的字多读几遍。教师相机指导："悯"是前鼻音，"绅"是翘舌音，"粟"是平舌音，还要提醒"一"的变调。

再次，品读诗文，悟情明理。引导学生一边观察春种和秋收图，一边听老师吟诵古诗，说说这两幅图分别描绘了哪两个季节？画面上的人们在干什么？结合学过的《悯农（其二）》，理解田野里都种满了庄稼，这是农民辛勤劳动的结果。再引导学生观察教材插图中的人物及其衣饰来理解最后两句诗，同时辅以《江河水》幽怨的音乐烘托气氛，使学生的情绪受到感染，在脑海中浮现"四海无闲田，农夫犹饿死"的悲惨情境，激发学生对古代劳动人民的同情和怜悯、对不劳而获的封建统治的憎恶。最后带着这种感情诵读古诗。

最后，熟读成诵，改编故事。通过多种形式的朗读，让学生在熟读中背诵。在此基础上，鼓励学生把这首诗改编成故事，全班交流、点评，巩固理解，深化主题。

（巴中市巴州区第四小学校　陈艺升）

三年级上册

山 行

📋 诗歌再现

> 山 行
>
> （唐）杜牧
>
> 远上寒山石径斜，白云生处有人家。
> 停车坐爱枫林晚，霜叶红于二月花。

（第二单元 第4课）

作者作品介绍

这首诗记述了一次远山旅行，其具体创作时间难以确考。作者秋登寒山，有了充满诗意的发现，于是创作此诗以记之。诗人在深秋的一个午后出游，来到林木萧条的山前，一条石路蜿蜒而上，仿佛在黄绿的草木中画出一条白线，而这白线的顶端是山巅缭绕的白云，白云下面隐约可见有些房屋。那里居住的一定是世外高人吧！诗人很想去拜访他们，可是他突然被眼前的景色吸引住了：在落日的映照下，经霜后的每一片叶子都像燃烧的火焰，比二月的春花更红艳。他停下车来，静对这自然生命的壮观，心里充满感动，不由得发出赞叹。

（明）瞿佑《归田诗话》：予为童子时，十月朝从诸长上拜南山先垄，行石磴间，红叶交坠。先伯元范诵杜牧之"停车坐爱枫林晚，霜叶红于二月花"之句……至今每见红叶与飞落，辄思之。刘世涛书杜牧山行诗。

历史名家点评

（清）刘邦彦《唐诗归折衷》：妙在冷落中寻出佳景。

（清）何焯《唐三体诗评》："白云"即是炊烟，已起"晚"字；"白""红"二字，又相映发。"有人家"三字下反接"停车"，"爱"字方有力。

（清）黄生《唐诗摘钞》：次句承上"远"字说，此未上时所见。三、四则既上之景。诗中有画，此秋山行旅图也。

（清）黄叔灿《唐诗笺注》："霜叶红于二月花"，真名句。诗写山行，景色幽邃，而致也豪荡。

（近代）刘永济《唐人绝句精华》：读此可见诗人高怀逸致。霜叶胜花，常人所不易道出者。一经诗人道出，便留诵千口矣。

（近代）俞陛云《诗境浅说续编》：诗人之咏及红叶者多矣，如"林间暖酒烧红叶""红树青山好放船"等句，尤脍炙词坛，播诸图画。唯杜牧诗专赏其色之艳。谓胜于春花。当风劲霜严之际，独绚秋光，红黄绀紫，诸色咸备，笼山络野，春花无此大观，宜司勋特赏于艳李秾桃外也。

研读心得

教学对象不同就要使用不同的教育方法，对小学生不能要求太高，先要教他们识字，然后再理解诗人的情感。而高年级学生能更加深入地理解诗人的情感、写作背景、人生经历，因此也更容易引发他们对人生的思考。教师上课要讲究方式方法，适当与学生互动，调动积极性，讲课条理清晰，通俗易懂。要将自己代入到学生的角色，不能认为自己懂了，学生们就懂了，多站在学生的角度想问题。让每一位学生都有强烈的主人翁意识，放手让学生充分张扬个性，发挥积极性和创造力，以促进学生个体的知识发展，带动群体知识的发展。首先，由于各自家庭、各自际遇的不同，在生活中、集体中，每个学生的需求是不一样的，教师应善于发现、耐心辅导；其次，重视远程教育网上资源的利用，网络资源丰富多样，教师要经常从网上查阅资源，在增长自身知识的同时，也让学生增长了见识，亦通过文字、图片、视频等激发了学生的兴趣。

（刘姿涵）

教学心得

  教学讲究以学生的感悟去建构、生成知识，更能使他们对方法的习得过程记忆犹新。我们的古诗教学也应遵循此道。运用有层次的诵读，让学生自己发现就是此种方法。第一遍，有孩子说从"枫林"发现了这首诗是写秋天的，也有孩子说从"山行"发现了这是一首登山时的诗作，再读第二遍，有孩子说从"霜叶红于二月花"感受到了山间枫林茂盛，色彩斑斓，美丽极了。我及时点拨"霜叶"指的是什么？有孩子说是枫叶。我再次强调"那此处就改成枫叶好吗？"孩子们经过短暂的思考，有孩子举手回答"不行"。我再次追问："这与枫叶有什么不同？"寂静之后，有孩子小声嘀咕"强调美丽是经历了风霜雪雨的磨砺"，抓住这个契机，我请孩子们圈出自己刚才找出的词汇，有感情地再读第三遍古诗，找找与枫林明艳的美相反的情境，有孩子找出了第一句，我又问他是从哪里感受到的，他找出了"寒"字，说秋天百草凋零，到处都是萎靡景象，加上天气寒冷，所以给人的感觉很凄清。这个孩子说完后，又有另外的孩子补充"白云生处有人家"让人感觉到了人烟稀少，一片冷清。寒冷、凄清与后面的枫林的明艳、热情形成对比，吸引住了作者"停车坐爱枫林晚"。最后我请孩子们回忆，你们是怎么懂得这首诗的？孩子们齐声说"靠读"。

  是的，在读中去悟，在悟中去找，在找中再去读。我和孩子们就这样在一遍遍的朗读中感受了《山行》的音韵美、画面美、意境美和哲理美。

（内江市实验小学校　李蕊惠）

望天门山

📋 诗歌再现

> 望天门山
> （唐）李白
>
> 天门中断楚江开，碧水东流至此回。
> 两岸青山相对出，孤帆一片日边来。

（第六单元 第17课）

作者作品介绍

《望天门山》是唐代伟大诗人李白于开元十三年（725年）赴江东途中行至天门山时所创作的一首七绝。此诗描写了诗人舟行江中顺流而下远望天门山的情景：前两句用铺叙的方法，描写天门山的雄奇壮观和江水浩荡奔流的气势；后两句描绘了从两岸青山夹缝中望过去的远景。全诗通过对天门山景象的描述，赞美了大自然的神奇壮丽，表达了作者初出巴蜀时乐观豪迈的感情，展示了作者自由洒脱、无拘无束的精神风貌。作品意境开阔，气象雄伟，动静虚实，相映成趣，并能化静为动，化动为静，给人一种新鲜的意趣。

历代名家点评

（南宋）陆游《入蜀记》：（出姑熟）至大信口泊舟。盖自此出大江，须风便乃可行，往往连日阻风。两小山夹江，即东梁、西梁，一名天门山。李太白诗云："两岸青山相对出，孤帆一片日边来。"

（明）李攀龙辑，（明）袁宏道校《唐诗训解》：指点景物如画。

（明）周珽的《唐诗选脉会通评林》：周珽曰：以山相对，照应"中断"；以水流回，承应"江开"，意调出自天然。

（明）李攀龙《唐诗直解》：一幅绝好画意。

（清）黄生《唐诗摘钞》：语无深意，写景逼真。

（清）黄叔灿《唐诗笺注》：此天然图画境界，正难有此大手笔写成。

（清）爱新觉罗·弘历敕编《唐宋诗醇》：对结另是一体。词调高华，言尽意不尽，不得以半律议之。胡应麟曰：此及"朝辞白帝"等作，俱极自然，洵属神品，足以擅场一代。

（近代）俞陛云《诗境浅说·续编》：大江自岷山来，与金沙江合，凤舞龙飞，东趋荆楚，至天门，稍折而北，山势中分，江流益纵。遥见远在夕阳明处。此诗赋天门山，宛然楚江风景……能手固无浅语也。

研读心得

这首诗描写了诗人自江中顺流而下又远望天门山的情景：前两句铺叙，描写天门山的雄奇壮观和江水奔流的气势；后两句描绘出从两岸青山夹缝中望去的远景，显示了一种动态美，呈现了一场视觉冲击。全诗通过对天门山景象的描绘，赞美了大自然的独特神韵，表达了作者初出巴蜀的乐观豪迈，展示了作者的自由洒脱、无拘无束。作品意境开阔，气象雄伟，动静虚实，相映成趣，化静为动，又化动为静，表现出一种新鲜的意趣。

（刘春雨）

教学心得

孔圣人云"不学诗，无以言"，古诗语言精练，情感强烈，节奏鲜明，意境优美。哪怕是同一个字，放在不同的景物、不同诗人之间也会有迥然不同的风格。为此，我在教学活动中设计了将《望天门山》与《望洞庭》并行教学的步骤。紧扣题眼"望"，请学生找出都望见了什么、你感受到了什么。李白的《望天门山》，其诗句用字精妙、豁达豪迈，"断""开""回"的大起大落中展现祖国山河的奇丽壮观，读起来壮美气势浩荡在胸。而刘禹锡的《望洞庭》里月光皎洁柔和，湖面平整无波,湖光因月色而荡漾,月光因倒映而明亮,这份"亮"丝毫没有刺眼之感,反倒给人以柔和舒适之感,读起来又充满着静美之感。一个"和"字展现了月夜独赏的静谧山水。

相同的视角,不同的时间,观察不同的景物,由不同的作者完成,景物在不同的诗句中呈现鲜明的个人风格,实乃妙哉!

(内江市实验小学校 李蕊惠)

望洞庭

诗歌再现

望洞庭
(唐)刘禹锡

湖光秋月两相和,潭面无风镜未磨。
遥望洞庭山水翠,白银盘里一青螺。

(第六单元 第17课)

作者作品介绍

刘禹锡(772—842),唐代文学家、哲学家,字梦得,洛阳人,自称"家本荥上,籍占洛阳",又自言系出中山。其先为中山靖王刘胜。有"诗豪"之称。刘禹锡贞元九年(793年),进士及第,初在淮南节度使杜佑幕府中任记室,为杜佑所器重,后从杜佑入朝,为监察御史。贞元末,与柳宗元、陈谏、韩晔等结交于王叔文,形成了一个以王叔文为首的政治集团。贞元二十一年(805年)正月,唐德宗卒,顺宗即位。二王集团的改革措施触犯了藩镇宦官大官僚们的利益,于是改革宣告失败,王叔文被赐死,刘禹锡与柳宗元等八人先被贬为远州刺史,随即加贬为远州司马。这就是历史上著名的"八司马事件"。后其历任连州刺史、夔州刺史、和州刺史、主客郎中、礼部郎中、苏州刺史等职。会昌时，加检校礼部尚书。卒年七十，赠户部尚书。《望洞庭》是唐穆宗长庆四年（824年）秋刘禹锡赴和州刺史任、经洞庭湖时所作。刘禹锡在《历阳书事七十韵》序中称："长庆四年八月，予自夔州刺史转历阳（和州），浮岷江，观洞庭，历夏口，涉浔阳而东。"刘禹锡贬逐南荒，二十年间去来洞庭，据文献可考的约有六次。其中只有转任和州这一次，是在秋天。而此诗则是这次行脚的生动记录。

历代名家点评

（五代）何光远《鉴诫录》卷七：刘禹锡尚书有《望洞庭》之句，雍使君陶有《咏君山》之诗，其如作者之才，往往暗合。刘《望洞庭》诗曰："湖光秋月两相和，潭面无风镜未磨。遥望洞庭山水翠，白银盘里一青螺。"雍《咏君山》诗曰："烟波不动影沉沉，碧色全无翠色深。疑是水仙梳洗处，一螺青黛镜中心。"

（宋）葛立方《韵语阳秋》卷二：诗家有换骨法，谓用古人意而点化之，使加工也……刘禹锡云："遥望洞庭山水翠，折银盘里一青螺。"山谷点化之，则云："可惜不当湖水面，银山堆里看青山。"

（明）谢榛《四溟诗话》卷二：意巧则浅，若刘禹锡"遥望洞庭山水翠，白银盘里一青螺"是也。

（明）谢肇淛《小草斋诗话》：刘梦得《君山诗》云："湖光秋月两相和……"宋黄鲁直亦有《君山诗》云："满川风月独凭栏，绾结湘娥十二鬟。可惜不当湖水满，银堂准里看青山。"二诗机轴相似，才气亦敌，而第三语则唐宋分然，法眼自当辨之，不必言其所以然也。

研读心得

诗人运用飞驰的想象，结合大量的比喻，以清新明丽的格调，生动地描写出秋夜月光下洞庭湖的平如明镜、皎如白璧、和谐朦胧之美。这美丽的洞庭山水图，体现了诗人对洞庭湖自然风光乃至祖国大好河山的喜爱和赞美之情，也表现了诗人壮阔不凡的气度和高卓清奇的情致。

这一首诗有许多字词用得恰到好处，意蕴无穷。最适于炼字词。题目中的"望"和第三句的"遥望"不仅点明了诗人的观测视角，也将整诗的维度放大，表现了诗人旷达的心胸，表现了月与湖面、月光与湖景的交相辉映，相得益彰，给人以静雅朦胧、飘渺空灵之感，也呈现出了诗人内心和谐，人与自然的融合达到天人合一之境。"未磨"将湖面比作明镜，生动形象表现了秋夜下洞庭湖的风平浪静、温和静谧，也是人内心平和的写照。"翠"体现了生命、生机和希望，与其他的秋风秋景的萧瑟形成了对比，更显洞庭湖的独特。也反映诗人虽遭贬谪，但不衰败，不幽怨，仍思报国，壮心未已。

　　整诗的基调是静，诗中既有写实之景，又有贴切浪漫的想象和感受，将意境氛围的高超同个人感受高度融合，借景抒情，将内心抽象化的情感借助外界事物含蓄地表现出来，在传情达意和情景描写方面都取得了成功，使读者身临其境，感诗人所感。以一个"望"字引领全诗意象，最后两句将秋夜洞庭湖风光归结到一点是意象的高度集中，这俨然如一件精美的工艺品，十分独到精辟，避重就轻，简单自然，以文观人，这也正是诗人性格情操直白朴实的体现。

（鲁露）

教学心得

　　彰显语文意识是语文教学的核心要素。《望洞庭》诗句光色交融、引人入胜，读起来又充满着静美之感。教师以题目为眼，引导学生猜测诗的内容，然后在"诗中有画"的活动中，通过朗读归纳出湖光、秋月、洞庭山这三个具体景物，进而结合诗句感受景色的特点，抓住极具形象表现力的"白银盘里一青螺"，引导学生想象洞庭山水的位置关系、形态相应、色泽融合的场景，体会到洞庭湖"托起"洞庭山是多么平和妥帖，洞庭山"放入"洞庭湖是多么精致小巧，远远望去，平水尖山，银盘青螺，颜色与形态的搭配相得益彰。而能出现这样的景致，离不开"湖光秋月两相和，潭面无风镜未磨"，学生比较容易想象皎洁月光下，平静的湖面就像一面镜子，此时，可结合诗人境遇及写诗背景，引导学生感悟诗人内心平和的意境。

此外，这首古诗本身的内容和写法，对于学生由近及远地观察景物、练习描述也有一定的启发和借鉴价值。在教学过程中，我们以边读边想象为主要学习方法，去感受景色由近及远的变化。抓住题眼，入情入境，穿越时空，千年共享，这也就是读诗的最大魅力！

（内江市实验小学校　李蕊惠）

早发白帝城

诗歌再现

> 早发白帝城
> （唐）李白
>
> 朝辞白帝彩云间，千里江陵一日还。
> 两岸猿声啼不住，轻舟已过万重山。

（第六单元　语文园地）

作者作品介绍

此诗作于唐肃宗乾元二年（759年）三月，李白遇赦东归途中。当年春天，李白因永王李璘案流放夜郎，取道四川赶赴被贬谪的地方。行至白帝城的时候，忽然收到赦免的消息，惊喜交加，随即乘舟东下江陵。此诗即回舟抵江陵时所作，所以诗题一作"白帝下江陵"。前人曾认为这首诗是李白青年时期出蜀时所作。然而根据"千里江陵一日还"的诗意，以及李白曾从江陵上三峡，可以判定这首诗是他返还时所作。

历代名家点评

（唐）皎然《诗式》：绝句要婉曲回环，删芜就简，句绝而意不绝。大抵以第三句为主，而第四句接之。有实接，有虚接，承接之间，开与合相关，反与正相依，顺与逆相应，一呼一吸。如此诗三句"啼不住"二字。

（宋）洪迈纂，（清）王士祯辑《唐人万首绝句选评》：读者为之骇极，作者殊不经意，出之似不着一点气力。阮亭推为三唐压卷，信哉！

（明）高棅辑，（明）桂天祥批《批点唐诗正声》：亦有作者，无此声调。此飘逸。

（清）沈德潜《唐诗别裁》卷二〇：七言绝句以语近情遥，含吐不露为贵。只眼前景，口头语，而有弦外音，使人神远，太白有焉。

（明）高棅《增订评注唐诗正声》：郭云："'已过'二字，便见瞬息千里，点入猿声，妙，妙。"

（明）杨慎《升庵诗话》：盛弘之《荆州记》"巫峡江水之迅"云："朝发白帝，暮到江陵，其间千二百里，虽乘奔御风，不以疾也。"杜子美诗："朝发白帝暮江陵，顷来目击信有征。"李太白"朝辞白帝彩云间……"，虽同用盛弘之语，而优劣自别。今人谓李、杜不可以优劣论，此语亦太愦愦。白帝至江陵，春水盛时，行舟朝发夕至，云飞鸟逝，不是过也。太白述之为韵语，惊风雨而泣鬼神矣。

（明）周珽《唐诗选脉会通评林》：周敬曰："脱洒流利，非实历此境说不出。焦竑曰：盛弘之谓白帝至江陵其远，春水盛时行舟，朝发暮至。太白述之为韵语，惊风雨而泣鬼神矣。"

（清）张惣《唐风怀》：汉仪曰："境之所到，笔即追之，有声有情，腕疑神助，此真天才也。"

（清）沈德潜《唐诗别裁》：写出瞬息千里，若有神助。入"猿声"一句，文势不伤于直。画家布景设色，每于此处用意。

（清）桂馥《札朴》：友人请说太白"朝辞白帝"诗，馥曰：但言舟行快绝耳，初无深意，而妙在第三句，能使通首精神飞越，若无此句，将不得为才人之作矣。晋王廙尝从南下，旦自寻阳，迅风飞帆，暮至都，廙倚舫楼长啸，神气俊逸，李诗即此种风概。

（清）施补华《岘佣说诗》：太白七绝，天才超逸，而神韵随之。如"朝辞白帝彩云间，千里江陵一日还"，如此迅捷，则轻舟之过万山不待言矣。中间却用"两岸猿声啼不住"一句垫之，无此句，则直而无味；有此句，走处仍留、急语仍缓。可悟用笔之妙。

（近代）刘永济《唐人绝句精华》：此诗写江行迅速之状，如在目前。而"两岸猿声"句，虽小小景物，插写其中，大足为末句生色。

（近代）俞陛云《诗境浅说续编》评此诗说：四渎之水，惟长江最为迅急，以万山紧束，地势复高，江水若建瓴而下，舟行者帆橹不施，疾于飞鸟。自来诗家，无专咏之者，惟太白此作，足以状之。

研读心得

诗人清晨出发，身后的白帝城彩云环绕，景象描写清朗明媚，彩云是早晨景色，寓意着从晦暝阴沉转为曙光初灿，同时寓情于景，作者的心情也转为轻松愉悦。随后是乘船感受，乘着小船，顺着江水东下，只一天工夫，就回到了千里之外的江陵，其中，"千里"和"一日"对比，写出了江陵路遥，而水流之急，舟行若飞，可谓"有时朝发白帝，暮到江陵，其间千二百里，虽乘奔御风，不以疾也"。

三四句的江景描写，船过三峡，两岸的猿啼声此起彼伏，可轻快的小船如脱弦之箭，转眼间就越过了万岭千山，行舟轻如无物，点明水势如泻。生动地描绘了船行三峡瞬息千里的壮观景象，洋溢着诗人经过了艰难岁月之后轻松自在的心情，因此雄峻速急中又有豪情欢悦。语言平易亲切，音节流畅圆转。

全诗把诗人遇赦后愉快的心情和江山的壮丽多姿、顺水行舟的流畅轻快融为一体，诗笔奔放，快船快意，洋溢欢悦豪情，正为当时诗人欢快心情的写照，运用夸张和奇想，随心所欲，自然天成。

（卿梦香）

教学心得

"好的导入是授课成功的一半"是老师们都认同的教学规律。我在授课之前首先利用多媒体创设情境,把能展现三峡险峻的视频与能展现青猿哀鸣的音频呈现出来,同时,出示"巴东三峡巫峡长,猿鸣三声泪沾裳。三峡山中有断猿,声声凄绝本何言。行三峡乱峰间,雪浪如山毛骨寒"等诗句,让孩子们从直观上感受不同,接着请孩子们自由读诗,说说自己从诗中体会到了什么?有的孩子会继续沉浸在三峡的险和环境的凄清中。但也有学生会感受到诗人此时并无悲哀,相反还比较快乐。从而抛出问题:"诗人到底是喜是忧呢?"以此激发学生的学习兴趣,引出诗作背景,让学生领会到学诗要"知人论诗"。在教学的过程中,结合诗的作者作品介绍,圈画重点字词,含英咀华,体会诗中不一样的情感世界。

我们学一首诗的最终目标是通过诗人精妙的语言去领会诗人内在的、细腻的、深沉的、丰富的情感,让这份情感潜移默化地陶冶自己,让自己的思想也丰盈而独立,这是我教学的最终目标,亦是我读诗教诗的最大收获。

(内江市实验小学校 李蕊惠)

采莲曲

诗歌再现

采莲曲
(唐)王昌龄
荷叶罗裙一色裁,芙蓉向脸两边开。
乱入池中看不见,闻歌始觉有人来。

(第七单元 语文园地)

作者作品介绍

采莲曲，古曲名。王琦注："《采莲曲》起梁武帝父子，后人多拟之。"这首诗是王昌龄被贬龙标时所作。在唐天宝七年（748年）夏天，王昌龄任龙标尉已经有了一段时间，初次与阿朵见面，却是别有一番情趣。那时候，王昌龄独自一人行走在龙标城外，在东溪的荷池，看见了一幅绝美的画面，那就是酋长的公主——蛮女阿朵在荷池采莲唱歌的情景，遂作采莲曲。

历代名家点评

（明）瞿佑《归田诗话》：贡有初，泰父尚书侄也，刻意于诗。尝谓予曰："……王昌龄《采莲词》……意谓叶与裙同色，花与脸同色，故棹入花间不能辨，及闻歌声，方知有人来也。"用意之妙，读者皆草草看过了。

（明）顾璘《批点唐音》：此篇纤媚如晚唐，但不俗，故别。

（明）钟惺《唐诗归》：从"乱"字、"看"字、"闻"字、"觉"字，耳、目、心三处参错说出情来，若直作衣服容貌相夸示，则失之远矣。

（明）周珽《唐诗选脉会通评林》：容貌服色与花如一，若不闻歌声，安知中有解语花也？景趣天然，巧绝，慧绝。

（清）王夫之《姜斋诗话》：艳情有述欢好者，有述怨情者，《三百篇》亦所不废，顾皆流览而达其定情，非沉迷不反，以身为妖冶之媒也。嗣是作者，如"荷叶罗裙一色裁""昨夜风开露井桃"，皆艳极而所止。

（清）黄叔灿《唐诗笺注》：梁元帝《碧玉诗》"莲花乱脸色，荷叶杂衣香"，意所本。"向脸"二字却妙，似花亦有情。乱入不见，闻歌始觉，极清丽。

研读心得

王昌龄擅长七绝，他的七绝受到后人的高度评价，誉为"神品"。《采莲曲》就是"神品"之一。这首小诗仅有二十八个字，但是充分地勾勒出了采莲女愉快的劳动和欢乐的心情。动静结合，情景交融。采莲少女的绿罗裙融入田田荷叶中，仿佛一色，少女的脸庞掩映在盛开的荷花间，相互映照。

　　混入莲池中不见了踪影，听到歌声四起才觉察到有人前来。第一句从荷叶入手，来映衬采莲姑娘的衣着，这句诗既是写景也是喻人。第二句诗便由静到动，生动形象地写出了采莲女与荷花交相辉映的情态。第三句诗承上启下，写出的正是一种人花莫辨的感觉。其中的"乱"字更是运用得极妙，采莲姑娘的罗裙与荷叶混在一起，采莲姑娘红扑扑的脸也与荷花交相辉映，分不清哪里是荷叶、哪里是罗裙、哪里是荷花、哪里是姑娘的脸。这个"乱"字正写出了这种融合之美。接下来的第四句将作者"看不见"采莲女的淡淡的惆怅之情一扫而光，增添了画面的生动感，让诗的意境更加含蓄，这正是"菱歌唱不彻，知在此塘中"了。

　　这首诗虽然描写的是采莲女，但是通篇没有运用正面描写，整首诗没有一个"美"字，却处处透露着美。将采莲女与自然融为一体，营造了一种令人遐想的优美意境。

（李梦雨）

教学心得

　　叶圣陶先生曾说过："诗歌的讲授，重在陶冶情操，丰富想象力。抓住精要之点，一两句的指点也许就够了。"本着这样的教学理念，我打破常规，不按诗句的排序进行教学。而是利用PPT，让孩子在满眼荷叶莲花的图像中去寻找发现，接着融入少女的歌声，孩子们惊呼"莲池中有人"。出现诗中第四句"闻歌始觉有人来"，出示重点词"闻""始"，让孩子们说说意思，并提出问题"为什么之前没发现？"请孩子们通过读诗去寻找答案。有孩子会发现诗句的一、二句就是答案："荷叶罗裙一色裁，芙蓉向脸两边开"，引导孩子通过朗读再次感悟"罗裙""一色裁""芙蓉""向脸"等重点词语的意义，最后问诗中哪一句告诉了我们少女采莲的景象，引出第三句："乱入池中看不见"，通过替代词"混"引导学生体会"乱"的妙处。

古诗词言约意丰，贵在含蓄，非联想、想象不能领悟其意境、意趣。引导学生在一次次的吟诵中进行联想想象才能实现读者与文本的对话，最终实现意义的建构。毕竟"感人心者，莫先乎情，莫始乎言，莫深乎义"。

（内江市实验小学校　李蕊惠）

三年级下册

绝 句

诗歌再现

绝 句
(唐)杜甫

迟日江山丽,春风花草香。
泥融飞燕子,沙暖睡鸳鸯。

(第一单元 第1课)

作者作品介绍

《绝句二首》(其一)是杜甫于广德二年(764年,于成都所作,是诗人漂泊西南的早期作品)。广德二年春,严武再镇蜀,杜甫才又回到草堂,此前漂泊在外将近两年。诗反映了诗人经过"一岁四行役""三年饥走荒山道"的奔波流离之后,暂时定居草堂的安适心情,也是诗人对春时自然界一派生机、欣欣向荣的欢悦情怀的表露。

历代名家点评

(清)仇兆鳌《杜诗详注》卷一三:扬慎谓:"绝句者,一句一绝,起于《四时咏》'春水满四泽,夏云多奇峰,秋月扬明辉,冬岭秀孤松'是也。今按此诗,一章而四时皆备。"

(清)仇兆鳌《杜诗详注》卷一三:罗大经《鹤林玉露》云杜诗"迟日江山丽"四句或谓此与儿童之属对何异。余曰:"不。上二句,见两间无非生意;下二句,见万物莫不适情。于此而涵泳之,体认之,岂不足以感发吾心之真乐乎?大抵古人好诗,在人如何看,在人把做如何用。"

（清）浦起龙《读杜心解》卷六：只写春景，未出意。

（清）卢元昌《杜诗阐》卷一九："迟日江山丽，春风花草香。""泥融飞燕子"承春风句，"沙暖睡鸳鸯"承迟日句。犹是江山迟日倍丽，犹是花草经春便香。花草香而泥融矣，飞而衔泥者有燕子，江山丽而沙暖矣，栖而爱暖者有鸳鸯。人何以不燕子鸳鸯哉。

（清）《集千家注杜诗》卷一一："迟日江山丽，春风花草香。泥融飞燕子，沙暖睡鸳鸯。"富贵气象。

（清）爱新觉罗·玄烨选，陈廷敬等辑注《御选唐诗》卷二六：绝句"迟日江山丽"诗"春日迟迟"，宋之问诗"彩云歌处断，迟日舞前留"，柳誓诗"四望江山春"，谢灵运诗"白日丽江皋"。春风花草香，《管子》"春风风人"，梁简文帝诗"春日春风过"，陆罩诗"徘徊花草合"，晋白纻舞歌"阳春白日风花香"。泥融飞燕子，古诗"思为双飞燕，衔泥巢君屋"，隋文帝诗"宫木阴浓燕子飞。沙暖睡鸳鸯"，梁元帝《鸳鸯赋》："朝浮兮浪华，夜集兮江沙。"诗鸳鸯于飞。《尔雅》："雄鸣曰鸳，雌鸣曰鸯。"古歌辞："鸳鸯七十二，罗列自成行。"

（清）黄叔灿《唐诗笺注》：有惜春之意，有感物之情，却含在二十字中，妙甚。

研读心得

杜甫的一生经历了唐朝由盛转衰的历史，其诗大胆揭露当时的社会矛盾，对穷苦人民寄予深切同情，内容深刻。这些诗大都沉厚深重，饱含诗人忧国忧民的情怀。但《绝句二首》（其一）却是难得的语言清新，意境明丽，闲适淡然。

杜甫诗中有很多动物意象，这一点在《绝句二首》（其一）也有体现，衔泥飞燕、暖沙鸳鸯，极富情趣。诗人移情于物，将主观情感融于动物物象之中，借物抒慨，表情达意，以燕子和鸳鸯的闲适惬意来表达诗人奔波流离之后定居草堂的闲适惬意的心情。《绝句二首》（其一）格律精工，如"迟日"对"春风"，"江山"对"花草"，名词对名词，不仅对仗工整，而且词性相同。用词简练，如"丽""香""飞""睡"

这四字是各句的句眼，用字凝练，但却传神。诗人以短短的二十个字就为我们展现了一幅富有诗意的画，令人读诗犹如在赏画。

诗的开头以"迟日"来统摄全篇。迟日即春日，取自《诗经》"春日迟迟"，突出春日明媚的阳光。同时用一"丽"字点染"江山"，表现了春日阳光照耀的秀丽景色。用笔简洁而色彩浓艳。第二句诗人以春风、花草、芳香来展现春光的明丽。三者有机地组织在一起，有惠风和畅、百花竞放、风送花香的感受，有身临其境的艺术效果，接着三、四二句转向具体而生动的春日景物描绘。第三句春暖花开，泥融土湿，燕子正繁忙地飞来飞去，衔泥筑巢。这生动的描写，使画面更加充满勃勃生机，显出一番春意闹的情状。第四句春日沙暖，鸳鸯在暖沙上静睡，沐浴在灿烂的阳光中，悠然自适，与飞燕相对照，动静相间，相映成趣。诗人用"迟日、春风、花草、融泥、暖沙、燕子、鸳鸯"等意象构成了一幅色彩鲜明、生机勃勃的春日丽景图，意境明丽悠远，格调清新，春意盎然。

（唐枫然）

教学心得

正所谓"天初暖，日初长"，在教学时，我以"迟日"引入古诗，让学生们用多种方式诵读古诗，师范读、师生对读、个别读、齐读等，整体感受诗歌，了解大意，再用学过的四字词语来形容读诗后的感觉，感受春之美。

再结合课本插图，找出迟日、江山、春风、花草、泥、燕子、鸳鸯这些景物，结合生活实际，说说这些景物的特点，如：（温暖、灿烂）的阳光，（柔柔、轻柔）的春风……把一幅色彩明丽的春日图呈现在学生们的眼前，再由视觉切入嗅觉，闻出诗中花草的"香"，再由植物转到动物，香甜酣睡的鸳鸯，衔泥筑巢的燕子，一飞一睡，一动一静，相映成趣，让学生体会春天的勃勃生机，让学生们能从色彩、感觉、味道、动作这些方面感受诗中春天的美景，体会春天的美好。

在诵读时，我指导学生们注意把握停顿，感受节奏美，以读促悟，读中悟情,当一个个优美的词句从学生们嘴里"飘"出来时,又何尝不是一种美呢?

(巴中市巴州区第一小学校 刘晓燕)

忆江南

诗歌再现

> 忆江南
> (唐)白居易
>
> 江南好,风景旧曾谙。
> 日出江花红胜火,春来江水绿如蓝。
> 能不忆江南?

(第一单元 语文园地)

作者作品介绍

(清)冯金伯《词苑萃编》卷一:白居易思吴宫钱塘之胜,作江南忆。宝历元年(825年),白居易被派任苏州刺史。到任后的第二年,他修筑了通往虎丘的十里山塘的道路。写下《虎丘寺路》诗:"自开山寺路,水陆往来频。银勒牵骄马,花船载丽人。芰荷生欲遍,桃李种仍新。好住湖堤上,长留一道春。"白居易游览了虎丘、灵岩山、天平山。被称为"吴中第一山"的灵岩山,留有白居易遗迹——"乐天楼"。在天平山的半山有"吴中第一泉"——白云泉。泉边石壁上刻有白居易一首题诗:"天平山上白云泉,云自无心水自闲。何必奔冲山下去,更添波浪向人间。"当他离开苏州时,苏州人民依依不舍。他写诗:"青紫行将吏,班白列黎氓。一时临水拜,十里随舟行。饯筵犹未收,征棹不可停。稍隔烟树色,尚闻丝竹声。"太和元年(827年),白居易回长安任秘书监。第二年改任刑部侍郎。但他仍心系杭州，写下名作《忆江南》词，表达了他对杭州与西湖的深切怀念。①

历代名家点评

（宋）王灼《碧鸡漫志》卷五，望江南：《乐府杂录》云："李卫公为亡妓谢秋娘撰《望江南》，亦名《梦江南》。"白乐天作《忆江南》三首，第一《江南好》，第二、第三《江南忆》。自注云："此曲亦名《谢秋娘》，每首五句。"予考此曲，自唐至今，皆南吕宫，字句亦同，止是今曲两段，盖近世曲子无单遍者。然卫公为谢秋娘作此曲，已出两名。乐天又名以《忆江南》，又名以《谢秋娘》。近世又取乐天首句名以《江南好》。予尝叹世间有改易错乱误人者，是也。

（明）杨慎《词品》卷一《法曲献仙音》：《望江南》，即唐法曲《献仙音》也。但法曲凡三叠，《望江南》止两叠尔。白乐天改法曲为《忆江南》。其词曰："江南好，风景旧曾谙。"二叠云："江南忆，最忆是杭州。"三叠云："江南忆，其次忆吴宫。"见乐府。

（日本）藤元粹《白乐天诗集》：诗余上乘。

研读心得

关于忆江南，我更多的是根据白居易的生平事迹去看待这首诗，为什么要去"忆"？"忆"的到底是什么？还有隐藏在这首诗背后的一些意味，唐代中期文人的思想和抱负。从最开始的含蓄的"望江南"到之后直接的"忆江南"，是诗人情感毫不收敛的抒发，忆的是江南人、江南景，忆的是自己在江南的作为和生活状态。

（吴欣月）

教学心得

在学习这首词时，先让学生们初读，由交流熟悉的写景词句引入课

---

① 黄石林：《旅行史话》，社会科学文献出版社2012年版。

题,在以往学习积累的基础上,辨析这首词和以前学的古诗在形式上有何不同,通过对比,借助注释认识词,初步了解词的相关知识。

把握好节奏和韵律是读好古诗词的重要因素,也是理解感情起伏变化的关键。孩子们先自由读词,读准字音,读通句子,教师范读,划节奏读,指名读,齐读等,引入押韵知识,引导找出韵脚,指导读好古诗词,逐步掌握古诗词的节奏和韵律,初步了解诗词的大意。

紧扣词中关键字词"好",体会诗人对江南美景的赞美;诗画结合,想象诗人记忆中的美景"江花""江水"的美,再引导学生合理想象,诗人记忆中的美景还可能有什么,尝试仿说,仿写,加深体会,培养学生理解诗词的能力。

(巴中市巴州区化成镇中心小学校 刘晓燕)

清 明

诗歌再现

清 明
(唐)杜牧

清明时节雨纷纷,路上行人欲断魂。
借问酒家何处有?牧童遥指杏花村。

(第三单元 第9课)

作者作品介绍

此诗首见于南宋初年《锦绣万花谷》注明出唐诗,后依次见于《分门纂类唐宋时贤千家诗选》、明托名谢枋得《千家诗》、清康熙《御选唐诗》。《江南通志》载:杜牧任池州刺史时,曾到过杏花村饮酒,诗中杏花村指此。附近有杜湖、东南湖等胜景。

📝 历代名家点评

（唐）司空图《二十四诗品》："遥指"之举，真可谓"不着一字，尽得风流"。

（北宋）欧阳修《六一诗话》：写难状之景，如在目前；含不尽之意，见于言外。

（明）谢榛《四溟诗话》：杜牧之《清明》诗曰："借问酒家何处有？"此作宛然入画但气格不高，或易之曰："酒家何处是？江山杏花村。"此有盛唐调。予拟之曰："斜人策马，酒肆杏花西。"不用问答，情景自见。

（清）沈德潜《说诗晬语》：只眼前景，口头语，而有弦外音，味外味，使人神远。

（清）贺裳《载酒园诗话·又编》：杜紫薇诗，惟绝句最多风调，味永趣长，有明月孤映、高霞独举之象，余诗则不能尔。

（清）全祖望《鲒绮亭集外编》的《杜牧之论》：杜牧之才气，其唐长庆以后第一人！读其诗词，感其愤时，与长沙太傅（贾谊）相上下。

（清）刘熙载《艺概》：杜樊川诗雄姿英发。

📖 研读心得

这首诗短小精悍，虽然只有四句，但起承转合都恰到好处，用最少的字描写和抒发了自己的所见所想。

本诗是以"乐景"写"哀情"，酒家、杏花村等都是乐景，我们从中似乎无法看出清明时节的悲伤之情，这主要与古代清明节的习俗有关。清明这个节日，古人对它的观念和认知和今天不完全是一样的。在当时，清明节是个色彩、情调都很浓郁的节日，或是家人团聚，或是游玩观赏，或是上坟扫墓。而这其中如果有像诗人这样心中有愁绪的人，就有完全不同的心境了，他们会更加忧愁，大概多是找酒家借酒消愁去了。全诗情感呈现为增长式，起句低沉，合句达到最高潮。诗的最后一句，用了留白的手法，杏花村是不是就是作者要寻找的酒家呢？诗人去没去呢？杏花村在哪，又有多远？诗人有没有喝到酒？诗的末尾没有点明，而是戛然而止，直接收尾，留给了读者想象的空间，这也就是艺术的"有余不尽"。

（李梦雨）

教学心得

学习这首古诗，要理解诗歌描述的场景，体会诗人所要表达的情感，对于三年级的孩子来说，还是有一定的难度，为了突破这一难点，在教学时，我采用抓字眼明诗意的方法，通过引导学生们抓住重点词语"纷纷"，结合生活实际，用自己的话来描述纷纷的春雨是什么样的；那么，在这样的雨天，诗人又在做什么呢？再由"行人""断魂"等词语入手，去体会诗人寂寞的心情：在清明时节，本应当是家人团聚，一起上坟祭扫，悼念已逝亲人，或踏青游春之际，可自己却孤身一人行路，不免触景伤情，再加上细雨纷纷，衣衫全被打湿，想要找一酒家，酒家却遥在杏花村，"遥"字更增添了无限惆怅。

教学中，借助音乐调动情感，烘托气氛，有助于学生更好地理解古诗。所以，在教学过程中，我引导学生们配乐吟诵，进而引导学生体会诗人寂寞的心情。

（巴中市巴州区化成镇中心小学校　刘晓燕）

九月九日忆山东兄弟

诗歌再现

> 九月九日忆山东兄弟
> （唐）王维
>
> 独在异乡为异客，每逢佳节倍思亲。
> 遥知兄弟登高处，遍插茱萸少一人。

（第三单元　第9课）

作者作品介绍

这是王维十七岁时的作品。王维当时独自一人漂泊在洛阳与长安之间,他是蒲州(今山西永济)人,蒲州在华山东面,所以称故乡的兄弟为山东兄弟。

九月九日是重阳节,中国有些地方有登高的习俗。《太平御览》卷三十二引《风土记》云:"俗于此日,以茱萸气烈成熟,尚此日,折萸房以插头,言辟热气而御初寒。"

历代名家点评

(唐)皎然《诗式》:三四句与白居易"共看明月应垂泪,一夜乡心五处同",意境相似。(元)杨士弘辑,(明)顾璘批点《批点唐音》:"真意所发,切实故难。"

(明)高棅辑,(明)桂天祥批《批点唐诗正声》:吴逸一曰:"口角边说话,故能真得妙绝,若落冥搜,便不能如此自然。"

(明)凌宏宪编《唐诗广选》:蒋仲舒曰:"在兄弟处想来,便远。"

(近代)俞陛云《诗境浅说续编》:杜少陵诗"忆弟看云白日眠"、白乐天诗"一夜乡心五处同",皆寄怀群季之作,此诗尤万口流传。诗到真切动人处,一字不可移易也。

研读心得

"每逢佳节倍思亲"写到每逢佳节时,对家乡亲人的思念更甚更浓。"每"字隐含了诗人的无助、失意,甚至不愿过佳节的复杂情感。

"遥知兄弟登高处"这句诗类似于"何当共剪西窗烛,却话巴山夜雨时",不直接写诗人自己的思乡之情,通过想象家人对诗人的思念,将诗人的思乡怀亲、孤独的思想感情推至高处。这里的兄弟不单单指的是诗人的兄弟,而是诗人通过兄弟想到家人进而将"兄弟"表征家乡。

(丁兰)

教学心得

兴趣是最好的老师。初读古诗，我先问学生们这首诗描写的是什么节日？古时候，人们会在这一天做什么？在学生们畅所欲言、意犹未尽时，再话锋一转：诗人在这一天又是怎么度过的呢？引入课题自然、巧妙。

精心设计导语，引导学生进入情境，能有效激活学生的思维。在引导学生们理解诗人的孤独寂寞时，紧扣"异乡""异客"，为他们创设情境：当诗人身边的人和亲朋好友聚在一起时，当看到别人成群结队去爬山时，而他呢？他却"独在异乡为异客"，人生地不熟，正因为诗人如此的孤独无助，他才会"倍"加思念家乡、思念家乡的亲人。

此时，引导学生们想一想：诗中诗人在重阳佳节深深地思念亲人，想到兄弟们在干什么，他们是否也在想他，他们会怎么想，怎么说等问题，请学生思考面临此种场景，你又会怎样表达对远在他乡的亲人的思念之情呢？学生们试着说一说，写一写。

通过情境的创设，教师的描述以及学生们的想象，角色的体验和有感情地诵读，本课的教学难点也就会迎刃而解。

（巴中市巴州区化成镇中心小学校　刘晓燕）

滁州西涧

诗歌再现

滁州西涧

（唐）韦应物

独怜幽草涧边生，上有黄鹂深树鸣。
春潮带雨晚来急，野渡无人舟自横。

（第四单元　语文园地）

作者作品介绍

此诗作于德宗建中四年（783年）后任滁州刺史时。李肇《国史补》云："开元后位卑而著名者，李北海邕、王江宁昌龄、李馆陶、郑广文虔、元鲁山德秀、萧功曹颖士、张长史旭、独孤常州及、崔比部元翰、梁补阙肃，韦苏州其一也。"应物仕宦本末，似止于苏。案白傅《苏州答刘禹锡诗》云"敢有文章替左司"，谓应物也。官称亦止此。

（宋）黄庭坚《都下喜见八叔父》：诗成戏笔墨，清甚韦苏州。

历代名家点评

（唐）白居易《与元九书》：才丽之外，颇近兴讽。

（宋）文莹《湘山野录》：深入唐人风格。

（宋）苏轼《书荒子思诗集后》：发纤秾于简古，寄至味于淡泊。

（宋）陈师道《后山诗话》：右丞，苏州皆学于陶，王得其自在。

（南宋）魏庆之《诗人玉屑》卷五中"陵阳澥人学韦诗"云：公每劝读韦苏州诗。

（金）元好问《别李周卿三首》（其二）《古诗十九首》：建安六七子。中间陶与谢，下逮韦柳止。

（清）沈德潜《唐诗别裁》卷二〇：起二句与下半无关。下半即景好句，元人谓刺君子在下，小人在上，此辈难与言诗。

（清）黄叔灿《唐诗笺注》卷九：闲淡心胸，方能领略此野趣。然所难尤在此种笔墨，分明是一幅画图。

研读心得

让学生在充分自读自悟的基础上，引导学生更准确和完整地理解诗词的意思，感受诗人的情感。《滁州西涧》是山水诗的名篇，诗人运用了借景抒情的写法。全篇教学可围绕"诵诗中句、赏诗中景、悟诗中情、用诗中语、写诗中意"五个环节展开。

（熊露）

教学心得

由于作者所处的时代、社会生活以及个人经历、创作意图不同，诗中所表达的感情也不一样。所以，在教学这首诗时，我从介绍作者和写作背景引入，紧接着让学生们释题感知大意，知道这首诗写的是诗人春游西涧时看到的暮春景色，再让学生们思考：这首诗仅仅是描写春景吗？

我引导学生们抓住重点词句，围绕重点词句分析理解来帮助他们体会诗歌的思想感情。前两句写春景，幽草为静，黄鹂为动，学生们知道这是通过动静结合，以声衬静表现西涧静谧的美。"独怜"二字说明诗人爱幽草而轻黄鹂，在学生们看来，诗人是一个不喜张扬、不怕寂寞的人。

后两句，晚潮加上春雨，水势更急，本来行人不多，现在连船夫都不见了。要帮助学生们理解这两句诗中诗人要表达的情感，就要抓住"带""急"这两个重点词语，我们把"春潮带雨晚来急"换成"春潮伴雨晚来急"或者"春潮带雨晚来涌"，再联系写作背景，知道诗人一直都有着不在其位、不得其用的无奈，所以才会"舟自横"，这样更容易帮助学生理解诗人的忧伤。

（巴中市巴州区化成镇中心小学校　刘晓燕）

大林寺桃花

诗歌再现

大林寺桃花
（唐）白居易

人间四月芳菲尽，山寺桃花始盛开。
长恨春归无觅处，不知转入此中来。

（第八单元　语文园地）

作者作品介绍

白居易《游大林寺序》：余与河南元集虚、范阳张允中、南阳张深之、广平宋郁、安定梁必复、范阳张时、东林寺沙门法演、智满、士坚、利辩、道深、道建、神照、云皋、恩慈、寂然凡十七人，自遗爱草堂历东西二林，抵化城，憩峰顶，登香炉峰，宿大林寺。大林穷远，人迹罕到。环寺多清流苍石、短松瘦竹，寺中唯板屋木器，其僧皆海东人。山高地深，时节绝晚，于时孟夏月，如正二月天，山桃始华，涧草犹短，人物风候与平地聚落不同。初到恍然若别造一世界者。因口号绝句云（即《大林寺桃花》）。

历代名家点评

（宋）沈括《梦溪笔谈》：白乐天《游大林寺》诗云："人间四月芳菲尽，山寺桃花始盛开。"盖常理也。此地势高下之不同也。

（明）黄周星《唐诗快》：只恐"此中"亦不能久驻，奈何！

（清）宋长白《柳亭诗话》：白香山与元集虚十七人游庐山大林寺，时已孟夏，见桃花盛开，乃作诗曰："人间四月芳菲尽……"梅花尼子行脚归，有诗曰："着意寻春不见春，芒鞋踏破岭头云。归来笑捻梅花嗅，春花枝头已十分。"二绝可谓得禅机三昧矣。

刘永济《唐人绝句精华》：此诗亦以见诗人所感有与常人不同者。苏轼《望江南》词有"百舌无言桃李尽，柘林深处鹁鸪鸣，春色属芜菁"之句，辛弃疾《鹧鸪天》词亦有"城中桃李愁风雨，春在溪头荠菜花"之句，皆与白氏此诗用意相同，可以互参。

研读心得

《大林寺桃花》以清新明净的笔调，描写山寺的桃花在深山中静静开放，写出自然界的细微变化，给人以惊喜。"长恨春归无觅处"则写出在这惊喜之中也有一丝无可奈何，但是又有了"不知转向此中来"的想法，让我们感受到了面对问题时的另一种解决思路，使我们的眼界更加开阔。

（杨瑶佳）

教学心得

　　这首诗的教学难点是通过对这首诗的学习，引导学生们在面对失败和灰暗时，能明白生活中处处有惊喜。为了突破教学难点，我让学生们在情感上和诗人达到共鸣，我先以一组"繁花落尽"的图片引入，学生们会感到难过、失落，他们也会有春末夏初"芳菲尽"的淡淡忧伤，也自然能理解诗人在阅尽人间芳菲之后的落寞；再引导学生想象来到大林寺，邂逅美丽桃林的情景。学生们跟着眼前一亮，春天都快过去了，竟还有如此美景，学生们也会有诗人那种"柳暗花明又一村"的意外和惊喜。

　　三年级的学生通过学习古诗，积累一定数量的古诗词，既落实了新课标，也提高了学生的审美鉴赏能力，进而激发他们对中国传统文化的认知。另外，我还设计了"春"字诗词会，展春天之美景，显诗词之绝妙，让孩子们爱上古代诗词，爱上经典文化。

（巴中市巴州区化成镇中心小学校　刘晓燕）

四年级上册

浪淘沙

诗歌再现

浪淘沙（其七）

（唐）刘禹锡

八月涛声吼地来，头高数丈触山回。

须臾却入海门去，卷起沙堆似雪堆。

（第一单元 第1课练习）

作者作品介绍

创作时间主要有两说：一是多认为写于夔州后期[①]；二是认为其写于夔州之后，在此取前一种说法，作于长庆二年春，即公元822年，夔州贬所。[②]

（北宋）欧阳修等编《新唐书》卷一六八：素善诗，晚节尤精，与白居易酬复颇多，居易以诗自名者，尝推为"诗豪"。

（南宋）严羽《沧浪诗话》诗评：大历后刘梦得之绝句，张籍、王建之乐府，吾所深取耳。

（明）胡震亨《唐音癸签》卷七《评汇》三：刘禹锡的诗歌大都写得声情并茂，语语可歌。

（清）翟均廉《海塘录》卷二五中将《浪淘沙其七》取名为《观潮》。

历代名家点评

（明）周珽《唐诗选脉会通评林》：杨慎列为妙品。敖英曰：梦得

[①] 卞孝萱、吴汝煜：《刘禹锡》，上海古籍出版社1980年版，第51，54-55页。
[②] 赵娟、姜剑云：《刘禹锡集》，山西古籍出版社2006年版，第84页。

《浪淘沙》数首,独此佳。李梦阳曰:人情只在口头。陆时雍曰:物情人思,佳境自然。唐汝洵曰:只"忘我实多"意。薛维翰《怨歌》末句,禹锡改"要"为"独",欠圆活矣。然以第三句较之,终是薛作浅露。

(明)李攀龙选,(明)叶羲昂直解《唐诗直解》:触景含情,幽恨难写,人情只在口头。

(明)胡正亨《唐音癸签》卷七:禹锡有"诗豪"之目,其诗气该今古,词总华实,运用似无甚过人,却都惬人意,语语可歌,真才情之最豪者,在中晚唐自为一格。

(清)翁方纲《石洲诗话》卷二:刘宾客之能事,全在《竹枝同》,至于铺陈排比,辄有伧俗之气。山谷云:"梦得《竹枝》九章,词意高妙,昔子瞻尝闻余咏第一篇,叹曰:'此奔轶绝尘,不可追也。'"又云:"梦得乐府小章,优于大篇。"极为确论。

研读心得

诗人观察入微。这首诗从声、势、形来对钱塘江海潮涨落这一过程进行阐述,无论是"吼地来""触山回"都可以看出诗人对钱塘江大潮的细致观察,"吼"表现了声之大,第二句是大潮到达顶峰之时,"高、数丈"又展现出了钱塘江的势,最后一句"雪堆"又表现出了它的形。这里也可以看出诗人的观察之用心。

流走如飞而又不失紧凑。"吼地来"和"触山回"形成对比,来时气势汹汹,去时又毫不犹豫,这里的描写生动形象,表现了涨潮退潮时的迅速敏捷。然而"须臾"承接上一句,来时迅猛,去时迅速,仿佛这只是一瞬间之事,转而又对"沙"进行描写。这里由动转静,动静结合,内容紧凑,画面感强烈。

此诗不事雕琢,但展现了诗人的高超艺术,没有精心地遣词造句,却又不失精彩,表现了诗人的高超艺术。

(熊雨欣)

教学心得

这首诗被编排在部编版四年级上册第一课《观潮》后面的习题中,

这样的编排是为了让学生们借助这首诗加深对课文描写潮来时内容的理解和拓展，所以，我在教学的时候，侧重于学生对诗的整体感知：首先，我请学生自读感悟，遇到不认识、不理解的问老师和同学等，在巡视过程中发现好多孩子对"须臾"的读音和理解都犯难，于是，我就带领大家一起读，并询问学生中有没有理解它的意思，待学生说出词语意思后，又让大家说一说自己对诗句的理解，然后紧扣一些重点的词，谈一谈诗中大潮带给自己的感受，最后再让学生从课文中找一找相关的句子，帮助学生进一步熟悉课文。当然，我在引导学生体会的时候并没有把诗句与课文中的句子机械地一一对应起来，我认为这不利于学生思维的发展，也有悖于教学的初衷。

而为了让学生更好地感受潮来时的壮观与美丽，达成本单元"边读边想象画面，感受自然之美"的语文要素，我给学生们推荐了毛泽东同志的《七绝·观潮》：

千里波涛滚滚来，雪花飞向钓鱼台。

人山纷赞阵容阔，铁马从容杀敌回。

这首诗在读音上没有难度，但是它的想象很是奇特，形象也尤为壮阔，读诵会让人仿佛进入壮阔奇景，随之油然而生一种对祖国大好河山的热爱与崇拜。

（遂宁市船山区顺南街小学校　陈丽娜）

鹿　柴

诗歌再现

鹿　柴

（唐）王维

空山不见人，但闻人语响。

返景入深林，复照青苔上。

（第一单元　语文园地）

作者作品介绍

此诗作于唐代天宝年间,这时的诗人杜甫经历了唐朝的安史之乱以及一系列变动,40多岁的诗人体会了人生种种之后,与友人在长安终南山下的蓝田县购置辋川别业,过着半官半隐的生活,以《辋川集》描绘山水自然,表达自己对于田园生活的喜爱,《鹿柴》是其中的第五首。

历代名家点评

(唐)王维撰(宋)刘辰翁评《王孟诗评》:"无言而有画意。"顾云:"此篇写出幽深之景。"

(明)高棅辑,(明)桂天祥批《批点唐诗正声》:不言处反胜有,言复不佳。

(明)凌宏宪《唐诗广选》:李宾之曰:"诗贵淡不贵浓,贵远不贵近。如杜诗'钩帘宿鹭起,丸药流莺转'、李诗'桃花流水杳然去,别有天地非人间'与摩诘'返景'二语,皆淡而浓、近而远,可为知者道,难与俗人言也。"

(明)李攀龙《唐诗直解》:无言而有画意,"复照"妙甚。

(明)李攀龙辑,(明)袁宏道校《唐诗训解》:不见人,幽矣;闻人语,则非寂灭也。景照青苔,冷淡自在。摩诘出入渊明,独《辋川》诸作最近,探索其趣,不拟其词。如"结庐在人境,而无车马喧",喧中之幽也;"空山不见人,但闻人语响",幽中之喧也。如此变化,方入三昧法门。

(清)吴瑞荣《唐诗笺要》:景到处有情,情到处生景,可思不可象,摩诘真五绝圣境。

(清)徐增《而庵说唐诗》:此首眼目在"空山"二字。右丞笔下直是大光明藏,无有一字在也。

(清)王阮亭《唐贤三昧集笺注》:五绝乃五古之短章,最难简古浑妙。唐人此体,右丞可称妙手。

(清)沈德潜《唐诗别裁》:佳处不在语言,与陶公"采菊东篱下,悠然见南山。"同。

（清）黄叔灿《唐诗笺注》："不见人""闻人语"，以林深也。林深少日，易长青苔，而反景照入，空山阒寂，真麋鹿场也。诗细甚。

（清）李锳《诗法易简录》：人语响，是有声也；返景照，是有色也。写空山不从无声无色处写，偏从有声有色处写，而愈见其空。严沧浪所谓"玲珑剔透"者，应推此种。沈归愚谓其"佳处不可语言"，然诗之神韵意象，虽超于字句之外，实不能不寓于字句之间，善学者须就其所已言者，而玩索其不言之蕴，以得于字句之外可也。

（清）张文荪《唐贤清雅集》：空而非空，宛而不宛，咸淡入妙。

（近代）俞陛云《诗境浅说续编》：深林中苔翠阴阴，日光所不及，惟夕阳自林间斜射而入，照此苔痕，深碧浅红，相映成采。此景无人道及，惟妙心得之，诗笔复能写出。

研读心得

"返景入深林，复照青苔上。""深林"和"青苔"都表现了环境的幽暗，但是这个时候夕阳的余晖照耀到了这里，给原本幽暗的环境增添了一抹暖色。转而又想，夕阳带来的小小余晖怎么能温暖大片的无边的深林呢？这样强烈的对比，反而将孤寂幽暗的环境渲染得更加淋漓尽致。

现实世界中大自然的声音其实是非常丰富多彩的。然而此刻，在诗人的笔下这一切都杳无声息，只是偶尔传来一阵人语声，由于在深山密林之中，看不到人影，这"人语响"，看似是打破"寂静"的，实际上是以局部的、暂时的"响"反衬出全局的、长久的空寂。空谷传音，愈见空谷之空；空山人语，愈见空山之寂。人语响过，空山复归于万籁俱寂的境界；而且由于刚才那一阵人语响，这时的空寂感就更加突出。

这首诗最突出的特点就是充分运用了反衬的手法。用"人语响"来反衬空山之静，用夕阳的余晖反衬密林之暗。在冷寂的环境中掺入一点暖意，却使这冷色调变得更冷了，使空山中空旷幽深的环境更加突出。诗人笔法细腻，构筑出一幅恬静清冷的画面。

（卿红霞）

教学心得

《鹿柴》这首五言绝句描绘了鹿柴附近山深林密的幽静景色，非常契合我们第一单元的主题——"自然之美"，它渲染了一种清冷空寂的意境之美。教学时，首先我引导学生把诗读正确，尤其注意"柴"的读音；其次鼓励学生借助注释用自己的话说说这首诗的大致意思；"边读边想象画面"是本单元需要学生掌握的语文学习的一种重要方法，因此接下来，我指导学生一边感情朗读，一边想象故事描绘的画面，从而体会诗中的幽静之美。最后为了更好地让想象成为一种好方法、好习惯，我播放了《经典咏流传》中的《山居秋暝》的现代歌曲改编，并请学生闭上眼睛，静静聆听。这是诗佛王维的佳作，伴随演唱者空灵出奇的嗓音，我们眼前仿佛出现了王维的辋川别院：宁静的山林，皎洁的月光，潺潺的泉水，构成了一幅宁静美好的画面。

（遂宁市船山区顺南街小学校 陈丽娜）

暮江吟

诗歌再现

> 暮江吟
> （唐）白居易
>
> 一道残阳铺水中，半江瑟瑟半江红。
> 可怜九月初三夜，露似真珠月似弓。

（第三单元 第9课）

作者作品介绍

此诗大约是白居易在赴杭州任刺史的途中所写，当时的朝廷政治昏暗，牛李党争激烈，诗人尝尽了在朝为官的艰辛，于是自求外任。所以这首诗渗透了他远离朝廷后轻松愉悦的快乐情绪和获得自由后的个性色彩，成了白居易在特定境遇下心境和审美的艺术载体。诗中把夕阳斜映江上的绮丽景色和深秋夜露的清凉熔铸在一起，描绘了一幅色彩绚丽的秋江暮景图。写晚霞江景，写新月寒露，蕴含着诗人对生活、对大自然的无限热爱之情，给后人带来无尽的美的享受。

历史名家点评

（宋）范晞文《对床夜话》：唐人绝句，有意相袭者，有句相袭者。王昌龄《长信宫》云："玉颜不及寒鸦色，犹带昭阳日影来。"……又杜牧《沈下贤》云："一夕小敷山下路，水如环佩月如襟。"白乐天《暮江吟》云："可怜九月初三夜，露似真珠月似弓。"……韩偓《即日》云："须信闲中有忙事，晓来冲雨觅渔师。"此皆意相袭也。

（明）杨慎《升庵诗话》卷三：诗有丰韵。言"残阳铺水"，半江之碧，如"瑟瑟"之色；"半江红"，日所映也。可谓工微入画。

（清）爱新觉罗·弘历敕编《唐宋诗醇》卷二四：写景奇丽，是一幅着色秋江图。

（宋）洪迈纂，（清）王士祯辑《唐人万首绝句选评》：丽绝韵绝，令人神往。

（清）王士禛《带经堂诗话》卷二：全诗后二句似出率易，而风趣复非雕琢所及。

（近代）俞陛云《诗境浅说续编》：上二句写江天晚景入妙。后二句言一至深宵，新月如弓，正初三之夕；其时露气渐浓，如珠光的皪，正九月之时。夜色清幽，诵之觉凉生袖角。通首皆写景，惟第三句"谁怜"二字，略见惆怅之思，如水清愁，不知其着处也。

研读心得

傍晚时分，夕阳西下，柔和的光芒铺在江面上，江水被晚霞染上了鲜红色，绯红绚烂的江面荡漾着层层绿色的涟漪。诗人抓住江面上呈现出的两种颜色，却表现出残阳照射下，暮江细波粼粼、光色瞬息变化的景象。最让人欢喜的是那九月初三之夜，江边的草地上挂满了晶莹的露珠，它们像珍珠一样晶莹闪亮，新月形如弯弓。

暮江吟表达了作者对大自然的喜爱、热爱之情。作者描绘了夕阳西沉、晚霞映江的绚丽景象，以及弯月初升，露珠晶莹的朦胧夜色。通过对夕阳、江面、露珠、新月的描写，创造出和谐宁静的氛围，透露出远离朝廷之后的轻松愉悦，语言明快，格调清新、自然。

（卿梦香）

教学心得

这首古诗，我们曾在学校读书节系列活动之一——"每周一诗"（三年级下）中背诵过，所以在导入时，我出示了一幅图片（夕阳照耀下的江上景色），让学生猜猜可能是背过的哪首诗，通过这种方式来导入教学。

古诗教学关键是朗读，因为已经熟悉并且能够背诵，所以学生感情朗读很不错。这是一首写景的古诗，它描绘的是深秋时节从黄昏到夜晚的美丽景色。所以我首先让学生读出画面，在读的时候进而思考：你读出了什么？或者你看到了什么？学生通过朗读知道了：时间是写深秋黄昏到夜晚这段时间的景色，地点是江面和江边，所描写的景物有阳光、江水、月亮、露珠，这为后面大致了解诗意做了很好的铺垫。

借助插图和注释是很好的学习古诗的方法。但是对于"一道残阳铺水中，半江瑟瑟半江红"的理解可能学生只能停留在字面上，为了深入感受奇特的画面，可利用图片来直观感受。后两句也如法炮制。

本单元的语文要素是"体会文章准确生动地表达，感受作者连续细致地观察"，学生能从第一句和第三句明显感受到诗中所描写的事物的特点和变化。对于准确表达，学生能从"露似珍珠""月似弓"等处体会到诗人生动描绘景物的美妙，而对于"一道残阳铺水中"中为什么用"铺"而不用其他相近的字眼这一难点，比如"射、照"等字，我分别出示了几种情况的画面，让学生直观形象感受到"铺"更有动感，也更宏大，也符合夕阳西下的过程。

最后播放风景图片，让学生自然地将诗意串讲。不过后来才发现课后习题要让学生改写，如果课堂上能创设一定的故事情境，我想效果会更好！

（遂宁市船山区顺南街小学校　陈丽娜）

嫦　娥

诗歌再现

> 嫦　娥
> （唐）李商隐
>
> 云母屏风烛影深，长河渐落晓星沉。
> 嫦娥应悔偷灵药，碧海青天夜夜心。

（第四单元 语文园地）

作者作品介绍

（宋）洪迈纂，（清）王士祯辑《唐人万首绝句选评》：借嫦娥抒孤高不遇之感，笔舌之妙，自不可及。

《玉溪生年谱会笺》：义山依违党局，放利偷合，此自忏之词，作他解者非。

历代名家点评

（明）高棅《唐诗品汇》：谢云：意谓嫦娥有长生之福，无夫妇之乐为悔，前人未道破。

（清）屈复《玉谿生诗说》卷上：嫦娥指所思之人也，作真指嫦娥，痴人说梦。

（清）纪昀《玉谿生诗说》卷上：意思藏在上二句，却从嫦娥对面写来,十分蕴藉,非咏嫦娥也。

(清)宋顾乐《万首唐人绝句选评》:借嫦娥抒孤高不遇之感,笔舌之妙,自不可及。

(近代)俞陛云《诗境浅说》:"嫦娥偷药,本属寓言;更悬揣其有悔心,且万古悠悠,此心不变,更属幽玄之思。词人之戏笔耳。"

研读心得

《嫦娥》与李商隐,这两者之间有共性,这也是李商隐能在嫦娥身上找到共鸣的原因,首先是他们的身世经历,李商隐身世的凄凉、仕途的坎坷、生活的种种不幸,"嫦娥应悔偷灵药"一句,嫦娥因得灵药飞升而成月宫的仙子,却也失去了人间的温情,从此饱尝内心的孤寂和月宫的冷清,李商隐因受令狐家相助而获取了进士功名,也因此被师门"禁锢"不得自主,深陷当权者的排挤、打击与报复之中不得解脱。

当人们费尽心力达到心中的目标,站在巅峰时却没有意料之中的心满意足,反而会因为追忆往昔的平凡岁月而感到怅然若失。这是因为在攀岩的过程中我们为了减轻自身的负担而不断丢弃了自己的附属品,在得到也在不断失去,此所谓,"高处不胜寒。"

(吴欣月)

教学心得

《嫦娥》这首诗安排在部编版四年级上册第四单元的语文园地中,这个单元以神话为主题,而这首诗也是本单元主题学习的一个拓展。这首古诗实际上抒写的是处境孤寂的主人公对于环境的感受和心灵独白。

铺得平,垫得稳,我们才能很好地引导学生思考。这首诗学生理解起来比较困难,为了让学生弄懂诗意,体会诗中所表达的意境,我用故事创设情境,先对学生讲了《嫦娥奔月》的故事,这个神话故事对于四年级的学生来说耳熟能详。接着我范读古诗,也同时提醒了学生"应悔"的"应"读一声。然后让学生在读中去体会、去感悟,因为只有多读才能读出诗中的情感,读出古诗的韵味。最后我让学生借助插图和旁边的注释，根据以往的经验，大概说说诗意。学生感受到了嫦娥的孤独寂寞，其中有一个男生还即兴表演了嫦娥当时的神态、动作，那唉声叹气的样子活脱脱的一个夜不能寐、辗转反侧的嫦娥，虽然让人发笑，但至少他们理解到了人物的内心。

但这还是不够的。诗人李商隐要表达什么情感呢？此时我展示李商隐的相关材料，让孩子将嫦娥和诗人联系起来，将李商隐和嫦娥进行比较，我们便不难看出诗人是借嫦娥的故事来写他自己。不过这些铺垫功夫在以后的学习中，尤其是学习古诗词时也要注意——对于诗词写作的背景介绍必不可少，可以让我们少走弯路。

（遂宁市船山区顺南街小学校 陈丽娜）

出 塞

诗歌再现

出 塞
（唐）王昌龄

秦时明月汉时关，万里长征人未还。
但使龙城飞将在，不教胡马度阴山。

（第七单元 第21课）

作者作品介绍

《出塞》是王昌龄早年赴西域时所作，《出塞》是乐府旧题。王昌龄所处的时代，正值盛唐，这一时期，唐在对外战争中屡屡取胜，全民族的自信心极强，边塞诗人的作品中，多能体现一种慷慨激昂的向上精神和克敌制胜的强烈自信。同时，频繁的边塞战争，也使人民不堪重负，渴望和平，《出塞》正是反映了人民的这种和平愿望。

历代名家点评

（明）顾璘《批点唐音》：惨淡可伤。音律虽柔。终是盛唐骨格。

（明）杨慎《升庵诗话》：此诗可入神品。"秦时明月"四字，横空盘硬语也。人所难解。李中溪侍御尝问余，余曰：扬子云赋，欃枪为闉，明月为堠。此诗借用其字，而用意深矣。盖言秦时虽远征而未设关，但在明月之地，犹有行役不逾时之意；汉则设关而戍守之，征人无有还期矣，所赖飞将御边而已。虽然，亦异乎守在四夷之世矣。

（明）敖英《唐诗绝句类选》："秦时明月"一首，用修、于鳞谓为唐绝第一，愚谓王之涣《凉州词》神骨声调当为伯仲，青莲"洞庭西望"气概相敌。第李诗作于沦落，其气沉郁；少伯代边帅自负语，其神气飘爽耳。

（明）李攀龙《唐诗直解》：惨淡可伤。结句出人意表，盛唐气骨。

（明）王世贞《艺苑卮言》：于鳞言唐人绝句当以此压卷，余始不信，以少伯集中有极工妙才。既而思之：若落意解、当别有所取；若以有意无意、可解不可解间求之，不免此诗第一耳。

（明）胡应麟《诗薮》："秦时明月"在少伯自为常调，用修以诸家不选，故《唐绝增奇》首录之。所谓前人遗珠，兹则掇拾。于鳞不察而和之，非定论也。

（明）胡震亨《唐音癸签》：王少伯七绝宫词闺怨，尽多诣极之作，若边同"秦时明月"一绝，发端句虽奇，而后劲尚属中驷，于鳞遽取压卷，尚须商榷。

（清）宋宗元《网师园唐诗笺》：悲壮浑成，应推绝唱。

（清）袁熹《中国古籍总目——此木轩论诗汇编》：好在第二句，"秦时明月汉时关"不可通。"但使龙城飞将在，不教胡马渡阴山"，令人起长城之叹。诗人之词凡百，皆不忍尽、不敢尽、只有此一节尤不尽者，此《春秋》继诗之旨也。如不信者、试遍觅唐人诗读之。

（清）施补华《岘佣说诗》："秦时明月"一首，"黄河远上"一首，"天山雪后"一首，皆边塞名作，意态雄健，音节高亮，情思悱恻，令人百读不厌也。

（清）黄生《唐诗摘钞》：中晚唐绝句涉议论便不佳、此诗亦涉议论，而未尝不佳。此何以故？风度胜故，气味胜故。

研读心得

历代以来，人们对这首诗总是赞不绝口。但是当我初看王昌龄的这首《出塞》时，扑面而来的字眼全都似曾相识，与众多同类题材的作品大同小异，毫无新奇之处。像"关""明月"这两个词语在边塞诗中早已司空见惯，屡见不鲜。"长征""胡马""阴山"等词语同样为世人沿用已久，读者熟知其稔。但仔细一品味，却发现本诗具有众多独特之处。逐渐明白，诗歌之美，诗歌语言之美，往往就表现在似乎很平凡的字上，或者说，就表现在把似乎很平凡的字用在最确切、最关键的地方。而这些地方，往往又最能体现诗人高超的艺术造诣。

这首诗虽然只有短短四行，但是表现的内容是厚重和复杂的。既有对远征士卒的浓厚同情，对朝廷好大喜功和不能选贤任能的不满，同时又有以大局为重，认识到家国的荣誉和战争的正义性，发出了"不教胡马度阴山"的誓言，洋溢着爱国激情。这种从千年以前、万里之外起笔的方法，自然形成了一种悲壮、深邃的意境。

遥望窗外历经千年而没有褪色的月亮，仿佛穿越了时光，回到那个秦汉时飞将军李广领军出塞的时刻。月下塞外的大漠风尘滚滚，追随飞将军远征万里的将士们最后一缕背影也消失在了朦胧的地平线上。那个一生传奇、满腔报国之志却在垂暮之年依旧没能立功封侯的飞将军仿佛就在我的眼前，两鬓苍苍的他留给我们的却是一个渐行渐远的背影。

我的心里久久不能平静。我想起了许多爱国志士：虎门销烟的林则徐、铁路工程专家詹天佑、英勇跳崖的狼牙山五壮士……他们克服重重困难，赴汤蹈火，为国捐躯。正是因为有无数的革命先烈前仆后继的爱国情怀和壮举，才换来了今天的和平和幸福生活。

在当今的和平年代，我们更需培养甘于奉献、临危不惧的精神，弘扬伟大的中华民族精神，高举爱国主义旗帜，锐意进取，自强不息，真正把爱国之志变成爱国之行。

（杨露）

教学心得

在教学中，我以谈话引入新课，用"以诗解诗"的诗歌赏析法，层层递进，让学生体会诗歌的意境。首先提出"诗人写了哪两种景物？"这个问题，让学生找出"明月""边关"这两种景物，再引导学生回忆有关"明月"的诗，如：李白的《静夜思》、苏轼的《水调歌头》等，从而引出明月在古诗中反复被人们吟咏，大多是为了表达"思乡之情"。接下来解读"万里长征人未还"中的人是谁的问题，让学生知道这里的人是指戍边的将军和战士，此时再抛出"这些战士为什么没有回家乡"这个问题，让学生理解战士没能回家乡是因为要保家卫国，仗没打完或者是已经战死沙场。而通过对"但使龙城飞将在"这句诗的课前预习，学生已经感受到他们渴望一位像李广那样的英雄出现，然而李广这样的好将军早就去世，从而再引出"他们为什么会思念这位将军"这个问题，让学生理解频繁的边塞战争使人民不堪重负，他们想要李广将军这样的人出现，只有会安宁，他们才能和亲人团聚，反映了边关将士为国家安宁和平作出的重大牺牲。

这首诗感慨千古边塞变迁，赞美了边疆战士守家卫国的壮志，同时从"人未还""但使"这些词语中又可以看到，频繁的边塞战争让人民苦不堪言，因此人民渴望和平这一主题思想。在教学中，学生很容易理解诗中所表达的这一主题，但是学习诗歌，不仅仅是理解诗歌意境，还要从中汲取知识，所以引导学生从这首诗总结出任何事物都具有两面性，我们应该辩证地看待问题，学会从多角度思考问题的道理。

（万源市铁矿镇中心小学校　胡永丽）

凉州词

诗歌再现

> 凉州词
> （唐）王翰
>
> 葡萄美酒夜光杯，欲饮琵琶马上催。
> 醉卧沙场君莫笑，古来征战几人回？

（第七单元 第21课）

作者作品介绍

唐人七绝多是乐府歌词，凉州词即其中之一。《凉州词》创作于开元年间，唐陇右经略使郭知运在开元年间，把凉州曲谱进献给玄宗后，迅即流行。它是按京州（今甘肃省河西、陇右一带）地方乐调歌唱的。《新唐书·乐志》说："天宝间乐调，皆以边地为名，若凉州、伊州、甘州之类。"这首诗地方色彩极浓。从标题看，京州属西北边地；从内容看，葡萄酒是当时西域特产，夜光杯是西域所进，琵琶更是西域所产，胡笳更是西北流行乐器。这些无一不与西北边塞风情相关。这组七绝正是一组优美的边塞诗。

（唐）杜甫《奉赠韦左丞丈二十二韵》：李邕求识面，王翰愿卜邻。

（唐）张说：王翰之文有如琼杯玉斝，虽烂然可珍，而多有玷缺，若能箴其所阙，济其所长，亦一时之秀也。

历代名家点评

（明）胡应麟《诗薮》：初唐绝，"葡萄美酒"为冠；盛唐绝，"渭城朝雨"为冠；中唐绝，"回雁峰前"为冠；晚唐绝，"清江一曲"为冠。

（明）王世贞《艺苑卮言》卷四："葡萄美酒"一绝，便是无瑕之璧。盛唐地位不凡乃尔。

（宋）洪迈纂，（清）王士禛辑《唐人万首绝句选评》：气格俱佳，盛唐绝作。

（清）沈德潜《唐诗别裁》卷一九：故作豪饮旷达之词，而悲感已极。

（清）施补华《岘佣说诗》：作悲伤语读便浅，作谐谑语读便妙。在学人领悟。

（清）王文濡《唐诗评注读本》卷四：首句言宴席之盛，不可不饮，乃欲饮而琵琶声已于马上相催，又不得饮，卒之醉卧沙场，仍复出于痛饮。上三句，句句用顿，末句一挫，便使全首精神，跃跃纸上。

（近代）韩兆琦《唐诗选注集评》：催，催促上马出发。此句意谓士兵们正要在琵琶的演奏声中开怀畅饮，而命令传来，已经催促大家上马出发了……作品于旷达豪纵、谐谑的背后，流露了士兵们的一种厌战情绪。

（近代）杨业荣《唐诗合选》：诗的意思是说，正想饮酒的时候，军中奏乐催促出征了，但是，催只管催，还是要饮个痛快，即使醉卧沙场也没有什么了不起了。

研读心得

这首诗描写了偏僻荒凉的边塞的一次盛宴,出征的将士们开怀痛饮、尽情酣醉。前两句描写了酒宴场面加之音乐，渲染了热闹气氛；三、四句则描写了将士们互相斟酌劝饮，尽情尽致，乐而忘忧。边地荒寒艰苦的环境，紧张动荡的征戍生活，使得边塞将士很难有一次欢聚的酒宴。正在大家"欲饮"之时，催行的琵琶声响起，将士们顿感心头沉重。但转念一想，将士从军，生死早已置之度外，于是，出征的将士们仍举杯痛饮。明知前途险厄，却仍然淡定自若，临危不惧，其豁达、豪放的性格跃然纸上。

我不禁联想到，在当时一个普通士兵的出生入死，只是为皇朝镇压边民，为将军们拜将封侯，对于他们自己呢，并没有任何好处。最后的结果，只能战死在沙场，终于是黄沙白骨。所以边塞诗中对填的描写多充斥着一种当时军营中特有的豪迈而悲凉的情调，当饮酒半酣之时，最容易流露出来。从三四句可以侧面反映出将士们对战争的厌倦和不满，以及行军出发之前，征戍战士豪迈而略带悲凉的心情。

（王沁予）

教学心得

在教学中，播放一首具有边塞特色的乐曲引入新课，制造氛围，引导学生进入诗歌中的情景，顺势解题——何为凉州词；接下来引导学生理解"欲饮琵琶马上催"是什么意思。想象酒宴上，将士们耳听琵琶声，觥筹交错，兴致昂扬，一阵痛饮、抛开一切的热闹场面。再深入思考"为什么战前将士们要喝酒"，从而让学生理解边地荒寒艰苦的环境下将士们紧张动荡的征戍生活，他们很难有一次欢聚的酒宴，他们也需要这样的释放。从而引导学生找出与酒有关的几个词语并思考总结"酒有哪些作用""战士们有哪些苦衷和烦恼"，这样一步步引导学生产生疑问，相互交流想象，让学生对古诗所表达的情感有深入的理解。

这首诗不只是写一个欢乐的盛宴的热烈气氛，还隐隐地透露出自有战争以来生还者极少的悲惨事实。大多数学生对于生死的理解不够透彻，因此要引导他们从后两句诗中读出作者笔下的悲壮是一种视死如归，将士们早就把生死置之度外，这种勇气与盛大的宴席一样热烈豪放。同时让学生想象将士们紧张动荡的征战生活，体会将士们的苦，从而珍惜当前的美好生活。

（万源市铁矿镇中心小学校　董云波）

别董大

诗歌再现

> 别董大
> （唐）高适
>
> 千里黄云白日曛，北风吹雁雪纷纷。
> 莫愁前路无知己，天下谁人不识君。

（第七单元 语文园地）

作者作品介绍

徐中玉、金启华《中国古代文学作品选》："公元747春天，吏部尚书房琯被贬出朝，其门客有名的琴师董庭兰也离开长安。是年冬，董庭兰与高适相会于睢阳，离别之时，高适写下《别董大二首》，此诗为前一首。"

历代名家点评

（唐）殷璠《河岳英灵集》：适诗多胸臆语，兼有气骨，故朝野通赏其文。

（五代）刘昫《旧唐书·高适传》：有唐以来，诗人之达者，唯适而已。

（清）徐增《而庵说唐诗》：此诗妙在粗豪。

（明）胡应麟《诗薮》：高适、岑参、王昌龄、李颀、孟云卿，本子昂之古雅而加之以气骨者也。

（明）唐汝询《唐诗解》：云有将雪之色，雁起离群之思，于此分别，殆难为情，故以莫愁慰之。言君才易知，所如必有合者。

（明）凌宏宪《唐诗广选》：蒋仲舒曰：适律诗："莫怨他乡暂离

别，知君到处有逢迎"，即此意。

（清）沈德潜《唐诗别裁集》：有唐诗人之达者，适一人而已。适五十学诗，每一篇出，为时称颂。

（清）沈德潜《说诗晬语》：品格极高，复饶远韵。

（明）周珽《唐诗选脉会通评林》：上联具景物凄惨，分别难以为情。下联见美才易知，所如必多契合。至知满天下，何必依依尔我分手！就董君身上想出赠别之情，妙，妙。

（近代）胡适《白话文学史》：高适的诗最得力于鲍照，鲍照的奔逸的天才在当时虽不见赏识，到了八世纪却正好做一个诗体解放的导师。高适是一个有经验、有魄力的诗人，故能运用这种解放的诗体抬高当日的乐府诗词。

（当代）姚奠中《唐宋绝句选注析》：诗人在这首赠别友人的诗里，名曰别董大，实际上，是诗人用比兴手法，在抒写自己的不凡抱负和落魄不得其志的处境。

（当代）沈祖棻《唐人七绝诗浅释》：以开阔的胸襟、豪迈的语调，来对付离别，激励朋友……在这荒寒而又壮阔的环境中，送别一位身怀绝技却无人赏识的音乐家，在一般人笔下，是难以发出什么豪言壮语来相劝慰的。但是这位气质慷慨的诗坛老将，出人意料地写出了"莫愁"两句，顿觉天清气阔，前途光明。这也就是前人所说的"笔补造化天无功"。

研读心得

唐人的送别诗众多，其中不乏凄清缠绵、低回婉转的作品，这些作品感人至深，然而另一种慷慨悲歌、豪壮健美的送别诗也以其坚强的信念和真诚的情谊，将"盛唐气象"也渗透进了灞桥柳色与渭城风雨，高适的《别董大二首》正是这种风格的送别诗之一。

送别的对象是著名的古琴师董庭兰，盛唐时盛行胡乐，能欣赏七弦琴这类古乐的人不多，并且作为房琯的门客，在房琯被贬之后，董庭兰的处境更是艰难。此时的高适也很不得志，到处浪游，常处于贫贱的境遇之中。但在这两首送别诗中，高适却以开朗的胸襟、豪迈的语调把临别赠言说得激昂慷慨，鼓舞人心。

从诗的内容来看，这两篇作品当是写高适与董庭兰久别重逢，经过短暂的聚会以后，又各奔他方的赠别之作。而且，两个人都处在困顿不达的境遇之中，贫贱相交自有深沉的感慨。然而这种情感都集中在第二首，本首诗显现出开阔的胸襟和豪迈的气概，虽写别离却一扫缠绵幽怨的老调，雄壮豪迈，与王勃"海内存知己，天涯若比邻"有异曲同工之妙。

"千里黄云白日曛，北风吹雁雪纷纷。"这两句以其内心之真，写别离心绪，故能深挚；以胸襟之阔，叙眼前景色，故能悲壮。曛，即曛黄，指夕阳西沉时的昏黄景色。落日黄云，大野苍茫，唯北方冬日有此景象。此情此景，若稍加雕琢，即不免斫伤气势，于是高适于此仅仅是如实描述。日暮黄昏，且又大雪纷飞，于北风狂吹中，唯见遥空断雁，出没寒云，使人难禁日暮天寒、游子何之之感。以才人而沦落至此，几使人泪可下，亦唯如此，故知己不能为之甘心。头两句以叙景而见内心之郁积，虽不涉人事，已使人如置身风雪之中，似闻山巅水涯有壮士长啸。此处如不用尽气力，则不能见下文转折之妙，也不能见下文言辞之婉转，用心之良苦，友情之深挚，别意之凄酸。

"莫愁前路无知己，天下谁人不识君？"这两句是对朋友的劝慰：此去你不要担心遇不到知己，天下谁不知道你董庭兰啊？"天下""谁人"两个词流露出诗人气吞山河的豪情壮志和对友人的殷勤期盼，这话说得多么响亮有力，并不单单是慰藉，更充满了信心和力量，激励朋友抖擞精神去奋斗、去拼搏。结合当时高适不得志的现实情况，这两句话在劝勉朋友的同时也在劝勉自己，还隐隐抒发了自己的雄心壮志。

诗人在即将离别之际，全不写千丝万缕的离愁别绪，而是满怀激情地鼓励友人踏上征途、迎接未来。诗之所以卓绝，是因为高适"多胸臆语，兼有气骨""以气质自高"，因而能为志士增色，能为游子拭泪。如果不是诗人内心积郁喷薄而发，则不能把临别赠言说得如此体贴入微，如此坚定不移，也就不能使此朴素无华之语言，铸造出如此冰清玉洁、醇厚动人的诗情。

（张祥菁）

教学心得

在教学《别董大》这首诗时，让学生欣赏《胡笳十八拍》，感受董大高超的琴技，为因无人赏识他而"愁"埋下伏笔。本诗教学以新课标为基准，以"读"贯穿整个课堂。在读中感受诗人优美的词句和精湛的写作水平，用读的方式把学生引入情境，用读的方式走进诗人的内心，体会诗句"莫愁前路无知己，天下谁人不识君"的豪放乐观。从诗中"黄云、白日、北风、吹雁、雪纷纷"这五个词语中去感悟作者的凄凉和冷静。让学生了解诗意，为情所动，随情而读。同时，让学生回顾已学的送别诗，与之进行对比，感受不同之处，培养学生的迁移能力，帮助学生对本诗进行深入理解。让学生能走进文本，也能走出文本。

课堂中还设计了一个小练笔，让学生练习用恰当的语言安慰、开导自己的亲友。同时，也要让学生学会在生活和学习的逆境中成长！

（万源市铁矿镇中心小学校　董云波）

四年级下册

江畔独步寻花

诗歌再现

> 江畔独步寻花
> （唐）杜甫
>
> 黄师塔前江水东，春光懒困倚微风。
> 桃花一簇开无主，可爱深红爱浅红。

（第二单元 语文园地）

作者作品介绍

杜甫华州弃官之后，经过秦陇奔亡。唐肃宗乾元二年（759年）冬天到达四川成都，由于朋友的帮助，从第二年开始，他在成都西郊浣花溪畔盖起了一所草堂。开始了他一生漂泊中最安定的生活。杜甫在成都草堂先后居住将近四年，在这段时间内，诗人由久经战乱奔波而得到安定环境的休养，心情是比较恬静闲适的。此首诗正是这种环境和心情下所作。杜甫描绘了锦江江畔他独自散步所见繁花盛开的情景。这是组诗《江畔独步寻花》七首中的第五首，表现了诗人春日独步寻花中爱花赏花的一个场景。

历代名家点评

（宋）苏轼《东坡题跋》：此诗虽不甚佳，可以见子美清狂野逸之态，故仆喜书之。

（宋）陆游《老学庵笔记》：予在成都，偶以事至犀浦，过松林甚茂，问驭卒："此何处？"答曰："师塔也。"盖渭所葬之塔。

（明）陆时雍《唐诗镜》：老性风骚自别。

（清）杨伦《杜诗镜铨》：并传出春光之神，绮语令人欲死。

（近代）俞陛云《诗境浅说续编》：此二诗在江畔行吟，不问花之有主、无主，逢花便看。黄师塔畔，评量深浅之红，黄四娘家，遍赏万千之朵。少陵诗雄视有唐，本不以绝句擅名，而绝句不事藻饰，有幅中独步之概。

研读心得

此诗是诗圣杜甫所作"江畔独步寻花"组诗中的第五首。春暖花开时节，诗人暂无衣食之忧，心态较为愉悦。此时，他在闲庭信步中，情随景生，兴味盎然。"黄师塔"写具体的地点，"春光懒困"写春风吹得游人醉。此时，那自由绽放的桃花，美丽可爱，让人目不暇接。诗人不禁沉浸其中，那份惜花爱花之情感也油然而生。

（拾顺利）

教学心得

春天里，古塔前，江水边，暖阳下，春风中，人们被熏得又懒又困，诗人倚着春风去游春。一簇簇深红或浅红的桃花，开得如此美丽，让人顿生喜爱之情。

教学时，我用"寻"到了什么？作为课堂的切入点，引导学生由图入手，以读为主，通过观察插图，反复诵读，结合感受，展开想象，找到文本中的落脚点——寻花；随后分析寻花地点——江边；怎样寻花——独自一人。此外，为什么寻花？寻花是为了什么？——赏花。如此连起来说课题的意思就明白了，学生也因此对整首诗的大意也有了一定的了解。以此层层深入，探索寻到了怎样的花？无人看管，却开得那么灿烂，无论深红的还是浅红的，都显得那么可爱。随着古诗的学习，学生仿佛身临其境，游了一趟桃园。再读古诗，读得情深意浓。名句"桃花一簇开无主，可爱深红爱浅红"以景寓情，情景交融。语言清新，让学生明白如话，感悟颇深。

课堂是开放的，课堂又是延伸的，我引入了唐代诗人杜牧的《江南春》，它以独特的笔墨写出了春日、春雨时江南春天的美。我又引入了盛唐诗人白居易的《忆江南》，感悟他以生动的比喻写春天江边的花红得似火，江水像蓝草那样绿得发亮。课后，我还设计了这样的作业：联系春游中观察到的春天的景象，结合诗句说说春天的花、春天的风、春天的水这些景物的特点，再动笔把这首诗描写的意境绘成一幅画。入情入境地体会诗人描写春天景象时的心情，培养学生的观察能力、联想能力和想象能力。

（达州市通川区第一小学校　唐艺菡）

蜂

诗歌再现

蜂

（唐）罗隐

不论平地与山尖，无限风光尽被占。
采得百花成蜜后，为谁辛苦为谁甜。

（第四单元 语文园地）

作者作品介绍

（南宋）魏庆之《诗人玉屑》卷一二：譬之秦武阳气盖全燕，见秦王则战掉失色；淮南王安虽为神仙，谒帝犹轻其举止：此岂由素习哉！余以谓少陵、太白，当险阻艰难，流离困踬，意欲卑而语未尝不高；至于罗隐、贯休，得意于偏霸，夸雄逞奇，语欲高而意未尝不卑。乃知天禀自然，有不能易也。

（元）辛文房《唐才子传》卷九：（隐）少英敏，善属文，诗笔尤俊拔，养浩然之气……恃才忽睨，众颇憎忌。自以当得大用，而一第落落，传食诸侯，因人成事，深怨唐室。诗文多以讥刺为主，虽荒祠木偶，莫能免者。

（清）洪亮吉《北江诗话》卷六：七律至唐末造，惟罗昭谏最感慨苍凉，沉郁顿挫，实可以远绍浣花，近俪玉谿。盖由其人品之高，见地之卓，迥非他人所及。次则韩致尧之沉丽，司空表圣之超脱，真有念念不忘君国之思。孰云吟咏不以性情为主哉！若吴子华之悲壮，韦端己之凄艳，则又其次也。

历代名家点评

（宋）洪迈《容斋随笔》卷一一《唐诗戏语》：上人于棋酒间好称引戏语以助谈笑，大抵皆唐人诗。后生多不知所从出，漫识所记忆者于此……"今朝有酒今朝醉，明日愁来明日当""劝君不用分明语，语得分明出转难""自怜飞絮犹无定，争解垂丝绊路人""明年更有新条在，恼乱春风卒未休""采得西花成蜜后，不知辛苦为谁甜"，罗隐诗也。

研读心得

诗人着重突出的是劳动者的辛苦与勤劳，以此与当时达官显贵的贪得无厌及对百姓的剥削做对比，体现诗人对当时社会百姓的同情及对达官显贵的讽刺和批判。

这首诗读起来通俗易懂，文字平淡但却蕴含着极多的内容。通过对蜂的仔细观察，刻画了蜂的生存状态。通过比喻的手法写出了蜂与百姓之间的共同性。从而更好地表现了诗人对劳动者的同情、赞颂及对剥削者的批判。

在晚唐诗坛上，罗隐的咏物诗自成一体。既继承了李白咏物遗貌取神、重主观情绪表现的特点，又继承杜甫咏物重形神兴寄，白居易咏物议论剀切、讥讽时世的优良传统和表现技巧，并加以综合、创新、发展，形成自己兴寄深远又警策明快的独特诗风，在咏物诗中独树一帜。

（熊雨欣）

文本详解 与唐代诗歌语文教学

教学心得

这是一首咏物诗，也是一首寓理诗。诗人借用蜜蜂辛勤劳动的高尚品格，暗寓作者对不劳而获的人的痛恨与不满。罗隐的咏物诗"切于物"而"不粘于物"，往往别出心裁，独具寓意，讽刺深峻犀利又耐人寻味。

初读：这首诗表面上读起来很简单，孩子们能很快读懂。前两句写蜜蜂的生存状态，在山花烂漫间不停穿梭、劳作，广阔的领地给了他们相当大的施展本领的空间。"不论""无限"，蜜蜂在辛勤劳动中"占尽风光"，简单写来看似平平无奇，语言直白，几乎是欣赏、夸赞的口吻，实则是匠心独具，先扬后抑，为下文的议论做出了铺垫。后两句紧乘"蜜蜂"这一意象，把它象征的"劳动者"意象加以引申、扩大、发出"采得百花成蜜后，为谁辛苦为谁甜"的一声叹息。同时也提出了一个耐人寻味的问题：已采的百花酿成蜜，辛辛苦苦的劳作终于有了可喜的成果，这般辛苦到底又是为了谁呢？答案除藏在未尽之语之后，为的是那些不劳而获、占据高位、手握重权的剥削者，此中的讽意不言而喻。

细品：感受诗中的"欲夺故予，反跌有力"。诗人运用表示极度的副词"不论""无限""尽"等和无条件句式，让蜜蜂"占尽风光"，其实这只是正言欲反、欲夺故予的手法，为后面两句作势。俗话说：抬得高，跌得重。后面两句说采花成蜜，不知究竟为谁辛苦，将"占尽"二字一扫而空，表达效果就更强。

再品：感受诗中的"叙述反诘，唱叹有情"。夹叙夹议，是这首诗的特点。前两句主叙，后两句主议，后两句又是第三句主叙，第四句主议。"采得百花"已示"辛苦"之意，"成蜜"二字已具"甜"意。"为谁辛苦？""为谁甜？"反复而不重复，反复咏叹。诗人感叹无穷。

（达州市通川区第一小学校 唐艺菡）

独坐敬亭山

诗歌再现

> 独坐敬亭山
> （唐）李白
>
> 众鸟高飞尽，孤云独去闲。
> 相看两不厌，只有敬亭山。

（第六单元 语文园地）

作者作品介绍

一说，此诗作于唐玄宗天宝三载（744年）李白政途失意后浪迹江湖中的某一年。詹锳《李白诗文系年》系此诗于天宝十二载（753年），并认为与《登敬亭山南望怀古赠窦主簿》为前后之作。天宝十二载，李白南下宣城。行前，有诗《寄从弟宣州长史昭》，其中说道："尔佐宣城郡，守官清且闲。常夸云月好，邀我敬亭山。"自十年前放还出翰林，李白长期漂泊。长期的漂泊生活，使李白饱尝了人间辛酸滋味，看透了世态炎凉，从而加深了对现实的不满，增添了孤寂之感，然而傲岸倔强的性格仍一如既往。因怀才不遇一直抑郁不平。身心的疲惫，需要得到慰藉。这期间，他写了大量的借游仙和以饮酒的方式排遣苦闷的诗，也写了许多寄情山水、倾诉内心情感的诗篇，《独坐敬亭山》即是其一。

二说，上元二年（761年），李白已岁逾花甲，在经历了安史之乱后的漂泊流离，经历了蒙冤被囚禁的牢狱之灾，经历了戴罪流放的屈辱之后，李白第七次，也是最后一次来到宣城时，再也没有昔日友朋如云、迎来送往的场面了，再也没有北楼纵酒、敬亭论诗的潇洒了。他兀自一人步履蹒跚地爬上敬亭山，独坐许久，触景生情，十分伤感，孤独凄凉袭上心头，情不自禁地吟下了《独坐敬亭山》这首千古绝唱。

文本详解 与唐代诗歌语文教学

📝 历代名家点评

（唐）皎然《诗式》：首句"众鸟"喻世间名利之辈，"高飞尽"言皆得意去，尽为"独"字写照。"孤云"喻世间高隐一流，"独去闲"言虽与世相忘。而尚有往来之迹。"独"字非题中"独"字，应上句"尽"字。三句看曰"相看"，见人固看着山，山亦似看着人；"两不厌"，见人固恋看山，山亦似恋看人。四句"只有"二字，见恋看山者惟人，而恋看人者似亦惟山。除却敬亭山以外，无足语者，"独坐"二字之神，跃然纸上。

（明）凌宏宪编《唐诗广选》：蒋仲舒曰："便是独坐境界"。

（明）胡应麟《诗薮》：绝句最贵含蓄，青莲"相看两不厌，惟有敬亭山"，亦太分晓。

（明）李攀龙辑，（明）袁宏道校《唐诗训解》：描写独坐之景，非深知山水趣者不能道。

（宋）洪迈纂，（清）王士祯辑《唐人万首绝句选评》：命意之高不待言，气格亦内外具足、五绝中有数之作。

（明）钟惺、谭元春《唐诗归》：钟云："胸中无事，眼中无人。"钟云："说出矣，说不出。"谭云："只有"二字，人皆用作萧条零落，沿袭可厌，惟"相看两不厌"之下，接以"只有敬亭山"，则此二字，竟是意象所结，岂许俗人浪识！

（清）徐增《而庵说唐诗》：只此五个字（众鸟高飞尽），使我目开心朗，身在虚空，一丝不挂，不必更读其诗也。白七言绝，佳；而五言绝，尤佳。此作于五言绝中，尤其佳者也。

（清）黄叔灿《唐诗笺注》："尽"字、"闲"字是"不厌"之魂，"相看"下着"两"字，与敬亭山对若宾主，共为领略，妙！

（清）刘宏煦《唐诗真趣编》：鸟尽天空，孤云独去，青峰历历，兀坐怡然。写得敬亭山竟如好友当前，把臂谈心，安有厌倦？且敬亭而外，又安有投契若此者？然此情写之不尽，妙以"两不厌"三字了之。为"独坐"二字传神，性灵结撰，无复笔墨痕迹。

（近代）俞陛云《诗境浅说续编》：前二句以云鸟为喻，言众人皆高取功名，而己独然自远。后二句以山为喻，言世既与我相遗，惟敬亭山色，我不厌看，山亦爱我。夫青山漠漠无情，焉知憎爱，而言不厌我者，乃太白愤世之深，愿遗世独立，索知音于无情之物也。

研读心得

我认为在读这首诗的时候最先要让同学们关注到这几个字："独""众""尽""孤""闲"，这几个字分别出现在题目和前两句诗中。首先，题目"独坐敬亭山"，独坐二字就为全诗奠定了感情基调，看了题目，大概就知道作者要表达的是怎么样的一种情感，所以，一定要让学生关注到题目。

其次，前两句，写鸟儿高飞远走，白云飘飘摇摇也消失了，表面上是在写景，但是，在"鸟"字前面的"众"字和在"云"字前面的"孤"字，体现了作者的孤独之感，再写这些鸟和云，都消失了、看不到了，只剩作者一人，通过这两个意象的运动，来衬托出作者所处环境的寂静，在它们离开以后，只剩下这空荡荡的寂静了。而这寂静所表达的，便是作者的孤寂了。

"相看两不厌，只有敬亭山"，在这里要提醒学生的是"厌"字的意思，因为学生可能会将它理解为"讨厌"，但是在这里意思是"满足"，互相看着，看不够，不满足，只有敬亭山和作者了吧。可是，在这里有一个疑问可以提给学生讨论思考，是敬亭山看不够作者，所以没有离开呢，还是敬亭山压根就不能动，"相看两不厌"只是作者的想象，因为作者太过孤独，所以把不能移动的敬亭山当作自己的知己呢？作者将自己的感情寄于其中，从而更能体现出作者的孤寂。（连"两不厌"的敬亭山都是他自己的想象。）

在品读这首诗歌时，与作者的人生经历和创作意图相结合，借助一些当代教育技术，利用图片、动画等，可以更好地理解作者想要表达的情感，也更容易让学生掌握这首诗歌，还可以将作者其他一系列的与之相关的诗歌进行介绍，以激发学生的学习兴趣，提高学生对古诗的学习能力。

（曹洪霞）

教学心得

上课伊始，我在黑板上画了一幅李白坐在敬亭山上、与山相对而望的画，带领学生从图画入手，诵读古诗，抓住"独"这个诗眼，先从题目感受"独"，再从前两句体会"独""静"，而后两句要带领学生去细细品味李白的不孤独，让学生用现代语言来解释，由此把"不厌"讲深、讲透，这样层层深入，对"从独到不独"的理解一下子就上升到一个新的境界。

品味"独"。学习这首古诗，我带领学生紧紧抓住"独"字，从而一步一步去深入体会作者那份孤独寂寞之情。"独坐"，让学生通过组词理解就是独自一个人坐着，而"众鸟高飞尽，孤云独去闲"一句，在教师的朗读中想象画面，一边是高飞的鸟、悠闲的云，一边是孤独的李白，从而在对比中越发显出作者的"独"。细细品来，李白的《独坐敬亭山》透露出来的是一种"孤傲"，独坐敬亭山，也不仅仅只是一个人孤独地坐在敬亭山上，而是饱含了一种"独独的认定"在里面。

品味"静"。结句中"只有"两字也是经过锤炼的，突出诗人对敬亭山的喜爱。"人生得一知己足矣"，鸟飞云去又何足挂齿。诗人愈是写山的"有情"，愈是表现出人的"无情"，"静"也是全诗的血脉，这首平淡恬静的诗之所以如此动人，就在于诗人的思想感情与自然景物的高度融合而创造出来的"寂静"的境界。"尽""闲"两个字，把读者引入一个"静"的境界，因此，这两句是写"动"见"静"，以"动"衬"静"。在"孤独"中享受这一份静。

（达州市通川区第一小学校　唐艺菡）

芙蓉楼送辛渐

诗歌再现

> 芙蓉楼送辛渐
> （唐）王昌龄
>
> 寒雨连江夜入吴，平明送客楚山孤。
> 洛阳亲友如相问，一片冰心在玉壶。

（第七单元 第21课）

作者作品介绍

俞陛云《诗境浅说续编》：恬退之人，借送友以自写胸臆，其词自潇洒可爱。玉壶本纯洁之品，更置一片冰心，可谓纤尘不染。其对洛阳亲友之意，乃自愿隐沦，毋烦招致。洛阳虽好，宁动冰心。左太冲诗"峨峨高门内，蔼蔼皆王侯。自非攀龙客，何为欻来游"，正与其同意。但此诗自明高志，与送友无涉。故作第二首云："高楼送客不能醉，寂寞寒江明月心。"叙出芙蓉楼饯别之意。

历代名家点评

（宋）洪迈纂，（清）王士禛辑《唐人万首绝句选评》：唐人多送别妙。少伯诸送别诗，俱情极深，味极永，调极高，悠然不尽，使人无限流连。

（明）陆时雍《唐诗镜》：炼格最高。"孤"字时作一语。后二句别有深情。

（明）周珽《唐诗选脉会通评林》：神骨莹然如玉。薛应旂曰：多写己意。送客有此一法者。

（清）黄生《唐诗摘钞》：古诗"清如玉壶冰"，此自喻其志行之洁，却将古句运用得妙。

（清）黄叔灿《唐诗笺注》：上二句送时情景，下二句托寄之言，自述心地莹洁，无尘可滓。

（近代）邹弢《精选评注五朝诗学津梁》："自夜至晓饯别，风景尽情描出。下二句写临别之语。意在言外。"

研读心得

"寒雨连江夜入吴，平明送客楚山孤。"冷雨一直下个不停，打在江面的雨点将雨和江连成一片。在天蒙蒙亮的时候起身送我的朋友，眼前的山也是形单影只的。迎着寒雨和天刚亮就起来送行，足见王昌龄对待朋友的热忱之心。短短两句点明了送客的时间、地点，渲染了朋友走时作者的不舍与孤独之感。

"洛阳亲友如相问，一片冰心在玉壶。"在与友人离别之际，诗人说出了自己的心里话，如果洛阳的亲朋好友问我的境况，就告诉他们，我王昌龄的心净得跟冰心玉壶一样。以冰心和玉壶言己志，前人虽已经有了这种用法，如鲍照《白头吟》"直如朱丝绳，清如玉壶冰"；姚崇《冰壶诫》序云："夫洞澈无瑕，澄空见底，当官明白者，有类是乎？故内怀冰清，外涵玉润，此君子冰壶之德也"。但用得好且流传最广的，还是王昌龄这首《芙蓉楼送辛渐》。

（杨瑶佳）

教学心得

所谓"凤头、猪肚、豹子尾"，作为课堂教学而言，要有精彩的开篇，容量足够丰厚的课堂内容和干脆的结尾。

课堂开篇，我先出示了关于离别的诗句让学生诵读，接着出示《芙蓉楼送辛渐》，孩子们在诵读中感知了古诗的大概意思。然后，我指导孩子们抓诗眼，把握古诗意境，在引导学生体会诗人王昌龄孤寂的内心时，抓住诗眼"寒""孤"来层层深入理解。让学生开拓想象，感悟诗人的内心。

一问"寒"与"孤"。读了前两句,你觉得当时的境况是怎样的?孩子们结合前一天晚上王昌龄和辛渐在芙蓉楼饮酒话别的情景,结合一夜的寒雨,楚山,朋友送别,天气很"寒",楚山很"孤"。

再问"寒"与"孤"。请孩子们再读前两句,除了天气的寒凉,楚山的孤寂,你还感受到了什么呢?分析得出感受到了诗人离开朋友时的强烈的凄冷孤寂之感。王昌龄才华横溢,官至县尉,后来因事被贬岭南再贬江宁再贬龙标,一贬再贬,内心怎能不孤独、苦闷呢?这是第二层"寒"与"孤"。

三问"寒"与"孤"。辛渐就要离开回故乡了,王昌龄和他是老友,更是老乡,离别之际,他很想托辛渐带话回去,如果是你,你想给谁带什么话回去呢?学生的话闸一下子就打开了——我想带信给妈妈:别担心我,我很好;我想带信给爷爷:爷爷身体可好,我过年就回;我想带信给隔壁妹妹:等着我,我很快就回来。而此时,王昌龄会说什么呢?穿插王昌龄的生平资料,在他坎坷的仕途中,再次体会与好友分别时的心境,"一片冰心在玉壶"用"冰心""玉壶"表达自己开阔的胸怀和坚强的性格,感悟诗人那种高风亮节、矢志不渝的品格,真正走进诗人的内心。

(达州市通川区第一小学校　唐艺菡)

塞下曲

诗歌再现

塞下曲
(唐)卢纶

月黑雁飞高,单于夜遁逃。
欲将轻骑逐,大雪满弓刀。

(第七单元　第21课)

作者作品介绍

此诗为卢纶组诗《塞下曲》中的第三首，朱泚之乱过后，咸宁王浑瑊出镇河中，提拔卢纶为元帅府判官。在军营中，卢纶看到了雄浑肃穆的边塞景象，接触到了镇边兵将而创作了此诗。

历代名家点评

（明）李攀龙辑，（明）袁宏道校《唐诗训解》：中唐音律柔弱，此独高健，得意之作。此见边威之壮，守备之整，而惜士卒寒苦也。允言语素卑弱，独此绝雄健，堪入盛唐乐府。

（明）周敬《唐诗选脉会通评林》：中唐高调，句句挺拔。顾璘曰：健。所谓古乐府者，此篇可参。

（明）许学夷《诗源辨体》：纶五言绝"月黑雁飞高"一首，气魄皆调，中唐所无。

（清）黄生《唐诗摘抄》卷二："'夜'字一本作远"，不惟句法不健，且惟乘月黑而夜遁，方见单于久在围中，若远而后遁，则无及矣。止争一字，语意悬远若此。甚类，书贵善本也。

研读心得

《塞下曲（其三）》写出追击敌人时的场景，环境描写烘托出紧张气氛。

"月黑雁飞高""大雪满弓刀"两句有盛唐余韵，读来让人仿佛置身于激烈的追击场景之中。细节描写有助于培养学生细致的观察力，此诗言有尽而意无穷，余韵悠长。

（周文静）

教学心得

《塞下曲》是唐代诗人卢纶所作。这首诗写将军雪夜准备率兵追敌的壮举，气概豪迈。本诗情景交融，没有写冒雪追敌的过程，也没有直接写激烈的战斗场面，但留给人们丰富的想象。

所谓授之以鱼，不如授之以渔，更不如授之以渔场。因此我为学生营造一种学习古诗的氛围，让学生在愉悦的环境下轻松学习古诗。先出示《李广射虎》的文本，通过朗读，使学生了解了李广的神力、英武，明白"林暗草惊风"的环境，感受了"飞将军"李广的神勇无比、力大无穷。再通过"文包诗"引入《塞下曲》。

教学时，我把握了"从学生的视角出发可以学什么，不学什么，从学习中感悟什么？"先让学生反复读，用心去感受，文本的含义学生通过读已能大概了解。在基本了解的基础上，我的教学思考是从景入手，由景入情。

前两句重点品读"夜"：夜晚、黑夜、深夜，此时的夜究竟是怎样的夜？由夜黑、夜深、夜静、雁惊感受单于逃跑时惊恐的心情与狼狈的样子。读出单于溃败的样子。

后两句重点品读"满"：满字用在这里，写出了什么？由"满"感受到突如其来的雪下得很大，天气严寒，塞外环境恶劣，突出了将士们不顾严寒、英勇无畏的精神品质。读出对将士的赞美之情。

课后延展，卢纶笔下的《塞下曲》共六首。李白、王昌龄也都创作过《塞下曲》，课后推荐孩子们自由学习。

（达州市通川区第一小学校　唐艺菡）

五年级上册

蝉

📋 诗歌再现

> 蝉
> （唐）虞世南
>
> 垂绥饮清露，流响出疏桐。
> 居高声自远，非是藉秋风。

（第一单元 语文园地）

作者作品介绍

李世民夺得皇位后，虞世南被任弘文馆学士，受到太宰赏识。一天，李世民起了雅兴，邀请弘文馆学士们共赏海池景色，谈诗论画，太宗询问大家是否有新的诗歌作品时，虞世南便诵读出该诗。

历代名家点评

（清）沈德潜《唐诗别裁》卷一九：命意自高。咏蝉者每咏其声，此独尊其品格。

（清）李锳《诗法易简录》卷一三：咏物诗固须确切此物，尤贵遗貌得神，然必有命意寄托之处，方得诗人风旨。此诗三、四品地甚高，隐然自写怀抱。

（清）宋宗元《网师园唐诗笺》：末二句，占地步。

（清）施补华《岘佣说诗》：《三百篇》比兴为多，唐人犹得此意，同一《咏蝉》，虞世南"居高声自远，端不藉秋风"，是清华人语；骆宾王"露重飞难进，风多响易沉"，是患难人语；李商隐"本以高难饱，徒劳恨费声",是牢骚人语。比兴不同如此。

研读心得

这是一首咏物诗,借咏蝉来表达诗人高洁清远的品格。首句写出蝉的形状与食性,以蝉的形状"垂緌",暗示显宦的身份,以"饮清露"暗含高洁的品质。体现出高官厚禄与追求高洁并不相违背。第二句"流响出疏桐"写蝉声之远传。身居高挺清拔的梧桐上,蝉声悦耳动听,悠长舒缓。"流"字将蝉声具象化,具有更强的感染力。最后两句是全诗比兴寄托的点睛之笔,由写蝉引发到议论上来,阐明"蝉"声远并非凭借外力,表达立身品格高洁之人,并不需要凭借外力,非常富有意趣。

(袁潇)

教学心得

结合背景,理解古诗。教学中我先以蝉的图片引入话题,然后让学生了解《蝉》的作者作品介绍。古诗教学中的一大难点就是让学生理解诗中所寄托的情感。但因为学识、阅历的限制,学生无法对诗产生共鸣。结合作者作品介绍,可以帮助学生正确全面地领悟诗意。诗人虞世南是唐太宗时期的重臣,他不但才华横溢且品行高洁,深得唐太宗的敬重。结合《蝉》的写作背景,让学生联想诗人的人生境遇,所处时代环境,可以了解到这首诗更是诗人的自况,诵读这首诗后我们可以从中读出一种积极向上之感。

围绕重点,展开分析。"蝉"是中国古诗中常见的意象之一,因其高居枝头、喜食干净露水的习性,常被用来比喻人品行的高洁。教学中请学生结合对"蝉"这个意象的感知,自己说一说对"居高声自远,非是藉秋风"的理解。诗句中的"自"和"非"这两个字一正一反张力十足,表现了诗人对高洁品德的赞美和对自己极高的自信心。同时引导学生抓住诗眼"高"字,体会诗人以蝉喻人和借蝉抒发自己高远志向及高洁品德的情感。

(四川省万源市第二小学 李庆春)

乞 巧

📋 诗歌再现

> 乞 巧
> （唐）林杰
>
> 七夕今宵看碧霄，牵牛织女渡河桥。
> 家家乞巧望秋月，穿尽红丝几万条。

（第三单元 语文园地）

作者作品介绍

诗人在诗中并没有具体写出各种不同的心愿，而是留下想象的空间，表达了人们乞取智巧、追求幸福的心愿。幼年时的林杰，对乞巧这样的美妙传说也很感兴趣，也和母亲或者其他女性们一样，仰头观看那深远的夜空里灿烂的天河，观看那天河两旁耀眼的两颗星，期待看到这两颗星的相聚，于是写下了《乞巧》这首诗。

（东晋）葛洪《西京杂记》：汉彩女常以七月七日穿七孔针于开襟楼，人俱习之。

历代名家点评

（唐）唐扶赞云：诗、书并佳，实在难得！

研读心得

诗中有意境，情境导入很自然。本诗讲述了关于七夕节的故事，让我陶醉在美丽的民间故事之中。我仿佛看到了少女们乞取智巧、追求幸福的模样。牛郎织女的那一种同病相怜、同心相应的感情也让我震撼。

一年一度的七夕节到来了,家家都抬头望着浩瀚无边的天空,想着牛郎与织女那感人的爱情故事。家家户户的少女们都在望着月亮,乞取智巧,穿完了数不胜数的红线。让我看到了先人的辛勤劳动的品质,更看到了古代少女对爱情的期待。

(刘春雨)

教学心得

该诗浅显易懂,同时也给读者留下了丰富的想象空间,在教学时,可以做两方面的尝试:

第一,反复吟咏,诵出滋味。

"诗歌不是无情物,字字句句吐衷肠。"古诗教学,尤其要注意以读带讲、多读多悟,这样才能让诗情在学生心中产生共鸣,从而受到感染,激发浓厚的情趣,体味诗中的意境和作者的感情。

教学时,先是由学生背诵与传统节日相关的古诗入课,教师吟诗入题;二是学生初读,读准字音;三是再读,读出节奏;四是读中悟,读出诗情;五是悟中读,读出韵味;六是配乐读,熟读成诵;七是拓展读,积累其他描写"七夕"的诗。

第二,创设情境,想象画面。

《乞巧》这首诗有两幅大的画面:一是鹊桥相会图,二是人间乞巧图。通过激发学生想象牛郎织女鹊桥相会的情景,想象人间乞巧的场面,引导学生思考分析从中看到了什么,听到了什么,感受到了什么,有目标、有层次、多角度地引导读悟诗句,展开想象,大胆地说画面,用说来体会诗人的志趣,体验乞巧的民俗。打开学生的思维,拓展学生的视野,学生借想象抒情怀,使学习得到进一步的升华。

(四川省巴中市巴州区第一小学校 杜 娟)

登鹳雀楼

诗歌再现

> 登鹳雀楼
> （唐）王之涣
>
> 白日依山尽，黄河入海流。
> 欲穷千里目，更上一层楼。

（第四单元 语文园地）

（此诗又见31页，作者作品介绍、历代名家点评和研读心得可参看。）

教学心得

　　初读古诗，找韵字，品王之涣诗中的细腻情感。《登鹳雀楼》是盛唐诗人王之涣的一首仄起五言绝句，用的是平声"尤"韵。由于这个韵发音绵长和口型逐渐合拢的缘故。因此，在教学中，我采用教师示范吟诵的方式，让学生来找本诗的感情基调。如吟中将韵字"流、楼"拖长，学生一听，就明白原来这首诗不含奋发向上之意，却饱含不尽忧思之情。

　　再吟古诗，抓字眼，感王之涣诗中的诗情画意。语文教学离不开"读"，只有让学生深入文本、抓字眼去品读解读，才能让学生真正获得深刻的感悟和体验。而这一首诗同时也被选在小学语文二年级上册第四单元（祖国风光）。此篇虽出现在"书写提示"中，但以另一种方式再去领悟，对五年级的孩子来说另有一番滋味。又鉴于课标中明确规定第一学段的教学要求是："展开合理想象，获得初步的情感体验，感受语言的优美。"教学中，我充分运用古诗文教学"吟诵"的魅力。如"白日"这两个字是入声字，吟时要加以强调，"依山"中的"山"字音拖长，让学生感知那连绵起伏的山似乎就在眼前，由此可见，作者站在鹳雀楼上已经很久了，天边的太阳都快消失在山头。"黄河"的"河"字音延长，让学生感知蜿蜒千里的黄河，那滔滔之水却还是汇入了大海。而这句的韵字"流"，让前面黄河的壮观、磅礴之意转瞬即逝，内心的忧思一触即发。白日、大山、黄河，还有那耸立的鹳雀楼，一幅美景在字音的跳跃里展现在眼前。

深吟古诗，想画面，悟王之涣诗中的人生哲理。读诗文，想画面，初步感受古诗的语言美，是古诗的学习方法。学生有了前两次吟诵时对古诗的初步感受。俗话说，书读百遍，其义自见。在齐吟、男女生比赛吟、个别吟中，引导学生边吟边想象画面，学生自然而然地便对"欲穷千里目，更上一层楼"有了表象的认知：只有登得高，才能看得远。适时引导说：我们做人也正如此，只有不断地向上进取，才有可能高瞻远瞩。由此，水到渠成地将本诗所蕴含的道理教给了学生，同时也让他们在字里行间中去感知了诗文的语言美。巧妙地完成了本诗的课时目标，突破了教学难点，让学生在音韵美中感知经典，培养了学生对古诗文积累的兴趣。

（四川省巴中市巴州区第一小学校　邹玉蓉）

山居秋暝

📋 **诗歌再现**

山居秋暝
（唐）王维

空山新雨后，天气晚来秋。
明月松间照，清泉石上流。
竹喧归浣女，莲动下渔舟。
随意春芳歇，王孙自可留。

（第七单元　第 21 课）

作者作品介绍

这首诗写初秋时节作者在所居地所见雨后黄昏的景色，应该是王维隐居终南山下辋川别业时所作。

历代名家点评

（宋）刘辰翁《王孟诗评》：总无可点，自是好。

（明）钟惺、谭元春《唐诗归》：谭云："说偈（'明月'二句下）。"钟云："'竹喧''莲动'细极！静极！"

（明）唐汝询《唐诗解》：雅淡中有致趣。结用楚辞化。

（明）周珽《唐诗选脉会通评林》：月从松间照来，泉由石上流出，极清极淡，所谓洞口胡麻，非复俗指可染者。"浣女""渔舟"，秋晚情景；"归"字、"下"字，句眼大妙；而"喧""动"二字属之"竹""莲"，更奇入神。

（明）王夫之《唐诗评选》：凡使皆新，此右丞之似储者。颔联同用，力求切押。

（清）刘文蔚《唐诗合选详解》：王翼云曰："前是写山居秋暝之景，后人事言情，而不欲仕宦之意可见。"

（清）黄生《唐诗矩》：尾联见意格。右丞本从工丽入，晚岁加以平淡，遂到天成，如"明月松间照，清泉石上流"，此非复食烟火人能道者。今人不察其渐老渐熟乃造平淡之故，一落笔便想作此等语，以为吾以王、孟为宗，其流弊可胜道哉！

（清）王阮亭选；黄香石评；吴退庵，胡甘亭辑注《唐贤三昧集笺注》："写景太多，非其至者。"顾云："翻案'春草年年绿，王孙归不归'句，谓岂必春草思归。'随意'字着'秋'，'留'字着'山居'，澹适。"

（清）沈德潜《说诗晬语》：中二联不宜纯乎写景。如"明月松间照，清泉石上流。竹喧归浣女，莲动下渔舟"，景象虽工，讵为模楷？

（清）卢麰、王溥《闻鹤轩初盛唐近体读本》：陈德公曰："三四极直置,而清寒欲溢,遂使起二句顿增生致,不见为率。五六加婉琢矣。"评:"三四佳在景耳,景佳则语虽率直,不伤于浅。然人人有此景。人人不能言之,以是知修辞之不可废也。"梅坤承曰:"语语作致,三四是其自然本色。"

(清)张文荪《唐贤清雅集》:语气若不经意,看其结体下字何等老洁,切勿顺口读过。

(清)吴昌祺《删定唐诗解》卷一七:佳境得隽笔以出之。

(清)张谦宜《茧斋诗谈》卷五:"空山新雨后,天气晚来秋",起法高洁,带得通篇俱好。

(近)高步瀛《唐宋诗举要》卷四:随意挥写,得大自在。

研读心得

此诗突破"诗中有画"的既定概念,用自身对文字的敏感和感官去理解诗歌,从而也看到《山居秋暝》本身对"画"的超越。

(刘姊依)

教学心得

《山居秋暝》这首五言律诗是唐代诗人王维山水诗中的名篇。诗人描绘了山中秋夜优美的景色,清新幽丽,富于诗情画意,其中寄托着诗人自己的高洁情怀和对理想境界的追求。这首诗紧扣单元主题"自然之趣",明月高照、清泉流淌、浣衣女子欢歌笑语、渔舟归来荷叶晃动,将静态描写和动态描写和谐完美地融合在一起,是落实单元语文要素的良好载体,是培养学生文学品鉴能力极好的诗歌素材。基于此,我将教学分两大板块,一是描述"诗中画";二是品味"画外意"。

描述"诗中画"。苏东坡说过:诗中有画,画中有诗,以此我提问:"在这首诗里藏着两幅画,你们能在诗中找到吗?"并布置学习任务:①找"画"的诗句。②找"画"中表示景物的字、词。学生找到"月、泉、松、石"和"竹、浣女、莲、渔舟",教师让学生把这八个词板书在黑板上。③想象图画,并用文字描写出来。注意引导学生从光、色、形、静态、动态等方面展开联想。

品味"画外意"。读古诗就是和古人对话,为了更好地对话,要追溯历史。学生交流课前收集的王维生平资料,补充诗句"宁栖野树林,宁饮涧水流。不用坐梁肉,崎岖见王侯。"教师引导:王维他由官场到隐退,他放下了什么?——放下了官场的尔虞我诈,放下了功名利禄,放下了心中的负担。由王维的生平巧妙地落脚到"空",让学生理解"空"是一种境界。王维的身心在松林与明月间获得了一种摆脱尘世的"空",但精神世界却赢得了一种回归自然的轻松与自足。

(四川省巴中市巴州区第一小学校　张丽萍)

枫桥夜泊

诗歌再现

> 枫桥夜泊
> (唐) 张继
>
> 月落乌啼霜满天,江枫渔火对愁眠。
> 姑苏城外寒山寺,夜半钟声到客船。

(第七单元　第21课)

作者作品介绍

天宝十四载(755年)十一月爆发了安史之乱。因为当时江南政局比较安定,所以不少文士纷纷逃到今江苏、浙江一带避乱,其中也包括张继。一个秋天的夜晚,诗人泊舟苏州城外的枫桥。江南水乡秋夜幽美的景色,吸引着这位怀着旅愁的客子,使其写下了这首意境清远的小诗。

历代名家点评

（宋）《碛砂唐诗》："对愁眠"三字为全章关目，明逗一"愁"字，虚写竟夕光景，辗转反侧之意自见。

（宋）陈岩肖《庚溪诗话》：六一居士《诗话》谓："句则佳矣，奈半夜非鸣钟时。"然余昔官姑苏，每三鼓尽，四鼓初，即诸寺钟皆鸣，想自唐时已然也。后观于鹄诗云："定知别后家中伴，遥听缑山半夜钟。"白乐天云："新秋松影下，半夜钟声后。"温庭筠云："悠然旅榜频回首，无复松窗半夜钟。"则前人言之，不独张继也。

（明）高棅辑，（明）桂天祥批《批点唐诗正声》：诗佳，效之恐伤气。

（明）沈子来《唐诗三集合编》：全篇诗意自"愁眠"上起，妙在不说出。

（明）周珽《唐诗选脉会通评林》：周敬曰："目未交睫而斋钟声遽至，则客夜恨怀，何假名言？"周珽曰："看似口头机锋，却作口头机锋看不得。"

（清）王尧衢《古唐诗合解》：此诗装句法最妙，似连而断，似断而连。

（清）宋宗元《网师园唐诗笺》：写野景夜景，即不必作离乱荒凉解，亦妙。

（清）乔亿《大历诗略》：高亮殊特，青莲遗响。

（清）沈德潜《唐诗别裁》：尘市喧闹之处，只闻钟声，荒凉寥寂可知。

（近代）俞陛云《诗境浅说》：作者不过夜行记事之诗，随手写来，得自然趣味。诗非不佳，然唐人七绝佳作如林，独此诗流传日本，几妇稚皆羽诵之。诗之传与不传，亦有幸有不幸耶！

研读心得

通过对全诗的赏析,可培养学生通过意象产生画面感,体味意境,提升学生对美的感知能力。也可注重引导学生对诗中词句的理解,多次引导学生去体会"钟声""愁""无眠",鼓励学生自我解读诗句,让学生成为课堂的小主人。

(刘姊依)

教学心得

《枫桥夜泊》是唐代诗人张继的名篇,诗人通过月落、乌啼、寒霜、钟声等意象,抒发自己浓浓的愁绪。本诗意境悠远,情感复杂,感受诗中的"愁绪",是教学的重要内容,又是课堂教学的难点。在教学时,我从诗题入手,引出"愁眠",在反复品读中感受诗人的种种愁绪。

齐读诗题,引出"愁"。诗题短小,内涵丰富。简单的四个字,交代了地点、时间、事件,勾勒出一幅生动的画面。"诗人张继为什么愁眠?"引导学生深入地学习古诗。

想象作画,体味"愁"。诗人挥不去几多愁,无法入眠。正因与愁相伴、睡不着,诗人才能看到眼前景,听到耳边声。"请同学们轻声朗读诗文,闭上眼睛,你的眼前仿佛出现了一幅怎样的画面。把你看到的景物在诗中用'____'画出来。"学生读完,我先请学生用一句话或几句话说说诗人看到了什么,这是整体的描绘。然后,我让学生按顺序说出诗人看到的景物"月落、江枫、渔火",并思考"如果让你来画这些景物,你会选择什么颜色的画笔,怎样画?"让学生想象作画的过程,也是学生理解诗意,感受诗情的过程。

品味钟声,寄托"愁"。教学时,紧扣"钟声",追寻历史的足迹,将各个时代的名家名作呈现在学生眼前,让学生对诗人,对诗情,对这悠远的"钟声"所代表的中国文化进行一次深度对话。

(四川省巴中市巴州区第一小学校 张丽萍)

渔歌子

📋 诗歌再现

> 渔歌子
> （唐）张志和
>
> 西塞山前白鹭飞，桃花流水鳜鱼肥。
> 青箬笠，绿蓑衣，斜风细雨不须归。

（第七单元 语文园地）

作者作品介绍

（五代）沈汾《续仙传》卷上：鲁国公颜真卿与之友善，真卿为湖州刺史，日与门客会饮，乃唱和为《渔父词》。其首唱即志和，之词曰："西塞山前白鹭飞，桃花流水鳜鱼肥。青箬笠、绿蓑衣，斜风细雨不须归。"

历代名家点评

（宋）苏轼：玄真子《渔夫》词极清丽，恨其曲度不传。加数语，以《浣溪沙》歌之。

（南宋）黄升《花庵词选》卷一：极能道渔家之事。

（清）刘熙载《艺概》卷四：张志和《渔歌子》"西塞山前白鹭飞"一阕，风流千古，东坡尝以其成句入《鹧鸪天》，又用于《浣溪沙》，然其所足成之句，犹未若原词之妙通造化也。

（清）黄苏《蓼园词评》：数句只写渔家之自乐其乐，无风波之患。对面已有不能自由者已。隐跃言外，蕴含不露，笔墨入化，超然尘埃之外。

文本详解与唐代诗歌语文教学

研读心得

词的开头两句，点明地点——西塞山前、季节——春季。山、水、花、鸟、鱼，勾勒出春季特有的自然美景。西塞山前，白鹭展翅飞翔，生趣洋溢。天气暖和，桃花盛开，下几场春雨，河水上涨，鳜鱼肥美，跃出水面，好一幅优美的春景图。渔翁头戴箬笠，身披蓑衣，在斜风细雨中悠闲地钓鱼、赏景，久不归家。

白鹭自在飞翔，恰写出渔翁此时的状态，悠闲自得；"桃花"与"流水"相映，"鳜鱼"增添了"流水"的生机，写出西塞山前的动景，显现了山前的湖光山色，正面写出了渔夫的生活环境。前两句采用动静结合的手法，"西塞山""桃花"为静景，"白鹭飞""流水""鳜鱼"为动景，动静相互映衬，表现环境的清新优美。末两句描写渔夫的情态，与优美的大自然风光融合在一起，字里行间流露出词人对悠闲自在生活的向往，表现了词人爱自由、爱自然，超然外物的情怀。

春江水涨，烟雨迷蒙，气氛宁静又充满活力，语言生动、格调清新、寄情于景，画面充实美好，读来心向往之。

（张凤）

教学心得

王国维在《人间词话》里这样说："词以境界为最上。有境界则自成高格。"如何引导学生感受张志和"词中有画，画中有词"的表现特点，尤其是感悟"不须归"的境界是本课教学的重难点。在设计本课教学时，打破串讲的传统古诗词教学模式，力避逐字逐句讲析的呆板做法，给学生以自主学习的权力，充分调动其学习积极性，引导学生积极参与，全程参与，在参与中达到自悟自得。

初读古词，整体感知。第一遍读，读准字音；第二遍读，读出词语的含义；第三遍读，记住难点的笔画，正确书写生字。三次的读，三点要求，层次分明，解决了音、形、义的问题。在教学字词的同时，渗透了读词的方法：读词要读出语气的变换，读出词语的含义，让词语"站起来，活起来"。让学生感受到：联系注释、结合插图、联系上下文、想象画面、反复吟诵等，都是学习古诗词的好方法。

词中赏画，品味意境。以赏画的形式，吟诵的方式，想象理解词的意境。师生利用白板板画功能，将文字变成色彩明丽的图画，再图文结合，由画面回归文字。学生总观形象，了解了词文内容，调动感官想象画面，丰富词文内容，进行说话训练，读出了词中画。在此期间，穿插了音乐、美术、语文的多重艺术熏陶，实施了学科整合，施展了文化的魅力。

走进词人，品味词心。补充介绍"每垂钓，不设饵"，让学生提出心中疑问。出示诗人生平及《自叙》。巧妙地升华学生对"不须归"的理解，品出钓中情，丰满对词人张志和的认识，更深入地理解《渔歌子》。

（四川省巴中市巴州区第一小学校　张丽萍）

五年级下册

游子吟

📋 诗歌再现

> 游子吟
> （唐）孟郊
>
> 慈母手中线，游子身上衣。
> 临行密密缝，意恐迟迟归。
> 谁言寸草心，报得三春晖。

（第一单元 语文园地）

作者作品介绍

《游子吟》题下孟郊自注"迎母溧上作"，当作于贞元十六年（800年）任溧阳尉时。作者早年漂泊无依，直到五十岁时才上任溧阳县尉，结束了长年的漂泊流离生活，便将母亲接来同住。诗人饱尝了世态炎凉，更觉亲情可贵，于是写出这首感人至深的颂母之诗。

（唐）李肇《唐国史补》："元和已后……诗章则学矫激于孟郊。"

（唐）张为《诗人主客图》：清奇僻苦主。

（宋）苏轼《祭柳子玉文》：郊寒岛瘦。

历代名家点评

（明）高棅《唐诗品汇》：刘云："全是托兴，终之悠然。不言之感，复非睨睆寒泉之比。千古之下，犹不忘淡，诗之尤不朽者。"

（明）钟惺、谭元春《唐诗归》：钟云："仁孝之言，自然风雅。"

（明）周珽《唐诗选脉会通评林》：周敬曰："亲在远游者难读。

顾璘曰：所谓雅音，此等是也。"

（清）张惣《唐风怀》：南村曰："二语婉至多风，使人子读之，爱慕油然自生，觉'昊天罔极'尚属理语（末二句下）。"

（明）邢昉《唐风定》：仁孝蔼蔼，万古如新。

（清）贺裳《载酒园诗话又编》：贞元、元和间，诗道始杂，类各立门户。孟东野为最高深，如"慈母手中线……"，真是《六经》鼓吹，当与退之《拘幽操》同为全唐第一。

（清）岳端《寒瘦集》：此诗从苦吟中得来，故辞不烦而意尽，务外者观之，翻似不经意。

（清）宋长白《柳亭诗话》：孟东野"慈母手中线"一首，言有尽而意无穷，足与李公垂"锄禾日当午"并传。

（清）沈德潜《唐诗别裁》：即"欲报之德，昊天罔极"意，与昌黎之"臣罪当诛，天王圣明"同有千古。

研读心得

诗的开头两句，所写的人是母与子，所写的物是线与衣，然而却点出了母子相依为命的骨肉之情。中间两句集中写慈母的动作和意态，表现了母亲对儿子的深笃之情。虽无言语也无泪水，却充溢着爱的纯情，扣人心弦，催人泪下的最后两句是前四句的升华，以通俗形象的比喻，寄托赤子炽热的情怀。对于深挚的母爱，儿女怎能报答于万一呢？全诗无华丽的辞藻，亦无巧琢雕饰，于清新流畅、淳朴素淡的语言中，饱含着浓郁醇美的诗味，情真意切，千百年来拨动多少读者的心弦，引起万千游子的共鸣。

人们曾把孟郊与韩愈并称"韩孟诗派"，主要是因为他们都尚古好奇，多写古体诗。但孟郊所作，多为句式短截的五言古体，用语刻琢而不尚华丽，擅长寓奇特于古拙，如韩愈所谓"横空盘硬语，妥帖力排奡"（《荐士》）。而韩愈的七言古体最具特色，气势雄放而怪奇瑰丽。他们的诗都很有力度，但韩愈的力度是奔放的，孟郊的力度则是内敛的。他更多地学习了汉魏六朝五言古诗的传统，正如李翱所说，"郊为五言诗，自汉李都尉（陵）、苏属国（武）及建安诸子、南朝二谢，郊能兼其体而有之"(《荐所知于徐州张仆射书》)。因此,与大历、贞元诗人相比,他更接近汉、魏风骨;而与他之后的韩愈、李贺相比,在内容上,孟郊的诗超出了大历、贞元时代那些狭窄的题材范围。固然,他的诗的主旋律是中下层文士对穷愁困苦的怨怼情绪,这是他屡试不第、仕途艰辛、中年丧子等生活遭遇决定的,但他还是能透过个人的命运看到一些更广阔的社会生活,并以诗来反映这些生活。其中有的揭露、针砭了社会上人际关系中的丑恶现象,有的则尖锐地揭示了贫富之间的不平等。如《寒地百姓吟》以"高堂捶钟饮,到晓闻烹炮"与"霜吹破四壁,苦痛不可逃"两相对照,《织妇辞》描写了织妇"如何织绔素,自着蓝缕衣"的反常现象。

(王瀚江)

教学心得

这首乐府诗中因孟郊常年颠沛流离、居无定所,所以对他来说最值得回忆的,莫过于母子分离的痛苦时刻了。此诗虽描写的是慈母缝衣的普通场景,而表现的却是诗人深沉的内心情感。

学习此诗可积极引导学生创设相关意境(故事),读出慈母的关爱之心、游子的孝义之情,还要注重母爱主题的拓展,欣赏赞美母亲的名言,使教学容量增大,内容开阔。按照"引—读—悟—赏"的顺序,教学中,可采用"以读代讲,层层推进"的形式进行教学。引领学生在诵读中走进文本,在品味中体验情感。古诗教学要遵循一个循序渐进的过程,即要在读古诗、理解诗意的基础上,感悟诗中所蕴含的丰富的思想感情,从而熟读成诵。每个环节衔接自然流畅,过渡自然,且能做到层层深入,使学生与诗人感情产生共鸣,理解慈母为游子缝制衣裳,是最为常见的生活图景,而其中浸透的却是深入骨髓的感情,母爱在日常生活中最细微的地方流露出来,朴素自然,亲切感人,拨动每一个诵者的心弦,催人泪下,唤起天下儿女们亲切的联想和深挚的忆念。这是诗意的深化,更是意境的升华。

(四川省万源市第二小学　唐燊)

鸟鸣涧

诗歌再现

鸟鸣涧
（唐）王维

人闲桂花落，夜静春山空。
月出惊山鸟，时鸣春涧中。

（第二单元 语文园地）

作者作品介绍

（清）吴昌祺《删订唐诗解》卷一一：因鸟声而写静夜之景，遂以鸟鸣命题。

（北宋）欧阳修等编《新唐书》卷一二七：开元初，擢进士，调太乐丞，坐累为济州司仓参军。张九龄执政，擢右拾遗。

历代名家点评

（唐）殷璠《河岳英灵集》卷上：维诗词秀调雅，意新理惬，在泉为珠，着壁成绘，一句一字，皆出常境。

（五代）刘昫《旧唐书》：维尤长五言诗。

（南宋）刘辰翁《王孟诗评》：皆非着意。顾云："所谓情真者。"又云："何限清逸。"

（明）胡应麟《诗薮》：太白五言自是天仙口语，右丞却入禅宗，如"人闲桂花落……"，读之身世两忘，万念皆寂。

（明）钟惺、谭元春《唐诗归》："钟云：此'惊'字妙（'月出'句下）！钟云：幽寂（末句下）。"

（明）徐增《说唐诗》："夜静春山空"，右丞精于禅理，其诗皆合圣教，有此五个字，可不必更读十二部经矣。"时鸣春涧中"，夫鸟与涧同在春山之中，月既惊鸟，鸟亦惊涧，鸟鸣在树，声却在涧，纯是化工，非人为可及也。

（明）高棅辑，（明）桂天祥批《批点唐诗正声》：闭关时有此佳趣，亦不寂寂。

（明）高棅《唐诗品汇》：刘云："皆非着意。"

（清）沈德潜《唐诗别裁》：诸咏声息臭味，迥出常格之外，任后人摹仿不到，其故难知。

（宋）洪迈纂，（清）王士祯辑《唐人万首绝句选评》：下二句只是写足"空"字意。

（清）朱之荆《增订唐诗摘抄》：鸟惊月出，甚言山中之空。

（清）吴煊、胡棠《唐贤三昧集笺注》：神清。顾云：如此好景，安得不歆动好情。

（清）黄叔灿《唐诗笺注》：闲事闲情，妙以闲人领此闲趣。

（清）李锳《诗法易简录》：鸟鸣，动机也；涧，狭境也。而先着"夜静春山空"五字于其前，然后点出鸟鸣涧来，便觉有一种空旷寂静景象，因鸟鸣而愈显者，流露于笔墨之外。一片化机，非复人力可到。

（近代）俞陛云《诗境浅说》续编：右丞能在静中领会，昔人谓"鸟鸣山更幽"句，静中之动，弥见其静。此诗亦然。

研读心得

本诗是王维禅趣诗的典型之作，认真研读、教授该诗，一来便于学生学习王维的诗词，二来利于学生在快节奏的生活当中探寻诗词的意趣。不过，对于本阶段的学生，更多的还应该是提高其对诗词的兴趣与理解能力，不必让学生一开始就解读诗意，而应着重让他们感受古诗节奏，从平仄韵律中体悟诗词美感。在对本诗有了初步的了解后，通过教师讲解，配合幻灯片、视频等形式，再带领学生感受本诗的意境美，让学生对诗词的文字有初步的感觉、感知，也真正体会这首诗的美妙之处。其中，还应适当地对个别字词进行讲解，如"惊"字在本诗中的特殊之处。

此外还可以对本诗及诗人进行一定程度的拓展，如提出"为何春山有桂花"一类问题，激发学生的思考。

（郭其熹）

教学心得

王维是小学生已熟知的盛唐"诗佛"，与孟浩然合称"王孟"。苏轼曾言"品摩诘之诗，诗中有画；观摩诘之画，画中有诗"，赞其诗极富意趣。学习此首诗可按照"解诗题、知作者、明诗意、悟诗情"四步古诗教学法先让学生自学，再由教师引导让大部分同学能理解诗意：春天寂静无声，桂花不知不觉地凋落。寂静使春夜里的山更让人觉得空空荡荡。月亮出来了，小鸟竟然被月光惊动。时不时在山涧中发出一阵阵清脆的叫声。

此诗的意境很美，要体会诗的意境，必须要学生明白作者写出这首诗时的地方——山林里！运用多媒体将图画、文字和声音结合在一起，让学生仿佛置身其境，从而更好地把握诗歌的内容和思想。在山林里，正在朋友家做客的作者无事要做，所以这时我们感受到了作者诗中的"闲"。（王维当时被贬，虽有不被重用的惆怅，但我们不必涉猎。）由于山太静了，月亮出来明晃晃的，把归巢歇息的鸟儿吓了一跳，它惊诧的叫声传出老远，衬得寂静的山林更静了。

学生明白诗的意境，也就理解了作者以动衬静的手法，明了"鸟鸣山更幽"的艺术辩证，以"惊"字凸显了山涧的宁静。全诗经典之处在于，以月出、鸟鸣反衬人静、夜静、山静（或山空，山空不是山林里什么都没有，而是生灵归家，更显其静。），表现了春夜山涧幽静的美，恰当地表达了作者此时闲适的心情和对大自然的热爱之情。因为"没有热爱，写不出美文"。至于桂花春落，若有学生提出，可释为"此指木樨，有春桂、秋桂、四季桂多个品种，此指春天开花的一种"即可，不必深究。

（四川省万源市青花镇学校　张茂蓉）

从军行

诗歌再现

> 从军行
> （唐）王昌龄
>
> 青海长云暗雪山，孤城遥望玉门关。
> 黄沙百战穿金甲，不破楼兰终不还。

（第四单元 第9课）

作者作品介绍

自开元初至开元十四年间，唐与吐蕃的战争基本上是由吐蕃入侵所致，此一时期唐军主要处于防守地位。同时，吐蕃除经常入侵唐陇右、剑南等地外，还时与西域突厥相勾结，以谋取龟兹、焉耆、于阗、疏勒四个重镇；并还曾进攻小勃律，其意亦在"假道攻四镇"。对唐王朝而言，开元前期与吐蕃的交战确多是保卫边境防御性的、正义的战争。而唐玄宗崇重边将，锐意用兵，好大喜功，穷兵黩武，则主要是在开元中期以后至天宝年间。对此，作为"饱读兵书，关怀现实，既有经邦济世的大志，又有政治上的远见卓识，开元前期就漫游西北，考察过边塞的形势"的王昌龄，是十分清楚的。他由此创作诗歌来抒发自己的所思所感。此题共七首，非一时一地之作，此为第四首。

历代名家点评

（明）唐汝询《唐诗解》（卷二六）：哥舒翰尝筑城青海，其地与雪山相接，戍者思归，故登城而望玉关，求生入也。因言冒风沙而苦战久矣，然不破楼兰终无还期，悲何如耶！

（清）黄叔灿《唐诗笺注》卷八：玉关在望，生入无由，青海雪山，黄沙百战，悲从军之多苦，冀克敌以何年。"不破楼兰终不还"，愤激之词也。

（清）沈德潜《唐诗别裁》卷一九："作豪语看亦可。然作归期无日看，倍有意味。""龙标绝句，深情幽怨，意旨微茫，令人测之无端，玩之无尽，谓之唐人《骚》语可。"

（近代）俞陛云《诗境浅说》：黄沙百战，虽金甲都穿，誓不与骄虏共戴三光，胜概英风，可谓烈士矣。

刘永济《唐人绝句精华》：写思归之情而曰"不破楼兰终不还"，用一"终"字而使人读之凄然。盖"终不还"者，终不得还也。连上句金甲着穿观之，久战之苦益明，如以为思破敌立功而归，则非诗人之本意矣。

研读心得

开头一句"青海长云暗雪山"，一个"暗"字就把战场肃杀的氛围描绘得淋漓尽致，极目远眺，似乎就能感觉到两军对垒时的凝重气息。"孤城遥望玉门关"此一句点明我军将士孤立无援的艰难处境。敌人居高临下，虎视眈眈，而我军孤立无援，天寒地冻。此战的艰辛困难可想而知。如果这首诗的立意与主旨仅仅只为简单地表现对我军将士的同情与赞美，那此诗的成就也就仅限于此。但王昌龄怎么会甘愿止步于此？这就有了三四句的笔锋一转，"黄金百战穿金甲，不破楼兰终不还"。战士们虽处于险境，但仍气势高亢，怒发冲冠，忠君爱国、愿为国牺牲的无畏形象跃然纸上，感天动地，气震山河，这舍身许国的英雄气概令人肃然起敬，叹服不已。最后两句也有不少人认为其看似是立志报国的慷慨豪言，实则为归家无望彼此安慰的涩涩苦语。离乡万里孤守边疆谁不想战胜归去，但又有谁能荣归故里呢？既然现实无望，就只能高喊着激昂的口号，生死由命，说不定这多年之愿会实现呢！诗人准确地把握了边关将士们的所思所想，用辽阔的视野、独特的视角、感伤激昂的情调，深邃高远的意境，鲜明地体现出生活在盛唐时代人们所独有的精神风貌，表现了那个时代所独有的家国情怀，也向我们全方面地展示了对于人类不休征战的冷峻独立之思考，饱含着对和平年代的向往与珍惜。

（俸荣麒）

教学心得

教学时首先从诗题入手，《从军行》是唐代诗人王昌龄的组诗作品，本首诗选自组诗第四首。了解"行"是乐府诗的命题格式之一，乐府诗原属于配调的歌诗，所以他的命题多用歌，比如：行、曲、引、吟、谣，这些都是古代歌曲调式。

了解作者王昌龄是盛唐著名边塞诗人，后人誉为"七绝圣手"，有"诗家夫子王江宁"之誉。

解读诗意时，注意掌握"长云"是层层浓云，"暗"是黯淡，"穿"是磨破的意思。在抓住关键词的基础上引导学生运用自己的话理解诗意。

根据诗句引导学生想象描绘的画面来领悟作者所表达的情感。一、二两句，展现了广阔地域的画面：青海湖上空，长云弥漫；湖的北面，横亘着绵延千里的隐隐的雪山；越过雪山，是矗立在河西走廊荒漠中的一座孤城；再往西，就是和孤城遥遥相对的军事要塞——玉门关。这幅集中了东西数千里广阔地域的长卷，就是当时西北戍边将士生活、战斗的典型环境。这两句在写景的同时渗透丰富复杂的感情：戍边将士对边防形势的关注，对自己所担负的任务的豪情壮志，以及戍边生活的孤寂、艰苦之感，都融合在悲壮、开阔而又迷蒙暗淡的景色里。三、四两句由情景交融的环境描写转为直接抒情。"黄沙百战穿金甲"是概括力极强的诗句。戍边时间之漫长，战事之频繁，战斗之艰苦，敌军之强悍，边地之荒凉，都于此七字中概括无遗。"百战"而至"穿金甲"，更可想见战斗之艰苦激烈。但是，尽管金甲磨穿，将士的报国壮志却并没有被消磨殆尽，而是在大漠风沙的磨炼中变得更加坚定。"不破楼兰终不还"就是身经百战的将士豪壮的誓言，表达了战士们誓死报国之志。

（四川省万源市第二小学 吴 宽）

闻官军收河南河北

📝 诗歌再现

> 闻官军收河南河北
> （唐）杜甫
>
> 剑外忽传收蓟北，初闻涕泪满衣裳。
> 却看妻子愁何在，漫卷诗书喜欲狂。
> 白日放歌须纵酒，青春作伴好还乡。
> 即从巴峡穿巫峡，便下襄阳向洛阳。

（第四单元 第9课）

作者作品介绍

本诗作于唐代宗广德元年（763年）春天。宝应元年（762年）冬，唐军在洛阳附近的衡水取得战争的胜利，收复了洛阳和郑、汴等地，叛军将领薛嵩、张志忠等纷纷投降。第二年，史思明的儿子史朝义兵败自杀，部下相继投降，至此，持续八年之久的"安史之乱"宣告结束。为躲避战乱而流亡在外的诗人杜甫听到叛军投降这一大快人心的消息之后，欣喜若狂，觉得自己的流亡生活和广大劳苦群众的悲惨生活即将结束，遂写下这首诗，此诗被称为"生平第一快诗"。

历代名家点评

（宋）范温《潜溪诗眼》：古人律诗亦是一片文章，语或似无伦次，而意若贯珠……"剑外忽传收蓟北，初闻涕泪满衣裳。"夫人感极则悲，悲定而后喜。忽闻大盗之平，喜唐室复见太平，顾视妻子，知免流离，故曰"却看妻子愁何在"；其喜之至也，不知手之舞之、足之蹈之，故曰"漫展诗书喜欲狂"；从此有乐生之心，故曰"白日放歌须纵酒"；

于是率中原流寓之人同归，以青春和暖之时即路，故曰"青春作伴好还乡"。言其道涂则曰"欲从巴峡穿巫峡"，言其所归则曰"便下襄阳到洛阳"此盖曲尽一时之意，惬当众人之情，通畅而有条理，如辩士之语言也。

（明）胡应麟《诗薮》：老杜好句中迭用字，惟"落花游丝"妙极。此外，如……"便下襄阳向洛阳"之类，颇令人厌。

（明）王嗣奭《杜臆》：说喜者云喜跃，此诗无一字非喜，无一字不跃。其喜在"还乡"，而最妙在束语直写还乡之路，他人决不敢道。

（清）黄周星《唐诗快》：写出意外惊喜之况，有如长比放流，骏马注坡，直是一往奔腾，不可收拾。

（清）金人瑞《杜诗解》："愁何在"妙。平日我虽不在妻子面前愁，妻子却偏要在我面前愁，一切攒眉泪眼之状，甚是难看。"漫卷诗书"妙，身在剑外，惟以诗书消遣过日，心却不在诗书上。

（清）何焯《义门读书记》：如龙。二泉云：后半喜之极，故言之泽。

（清）查慎行《初白庵诗评》：由浅入深，句法相生，自首至尾，一气贯注，似此章法，香山以外罕有其匹。

（清）仇兆鳌《杜少陵集详注》：此诗句句有喜跃意，一气流注，而曲折尽情，绝无妆点，愈朴愈真，他人决不能道。

（清）仇兆鳌《杜诗详注》：顾宸曰：杜诗之妙，有以命意胜者，有以篇法胜者，有以俚质胜者，有以仓卒造状胜者。此诗之"忽传""初闻""却看""漫卷""即从""便下"，于仓卒间，写出欲歌欲哭之状，使人千载如见。朱瀚曰："涕泪"，为收河北；狂喜，为收河南。此通章关键也。而河北则先点后发，河南则先发后点，详略顿挫，笔如游龙。又地名凡六见，主宾虚实，累累如贯珠，真善于将多者。

（清）爱新觉罗·弘历敕编《唐宋诗醇》：惊喜溢于字句之外，故其为诗，一气呵成，法极无迹。末联撒手空行，如懒残履衡岳之石，旋转而下，非有伯昏瞀人之气者不能也。

（清）沈德潜《唐诗别裁》：一气流注，不见句法字法之迹。对结自是落句、故收得住。若他人为之，仍是中间对偶，便无气力。

（清）浦起龙《读杜心解》：八句诗，其疾如飞。题事只一句，余俱写情。得力全在次句。于情理，妙在逼真，于文势，妙在反振。三、四，以转作承，第五，乃能缓受，第六，上下引脉，七、八，紧申"还乡"，生平第一首快诗也。

（清）杨伦《杜诗镜铨》：结联，毛西河云，即实从归途一直快数作结，大奇。且两"峡"两"阳"作跌宕句，律法又变。

（清）卢麰、王溥《闻鹤轩初盛唐近体读本》：陈德公曰：所谓狂喜，其中生气莽溢行间，结二尤见踊跃如鹜。作诗有气，岂在字句争妍？

（清）刘濬《杜诗集评》：李因笃云：转宕有神，纵横自得，深情老致，此为七律绝顶之篇。律诗中当带古意，乃致神境。然崔颢《黄鹤楼》以散为古，公此篇以整为古，较崔作更难。

（清）黄生《杜诗说》：杜诗强于言愁，其言喜者惟寄弟数首及此作而已。言愁者真使人对之欲哭，言喜者莫使人读之欲笑。

（清）施补华《岘佣说诗》："剑外忽传收蓟北"，今人动笔，便接"喜欲狂"矣。忽拗一笔云："初闻涕泪满衣裳"，以曲取势。活动在"初闻"两字，从"初闻"转出"却看"，从"却看"转出"漫卷"，才到喜得"还乡"正面，又不遽接"还乡"，用"白首放歌"一句垫之，然后转到"还乡"。收笔"巴峡穿巫峡""襄阳下洛阳"，正说还乡矣，又恐通首太流利，作对句锁之。即走即守，再三读之，思之，可悟俯仰用笔之妙。

（清）谭宗《近体秋阳》：白首不能放歌，要须纵酒而歌，还乡无人作伴，聊请青春相伴，对法整而乱，乱而整（"还乡"句下）。一气注下，格律清异。

（清）黄克缵、卫一凤《全唐风雅》：写喜意真切，愈朴而近（"漫卷诗书"句下）。自然是喜意流动得人，结复何等自然。喜愿之极，诚有如此，他语不足易也。

文本详解与唐代诗歌语文教学

研读心得

《闻官军收河南河北》开篇"剑外忽传收蓟北",一个"忽"字将叛军投降的消息传来十分快速表现出来,但在消息发展落后且地理位置偏远的四川地区,诗人能够"忽"地听见收复失地的消息,既表现了人民对于这个消息的震撼和渴望和平的愿望,也表现作者在突然之间听到这个消息的愉悦,为下文的"喜欲狂"埋下伏笔。

《闻官军收河南河北》全诗围绕一个"喜"字展开描写,诗人"初闻涕泪满衣裳",既然是收复失地、叛军投降的好消息,诗人为何会"涕泪"?诗人杜甫生长的时代是安史之乱时期,民不聊生,政局动荡。为了逃生,诗人远离家乡带着妻儿来到四川偏远之地生活,得知这个消息的诗人知道自己可以结束漂泊不定的生活回到家乡,是为自己高兴。同时,战争结束,广大劳苦群众也可以回到正常的农耕生活,他也为百姓们高兴。多种情绪交织而来,多愁善感的诗人留下了愉悦的泪水。待情绪稍微稳定,想把这个令人激动的消息和妻儿分享,妻子和儿子脸上也没有了往日的愁绪,显然也在为此而感到开心。但是此时的诗人已经等不及了,年过半百的诗人已经顾不得其他的任何东西,自顾自地收拾诗书,高兴得快要癫狂。

本诗颔联"白日放歌须纵酒,青春作伴好还乡"是对诗人"喜欲狂"的进一步描写,诗人此时已人到中年,不适合"纵酒",但是诗人不仅要"纵酒"而且要"放歌",更加突出表现了"喜欲狂"的"狂"。"青春"既指春季的美景,也指自己的孩子,在春季的微风和鸟语中,和自己的妻儿返回离去多年的故乡,本就是一件令人无比高兴的事情。

情景交融、对仗工整。本诗颔联是"却看妻子愁何在,漫卷诗书喜欲狂",颈联是"白日放歌须纵酒,青春作伴好还乡"。我们将两联放在一起阅读,就会体验到"白日"与"青春"等词塑造出的艳阳高照和春风拂面的那种令人心旷神怡的美景,而且会从"放歌"与"纵酒"这些似乎失去理智的狂欢中,从"作伴"这种自作多情的痴迷中,从"还乡"这个超前的想象中,体会到诗人杜甫亦悲亦喜、忽悲忽喜、悲喜交集的那种极其复杂的心情。本诗除首联外，其他三联对仗都极为工整和巧妙，在对仗中流畅自然，清新飘逸，将诗人的情绪渲染得十分到位。

（卿红霞）

教学心得

第一，做好诗中个别词语的解释，介绍作者创作的时代背景，帮助学生理解古诗。

河南河北：黄河以南和黄河以北的地区，即古代"中原"地区，不同于现在地理意义上的河南省与河北省。

蓟北：唐代幽州、蓟州一带，今河北北部地区，是当时安史之乱叛军的根据地，朝廷军队收复蓟北，代表着"安史之乱"得以平息，饱受战乱之苦的黎民百姓可以重新过上安定的生活。诗人杜甫也是饱受战乱之苦的人，八年安史之乱期间，诗人带着家小到处流亡，先后在陕北、关中、成都、今重庆、忠县、云阳、奉节、江陵、岳阳等地辗转，生活极不稳定，对于有着这样一种经历的爱国诗人，战争胜利所带来的喜悦是不言而喻的。

衣裳：yī cháng，古人服装大多长袍状，上身为裳 shang，下身为裳 chang（二声），本诗中诗人喜极而泣，用衣服拭泪，多用下半身衣物，故读裳 cháng。

妻子：指家中妻子和孩子，与现代文中的妻子有区别。

漫卷：卷读"juǎn"，胡乱、随意卷起的意思，读时想想意思就不会读四声了。

第二，分析"即从巴峡穿巫峡，便下襄阳向洛阳"。

这两句诗洋溢着诗人听到胜利消息后的喜悦心情，是诗人在想象归途的情景，不是实际发生的，淋漓尽致地展现了诗人急于回家，心花怒放的心理状态。

第三，逐句解读诗句意思，让学生能用自己的话表达诗句意思。

学生理解能力有限，教师应有意识地引导训练，加深学生对古诗的理解。熟读深思、激发想象、合理补充情节、补充画面，丰富诗的内涵，提升审美情趣。利用拓展资料帮助学生体验诗歌所描绘的意境，力求唤起学生的情感共鸣。

（四川省万源市第二小学 李轩）

凉州词

诗歌再现

> 凉州词
> （唐）王之涣
>
> 黄河远上白云间，一片孤城万仞山。
> 羌笛何须怨杨柳，春风不度玉门关。

（第四单元 语文园地）

作者作品介绍

根据王之涣的墓志铭可知，唐玄宗开元十四年（726年）王之涣辞官，过了15年的自由生活。《凉州词二首》当作于其辞官居家的15年期间，即开元十五年（727年）至二十九年（741年）期间，游历甘肃时所写。

（唐）薛用弱、谷神子《博异志、集异记》：开元中诗人，王昌龄、高适、王之涣齐名。时风尘未偶，而游处略同。一日，天寒微雪。三诗人共诣旗亭，贳酒小饮。忽有梨园伶官十数人，登楼会讌。三诗人因避席隈映，拥炉火以观焉。俄有妙妓四辈，寻续而至，奢华艳曳，都冶颇极。旋则奏乐，皆当时之名部也。昌龄等私相约曰："我辈各擅诗名，每不自定其甲乙，今者可以密观诸伶所讴，若诗入歌辞多者，可以为优矣！"俄而一伶，拊节而唱曰："寒雨连江夜入吴，平明送客楚山孤。洛阳亲友如相问，一片冰心在玉壶。"昌龄则引手画壁曰："一绝句。"

寻又一妓讴曰："开箧泪沾臆，见君前日书。夜台何寂寞，犹是子云居。"适则引手画壁曰："一绝句。"寻又一伶讴曰："奉帚平明金殿开，强将团扇半徘徊。玉颜不及寒鸦色，犹带昭阳日影来。"昌龄则又引手画壁曰："一乐府。"之涣自以得名已久，因谓众人曰："此辈皆潦倒乐官，所唱皆'下里巴人'之词耳，岂'阳春白雪'之曲，俗物敢近哉？"因指诸妓中紫衣貌最佳者曰："待此子所唱，如非我诗，吾即终身不敢与诸子争衡矣。若是吾诗，子等当须列拜床下，奉吾为师。"因欢笑俟之。须臾次至，双鬟发声，则曰："黄河远上白云间，一片孤城万仞山，羌笛何须怨杨柳，春风不度玉门关。"之涣即与二子曰："田舍奴，我岂妄哉！"因大谐笑。诸伶不喻其故，皆起诣曰："不知诸君何此欢噱？"昌龄等因话其事，诸伶拜曰："俗眼不识神仙，乞降清重，俯就筵席。"三子从之，饮醉竟日。

历代名家点评

（明）杨慎《升庵诗话》卷二：此诗言恩泽不及于边塞，所谓君门远于万里也。

（明）陆时雍《唐诗镜》卷一六：此是怨调，思巧格老，跨绝人远矣。

（清）沈德潜《唐诗别裁》引王渔洋的话说：必求压卷，王维之《渭城》、李白之《白帝》、王昌龄之"奉帚平明"、王之涣之"黄河远上"其庶几乎！而终唐之世，绝句亦无出四章之右者矣。

章太炎先生称为"绝句之最"。

研读心得

全诗描写的是边塞地区一片壮阔、萧寂的景色，以一种特殊的视角，首先描绘的是对黄河远眺的特殊感受，颇有一股气势坦荡的壮阔之情。接着，又写了边塞地区荒凉的景色，其中，以一个"孤"字表达诗人心中所感受的悲凉。紧接着，随着羌笛声音的介入，让视觉画面变得更加哀凉。偏偏还是《折杨柳》的曲调，更听得戍边的将士们因思归不得而心生感伤。全诗情感悲壮苍凉，同时又流露出一股慷慨之气，边塞的酷寒与戍边的将士们回不了故乡的哀怨相互交织，使得这种哀怨不但不消沉，反而更有一种壮烈广阔的感觉。

（胡林莉）

教学心得

此诗为边塞诗中的名篇，易学好懂，在教学中用"美"的画面帮助学生想象，体会在悠悠黄河、万仞孤城的广阔背景下戍关将士吹奏思乡名曲的画面，领会诗人抒发对朝廷不关心边关将士生活的无限感慨。但是在学生读通弄懂的基础上，不妨继续拓展，更有利于悟诗情：

自由奔腾的黄河水，映衬被群山孤城围困的将士，战后片刻的休息让士兵们情不自禁地思乡，耳边突然传来乐声，用他乡的乐器羌笛演奏故乡的送别名曲《折杨柳》，别有一番哀愁。玉门关内，桃红柳绿，春色满满；关外边城，严寒孤独，离愁深深。一语双关，表面上在感叹春风不会来驱散边城的严寒，实际上是非常含蓄地感叹朝廷不会派援兵来扭转战局，回家只能遥遥无期了，只能宁死守城，又何苦吹响哀怨的《折杨柳》呢？道出了普通士兵的真正心声。王之涣的六首传世绝句之一，广受民间歌手、庠间学子喜爱，堪称绝句之最，正是因为其接地气。

写法上，可以领悟作者用"何须怨"三字宽慰将士，那宽广的心胸令诗作"悲而不失其壮"。同时，可以展示另一首别样的凉州"词"：黄河远上，白云（间）一片，孤城万仞山。羌笛何须怨，杨柳春风，不度玉门关。让学生领会中国文字之美，断句之趣，激发对中华传统文化的喜爱。

（四川省万源市第二小学　袁自锋）

黄鹤楼送孟浩然之广陵

诗歌再现

> 黄鹤楼送孟浩然之广陵
> （唐）李白
>
> 故人西辞黄鹤楼，烟花三月下扬州。
> 孤帆远影碧空尽，唯见长江天际流。

（第四单元 语文园地）

作者作品介绍

唐玄宗开元十三年（725年），李白乘船从四川沿长江东下，一路游览了不少地方。在襄阳（今湖北襄阳），他听说前辈诗人孟浩然隐居在城东南的鹿门山中，特地去拜访他。孟浩然看了李白的诗，大加称赞，两人很快成了挚友。孟浩然热情地款待李白，并留他住了10多天。公元730年阳春三月，李白得知孟浩然要去广陵（今江苏扬州），便托人带信，约孟浩然在江夏（今武汉市武昌）相会。这天，他们在江夏的黄鹤楼愉快地重逢，各诉思念之情。几天后，孟浩然乘船东下，李白亲自送他到江边。船开走了，李白伫立江岸，望着那孤帆渐渐远去，惆怅之情油然而生，便挥就了这首《黄鹤楼送孟浩然之广陵》。

历代名家点评

（宋）陆游《入蜀记》卷五：八月二十八日访黄鹤楼故址，太白登此楼送孟浩然诗云："孤帆远映碧山尽，唯见长江天际流。"盖帆樯映远，山尤可观，非江行久不能知也。

（明）敖英《唐诗绝句类选》：末二句写别时怅望之景，而情在其中。

（明）李攀龙《唐诗直解》：更不说在人上，妙，妙。

（明）唐汝询《唐诗解》："黄鹤"分别之地，"扬州"所往之乡，"烟花"叙别之景，"三月"纪别之时。帆影尽，则目力已极；江水长，则离思无涯。怅望之情，俱在言外。

（清）黄生《唐诗摘钞》：不见帆影，惟见长江，怅别之情，尽在言外。

（清）徐增《而庵说唐诗》：有神理在内。诗中用字须板，用意须活。板则不可移动，活则不可捉摸也。

（清）爱新觉罗·弘历敕编《唐宋诗醇》：语近情遥，有"手挥五弦，目送飞鸿"之妙。

（清）宋宗元《网师园唐诗笺》：语近情遥（末二句下）。

（宋）洪迈纂，（清）王士禛辑《唐人万首绝句选评》：不必作苦语，此等语如朝阳鸣凤。

（近代）俞陛云《诗境浅说续编》：送行之作伙矣，莫不有南浦销魂之意。太白与襄阳，皆一代才人，而兼密友，其送行宜累笺不尽。乃此诗首二句仅言自武昌至扬州。后二句叙别意，言天末孤帆，江流无际，止寥寥十四字，似无甚深意者。盖此诗作于别后，襄阳此行，江程迢递，太白临江送别，直望至帆影向空而尽，惟见浩荡江流，接天无际，尚怅望依依，帆影尽而离心不尽。十四字中，正复深情无限，曹子建所谓"爱至望苦深"也。

研读心得

这首诗所写的离别不是很伤感，描写的景物、氛围令人感到轻松愉悦，这也是此诗的特别所在，于愉悦的气氛中又有些伤怀，诗味不减丝毫而又韵味无穷。

在诗中诗人并没有明显表现出不愉快的心情，反而自己也心生一种向往。从诗的后两句可以看出诗人看着远去的船直到船不见踪影，既表达了对友人的不舍之情，但同时也饱含了自身对友人所去之地的无限向往。

（赵敏）

教学心得

在本课的教学中，我在教学过程上设置了：初读诗文、整体感知—自主感悟、理解诗意—品读诗句、体会情感—背诵全诗、积累诗歌的四大版块，在教学时力求做到如下几点：

一是层次分明，循序渐进。

二是注重培养学生自主学习的能力。在理解诗意这一环节上，让学生通过自学与小组学习，充分发表自己的见解，教师适时点拨，训练其自学和口语表达能力。

三是引导学生展开丰富的想象，如感悟烟花三月之美。注意体会作者对友人在这么美丽的三月到扬州去的向往之情。再创情景，想象诗人与友人分别时的情景，思考如果你就是李白，会对即将离开的孟浩然说些什么呢？孟浩然又会说什么呢？图文结合，驰骋想象，加深对诗意的理解，给学生提供想象的空间。

加强课内外联系，增加阅读的积累，补充《别董大》《送元二使安西》《送杜少府之任蜀州》等送别诗，扩大学生阅读面，激发学生对古诗词的学习兴趣。

（万源市第二小学　卢琼）

六年级上册

宿建德江

📋 诗歌再现

> 宿建德江
> （唐）孟浩然
>
> 移舟泊烟渚，日暮客愁新。
> 野旷天低树，江清月近人。

（第一单元 第3课）

作者作品介绍

孟浩然（689—740），唐代诗人。本名浩，字浩然，襄州襄阳人，世称孟襄阳。因他未曾入仕，又被称为孟山人。早年有志用世，在仕途困顿、痛苦失望后，尚能自重，不媚俗世，以隐士终身。曾隐居鹿门山，生了六子。诗与王维并称"王孟"。其诗清淡，长于写景，多反映山水田园和隐逸、行旅等内容，绝大部分为五言短篇，在艺术上有独特的造诣。有《孟浩然集》三卷，今编诗二卷。

孟浩然于唐玄宗开元十八年（730年）离乡赴洛阳，再漫游吴越，借以排遣仕途失意的悲愤。《宿建德江》当作于作者漫游吴越时，与《问舟子》是同一时期的作品。

历代名家点评

（宋）罗大经《鹤林玉露》：孟浩然诗云"江清月近人"，杜陵云"江月去人只数尺"，子美视浩然为前辈，岂祖述而敷衍之耶？浩然之句浑涵，子美之句精工。

（明）施重光《唐诗近体》：下半写景而客愁自见，十字咀味不尽。

（明）高棅辑，（明）桂天祥批《批点唐诗正声》：语少意远，清思痛入骨髓。

（明）唐汝询《唐诗解》：客愁因景而生，故下联不复言情，而旅思自见。

（明）周珽《唐诗选脉会通评林》：周敬曰："神韵无伦"。

（清）吴端荣《唐诗笺要》：襄阳最多率素语，如此绝又杂以庄重，似齐梁俪体。

（清）沈德潜《唐诗别裁》：下半写景，而客愁自见。

（清）张谦宜《茧斋诗谈》："低"字、"近"字，宋人所谓诗眼，却无造作痕，此唐诗之妙也。

（清）黄叔灿《唐诗笺注》："野旷"一联，人但赏其写景之妙，不知其即景而言旅情，有诗外味。

（清）方功惠《王孟诗评》：刘云："新"字妙。"野旷"二语酷似老杜。

（清）刘宏煦《唐诗真趣编》："低"字从"旷"字生出，"近"字从"清"字生出。野惟旷，故见天低于树；江惟清，故觉月近于人。清旷极矣。烟际泊宿，恍置身海角天涯、寂寥无人之境，凄然四顾，弥觉家乡之远，故云"客愁新"也。下二句不是写景，有"愁"字在内。

研读心得

"移舟泊烟渚"诗人通过"移""泊"两个动词来展现内心的情绪，诗人的心态是低沉、压抑的。正是因为这样的心情，诗人的船是缓慢移动，而不是心情愉悦欢快时的"渡""划"，表现了诗人当时心态是低沉压抑的。"烟"，江面上水汽缭绕，烟雾朦胧，就好比诗人此时凄凉迷离的心境，一切景语皆情语，诗歌一开始就奠定来了"愁"的基调，这种"愁"不管是羁旅思乡之愁还是仕途失意、人生坎坷、理想幻灭的愁怨，这种"愁"都使得诗人所见之景带有低沉的色彩。"日暮客愁新"，人在路途，产生乡愁，诗人自己是"客"，又赶上"日暮"，心中难免不会颤动。"野旷天低树，江清月近人"诗人放眼望去，因为原野空旷，远天好像低过近树，这种错觉就让诗人产生了面对苍茫宇宙之感，不得不悲从中来。见月远怀，引起诗人的愁思，但是月亮的"近人"确实多了几分亲切感，也就有了几分温情。月亮带给诗人慰藉，像一个诗人的老朋友，暂缓了诗人心中的孤独寂寞之情。诗人抒发了游子漂泊在外的乡愁和人生不得志的思想感情，也表达了诗人见月欢喜的一丝丝喜悦。

（欧松林）

教学心得

　　教学这首古诗，如果仅仅停留在"解释"上，肯定枯燥乏味。考虑到全诗围绕一个"愁"字，把诗人的孤寂、愁闷、思念、困惑等复杂心情蕴含在诗句的每一个字中，有许多地方值得细细品味、反复推敲。因此，教师必须在学生已能把诗读得字正腔圆、有滋有味的前提下，再打开他们的思维，让学生先对古诗有一个整体的大胆猜想，说出欣赏后的初步感受，然后再细读推敲古诗中的每一个字词，理解意思，找到猜想的证据，小组交流后，再全班反馈，并在反馈的过程中，进行有感情的朗读。最后，再把学生带入诗的意境之中，让学生在理解的基础上感悟诗人的情感，并通过朗读来表达自己独特的感悟。为了升华情感，在拓展中，利用唐代诗人张继的《枫桥夜泊》让学生进一步感受诗人羁旅中的惆怅、思念，体味人生坎坷的复杂情感。

　　基于这样的理解和思考，又结合多媒体来辅助教学，不管是在画面的选择上，还是音乐上，都紧紧围绕诗的意境和情感，体现出一个"愁"字。

（巴师附小　杨丽萍）

过故人庄

诗歌再现

> 过故人庄
> （唐）孟浩然
>
> 故人具鸡黍，邀我至田家。
> 绿树村边合，青山郭外斜。
> 开轩面场圃，把酒话桑麻。
> 待到重阳日，还来就菊花。

（第一单元 语文园地）

作者作品介绍

此诗是诗人在长安失意，重返家乡隐居鹿山时，对赴田家做客情景的描写。

（宋）刘辰翁《王孟诗评》：刘云："每以自在相凌厉者，极是。"

历代名家点评

（元）方回《瀛奎律髓》：此诗句句自然，无刻划之迹。

（元）方回《瀛奎律髓汇评》：冯舒："字字珠玉，'就'字真好。纪昀：王、孟诗大段相近，而体格又自微别。王清而远，孟清而切。学王不成，流为空腔；学孟不成，流为浅语。如此诗之自然冲淡，初学遽躐等而效之，不为滑调不止也。"

（明）杨慎《升庵诗话》：孟集有"到得重阳日，还来就菊花"之句，刻本脱一"就"字，有拟补者，或作"醉"，或作"赏"，或作"泛"，或作"对"，皆不同，后得善本是"就"字，乃至其妙。

（明）施重光《唐诗近体》：通体朴实，而语意清妙。

（清）屈复《唐诗成法》卷三：以古为律，得闲适之意，使靖节为近体，想亦不过如此而已。

（清）沈德潜《唐诗别裁》：通体清妙。末句"就"字作意，而归于自然。

（清）宋宗元《网师园唐诗笺》：野景幽情（"把酒"句下）。

（清）王溥辑《闻鹤轩初盛唐近体读本》：一意淡，结作小致。虽古今不同，居然元亮品格。第五欲作异使，对句亦逸，"就"字新。

（清）黄生《唐诗摘钞》：全首俱以信口道出，笔尖几不着点墨。浅之至而深，淡之至而浓，老之至而媚。火候至此，并烹炼之迹俱化矣。王、孟并称，意尝不满于孟。若此作，吾何间然？结句系孟对故人语，觉一片真率款曲之意溢于言外。

研读心得

1. 《过故人庄》中的故人是一个什么样的人

应是一个高雅的隐士：《过故人庄》的"过"在后面的诗句解释为"邀"，表明是故人所邀请，并非不请自来；而"庄"则解释为"田家"，并非豪气的田庄，绿树、青山环绕的居住环境更显雅静；与孟浩然是故友，居住环境简朴优雅，且孟浩然表示下次重阳日之时再聚，怎能不是一个高雅的隐士呢？

2. 《过故人庄》的两美

首先是感官之美，体现一种生态的和谐。

闻一多先生说孟浩然的诗歌是"淡到看不见诗"，在这首诗也同样适用。整首诗描绘了一幅田园生活的闲适安乐、悠游自在的田家图画，充满了生活气息。四联诗歌，四个场景，都给人以感官上的愉悦，既有山、有树，又有花、草、桑、麻，作者尽情铺展田园意，给人以感官上的美感。

其次是心灵之美，寄托着作者浪漫的理想。

在故人的田庄里，一切都显得十分和谐、平等、真诚。求仕生活的疲惫艰辛在田园风光中得到最大限度的补偿：生活虽然清贫，但朋友之间的挚情令人欣慰；农事虽然辛苦，但能得到心灵的满足。所以，《过故人庄》给了作者心灵上美的感受。

（曾雪）

教学心得

全篇诗歌明白如话，看似平淡，实则有深奥的内涵。因此，要在充分掌握诗歌内容的基础上展开教学。第一句："故人具鸡黍"中的"鸡黍"，是一个典故，"鸡黍"一词在这里出现，专指丰盛的饭菜。《论语·微子》："丈人止子路宿，杀鸡为黍而食之。""鸡黍之交"出自《后汉书·独行列传》，有了这个典故，同学们才知道，原来这次造访不是路过，而是美丽的约定，体现了朋友之间的信用。这与前面学过的"有朋自远方来，不亦乐乎"和"与朋友交而不信乎"不谋而合。这也正是"学而时习之，不亦说乎"的真实写照，同学自然非常感兴趣，有一见如故的感觉。

这首诗有一个重点，那就是最后一句："待到重阳日，还来就菊花。"为什么重阳节要赏菊呢？因为菊花茶具有延年益寿的保健作用，能够让老人获得健康和长寿。在中国古代诗人当中，伟大的诗人们也有歌谣菊花的名句。如杜甫："丛菊两开他日泪，孤舟一系故园心。"菊花表达了他的家国情怀。元稹："不是花中偏爱菊，此花开尽更无花。"则清楚地说明了菊花的季节特点。通过对菊花的描述，同学们知道了最后一句是对未来的想象，充满了对生活的热爱，也增加了他们对菊花意象的理解，从而突破了重点。

一首诗要讲出它字里行间的感情，爱国、爱家、爱朋友……

（巴师附小　杨丽萍）

回乡偶书

诗歌再现

> 回乡偶书
> （唐）贺知章
>
> 少小离家老大回，乡音无改鬓毛衰。
> 儿童相见不相识，笑问客从何处来。

（第四单元 语文园地）

作者作品介绍

贺知章在唐玄宗天宝三载（744年），辞去朝廷官职，告老返回故乡越州永兴（今浙江杭州萧山），时已八十六岁。此时距他离开家乡已有五十多个年头了。人生易老，世事沧桑，他心头有无限感慨，于是写下了这组诗。[1]

历代名家点评

（宋）范晞文《对床夜语》卷三：高适诗云："林稀落日行人少，醉后无心怯路歧。"老杜有"前村山路险，归醉每无愁"，词简意工，臻其妙，学造语者宜知之。又如杨衡诗云："正是忆山时，复送归山客。"张籍云："长因送人处，忆得别家时。"卢象《还家》诗："小弟更孩幼，归来不相识。"贺知章云："儿童相见不相识，笑问客从何处来。"语益换而益佳，善脱胎者宜参之。近时严坦叔《还家》诗，亦有"旧时巷陌记，却问新移来住人"，颇得知章之遗意。

（明）高棅《唐诗品汇》卷四七：刘云："说透人情之的。"

（清）唐汝询《唐诗解》：摹写久客之感，最为真切。

---

[1] 萧涤非等：《唐诗鉴赏辞典》，上海辞书出版社1983年版，第52-53页。

（清）王尧衢《古唐诗合解》：此作一气浑成，不假雕琢，兴之偶至，举笔疾书者。

（清）宋宗元《网师园唐诗笺》：情景宛然，纯乎天籁。

（清）刘宏煦《唐诗真趣编》：人皆知气象开展、音节宏亮为盛唐，不知盛唐中有如此淡瘦一种，却未尝不是高调。刘仲肩曰："朴实语，无限感慨。"

研读心得

"少小离家老大回，乡音未改鬓毛衰。"

一个人离家五十多年，口音总会产生一些变化，而诗人却乡音无改，说明诗人对家乡有着浓厚的感情，刻意保持着自己的口音，来维系自己与家乡的联系。这两句，通过变与不变的对比，表达出诗人对人生易老、世事沧桑的感慨，也表达出诗人对家乡的深情。

"儿童相见不相识，笑问客从何处来。"

这一句诗人没有继续表达自己的感慨，而突然转入一个儿童相问的生活场景。诗人离开家乡这一转，太多年了，回来家乡的小孩都不认识他。诗从平铺直叙转入了一个戏剧性的场景中来，虽然是平淡的一个问题，但一个"客"字却深深击中了诗人的内心，诗人本自家乡来，如今却成了家乡的客人，儿童嬉戏的场景在诗人看来却是无限凄凉。

（王楠）

教学心得

《回乡偶书》是唐诗中的极品，诗人置身于故乡熟悉而又陌生的环境之中，一路迤逦行来，心情颇不平静：当年离家，风华正茂；今日返归，鬓毛疏落，不禁感慨颇多。首句用"少小离家"与"老大回"进行对比，概括写出数十年久居他乡的事实，暗寓自伤"老大"之情。次句以"鬓毛衰（cuī催，疏落之意）"顶承上句，具体写出自己的"老大"之态，并以不变的"乡音"映衬变化了的"鬓毛"，言下大有"我不忘故乡，故乡可还认得我吗"之意，从而为唤起下两句儿童不相识的发问作好铺垫。在"乡音无改鬓毛衰"的教学中孩子们显得有点难以捉摸，却对"笑问客从何处来"露出会心的微笑。在这首古诗的教学中，我运用了情境教学的手段，使孩子们感受到"易""趣""活"，比如，用著名诗人李白的《静夜思》引出贺知章，并且让孩子们知道李白与贺知章是好朋友，他们都是很有名的诗人，以及简单介绍贺知章的一些情况，让孩子们知道贺知章的一些生活经历，从而对他产生一种敬仰和钦佩之情，有了这种情感对于理解诗句很有帮助。其次，在课堂上不能没完没了地、单调地重复可有可无的乏味回答，要把学生引入古诗描绘的情景中，以儿童身份融入其中，在理解诗句的基础上让学生展开想象，把古诗改编成故事加深理解。

（巴师附小　杨丽萍）

浪淘沙

诗歌再现

> 浪淘沙（其一）
> 　（唐）刘禹锡
> 九曲黄河万里沙，浪淘风簸自天涯。
> 如今直上银河去，同到牵牛织女家。

（第六单元　第17课）

作者作品介绍

唐朝自安史之乱后，国势顿衰。藩镇割据，宦官专权。才人被外放，愤激之际，怨刺之作应运而生。刘禹锡从京官调到地方官之后亦有流芳之作，如《浪淘沙九首》。此组诗当为刘禹锡后期之作，且非创于一时一地。据诗中所涉黄河、洛水、汴水、清淮、鹦鹉洲、濯锦江等，或为辗转于夔州、和州、洛阳等地之作，后编为一组。有学者认为这组诗作于夔州后期，即长庆二年春（公元822年）在夔州贬所所作。

（五代）刘昫《旧唐书·刘禹锡传》：彭城刘梦得，诗豪者也。其锋森然，少敢当者。

历代名家点评

（宋）刘克庄《十月二十二日夜同方寺丞宿瀑庵读刘宾客集》：森严似听元戎令，机警如看国手棋。

研读心得

诗歌前两句用了白描手法描绘了黄河来自天边，奔腾千里的壮丽图景。"九曲"运用了夸张的手法描写黄河的曲曲折折。"自天涯"生动地表现了黄河的源远流长。诗人用浪漫的想象结合优美的传说，把黄河汹涌澎湃的特点写得更加具体、生动、形象。这首诗歌颂了黄河的气势宏大，抒发了诗人对祖国大好河山的热爱，对美好生活的向往。

（杨怡）

教学心得

按照诗歌教学的常用方法，设计了四个环节：读节奏—读意思—读情景—读背。让学生在朗读的基础上，能明白诗的意思，进而配合插图想象诗的情景，然后简单赏析。这是唐代诗人刘禹锡写的描写黄河的一首诗，这首诗借助夸张和想象描写了黄河雄伟的气势，以豪迈的笔触展现了黄河的壮观景象。这首古诗教学，可以改变以往"解诗题，知作者，晓诗意，悟诗情"的教学思路。上课伊始，先给学生播放有关黄河的图片，让学生感受黄河的雄伟气势，为学习古诗打下基础。再通过《元和十年自朗州承召至京戏赠看花诸君子》与《再游玄都观》介绍刘禹锡，让学生对刘禹锡有一个深刻的了解。接下来的古诗教学中，首先是初读古诗，让学生把古诗读通顺，读流利。其次采用了课改模式，将课堂交给学生，由学生合作探究、板书展示完成对古诗的理解。

最后提出一个问题:"讨论:假如你是诗人,面对着黄河的这番景象,你将如何抒发感慨?"通过学生的发言来体会诗歌表达的感情。

(巴师附小　杨丽萍)

江南春

诗歌再现

> 江南春
> （唐）杜牧
>
> 千里莺啼绿映红,水村山郭酒旗风。
> 南朝四百八十寺,多少楼台烟雨中。

(第六单元　第17课)

作者作品介绍

杜牧生活的晚唐时代,唐王朝已出现大厦将倾之势,一方面,藩镇割据、宦官专权、牛李党争……一点点地侵蚀着这个巨人的身体。另一方面,宪宗当政后,醉心于自己平淮西等一点点的成就,飘飘然地做起了长生不老的春秋大梦,一心事佛,韩愈上《谏佛骨表》,险些丢了性命。宪宗被太监杀死后,后继的穆宗、敬宗、文宗照例提倡佛教,僧尼之数继续上升,寺院经济持续发展,大大削弱了政府的实力,加重了国家的负担。

此诗作于大和七年(833年)春,时杜牧在宣歙观察使幕,奉幕主沈传师之命,由宣州经江宁往扬州访问淮南节度使牛僧孺。杜牧这年来到江南(江苏江阴),不禁想起当年南朝,尤其是梁朝事佛的虔诚,不仅没有求得长生,反而误国害民。既是咏史怀古,也是对唐王朝统治者委婉的劝诫。后来武宗发动会昌灭佛,从一定程度上缓和了矛盾。

历代名家点评

（宋）张表臣《珊瑚钩诗话》卷二：杜牧诗云："南朝四百八十寺，多少楼台烟雨中。"帝王所都而四百八十寺，当时已为多，而诗人侈其楼阁台殿焉。

（明）杨慎《升庵诗话》一四卷：千里莺啼，谁人听得？千里绿映红，谁人见得？若作十里，则莺啼绿红之景，村郭、楼台、僧寺、酒旗，皆在其中矣。

（明）周珽《唐诗选脉会通评林》：周敬曰：小李将军画山水人物，色色争妍，真好一幅江南春景图。周珽云：大抵牧之好用数目字。如"南朝四百八十寺""二十四桥明月夜""故乡七十五长亭"是也。

（明）胡震亨《唐音戊签》：杨用修欲改"千里"为"十里"。诗在意象耳，"千里"毕竟胜"十里"也。

（清）何文焕《历代诗话考索》中曾驳斥道："即作十里，亦未必尽听得着，看得见。题云《江南春》，江南方广千里，千里之中，莺啼而绿映焉，水村山郭无处无酒旗，四百八十寺楼台多在烟雨中也。此诗之意既广，不得专指一处，故总而命曰《江南春》……"

（清）唐生《唐诗摘钞》：曰"烟雨中"，则非真有楼台矣，感南朝遗迹之湮灭而语，特不直说。许浑亦云："鸟下绿芜秦苑夕，蝉鸣黄叶汉宫秋。"窦牟云，"满目山阳笛里人"，言人已不存也……不曰楼台已毁，而曰"多少楼台烟雨中"，皆见立言之妙。

（清）《唐三体诗评》：缀以"烟雨"二字，便见春景，古人工夫细密。

（清）周星《唐诗快》：若将此诗画作锦屏，恐十二扇铺排不尽。

（唐）韦庄《唐贤小三昧集续集》：字字着色画。此种风调，樊川所独擅。

（清）宋宗元《网师园唐诗笺》：江南春景，描写莫尽，能以简括，胜人多许。

（宋）洪迈纂，（清）王士禛辑《唐人万首绝句选评》：二十八字中写出江南春景，真有吴道子于大同殿画嘉陵山水手段，更恐画不能到此耳。

（现代）林东海《历代诗法》："四百八十寺"，无景不收入结句，包罗万象，真天地间惊人语也。

刘永济《唐人绝句精华》：按杨慎之说，拘泥可笑，何文焕驳之楚也。但谓为诗家善立题，则亦浅之夫视诗人矣。盖古诗人非如后世作者先立一题，然后就题成诗，多是诗成而后立题。此诗乃杜牧游江南时，感于景物之繁丽，追想南朝盛日，遂有此作。"千里"之词，亦概括言之耶，必欲以听得着、看得见求之，岂不可笑！

研读心得

该诗一方面重写景技巧，将五官的调动，动静、点面、虚实等写作技巧巧妙结合：虚实结合，前两句是实，点面结合（或者说局部与整体概括相结合），后两句实中有虚，一语双关。看似写景，其实也暗含讽刺统治者之意，寓情于景，借景抒情。短短28字，句句均为景语，一句一景，各具特色。动静结合，既有声有色，从视觉、听觉多角度描写，又有空间上的拓展和时间上的追溯，令人叹为观止。

另一方面，该诗重意象的刻画，意境的营造。虚实、动静等手法的运用，都是为了意境的营造，短短28个字，却将江南美景等描写得绘声绘色。

（丁绪）

教学心得

诗歌教学，朗读与意境的体悟是重点。所以设计这堂课的重点之一就是朗读，让学生充分朗读，引导学生读出七言绝句的节奏与韵味，培养学生读古诗的语感。重点之二是带领学生了解诗意，解读画面，进而体悟诗情诗境，通过朗读、听读、看图、想象等方式让学生与诗人产生情感的共鸣。在读通诗句的基础上，引导学生画出自己不理解的字、词，查字典或同学之间讨论，说说"莺啼""绿映红""酒旗风"等词语的意思，再让学生自由串讲诗意。这首诗的难点在于"南朝四百八十寺，多少楼台烟雨中"这句诗的理解上。因为具有政治抱负的杜牧，有反佛的思想，而他又生在内忧外患、走向衰落的晚唐时期，所以对这首诗的争论各种声音都有，说是写景或是讽喻的都有。从诗歌字面来看，前两句诗就像迅速移动的电影镜头掠过江南大地，后两句又把人的视线引向烟雨中屋宇重重、悠远古老的佛寺，展现的是自然景观与人文景观，所以本诗应定位于写景诗，但后两句诗延伸的历史背景也应该让学生有所了解。

（巴师附小　杨丽萍）

六年级下册

寒　食

📋 诗歌再现

> 寒　食
> （唐）韩翃
>
> 春城无处不飞花，寒食东风御柳斜。
> 日暮汉宫传蜡烛，轻烟散入五侯家。

（第一单元 第3课）

📄 作者作品介绍

唐代习俗，到清明这天，皇帝宣旨取榆柳之火赏赐近臣。这仪式用意有二：一是标志着寒食节已结束，可以用火了；二是借此给臣子官吏们提个醒，让大家向有功也不受禄的介子推学习。中唐以后，几任昏君都宠幸宦官，以致他们的权势很大，败坏朝政，排斥朝官。有意见认为此诗正是因此而发。

（唐）孟棨《本事诗》：（韩翃）后罢府闲居，将十年，李相勉镇夷门又署为幕吏。时韩已迟暮，同职皆新进后生。不能知韩，举目为恶诗。韩邑邑殊不得意，多辞疾在家。唯末职韦巡官者，亦知名士，与韩独善。一日，夜将半，韦叩门急。韩出见之，贺曰："员外除驾部郎中、知制诰。"韩大愕然曰："必无此事，定误矣。"韦就座，曰"留邸状报制诰阙人"，中书两进名，御笔不点出，又请之，且求圣旨所与，德宗批曰："与韩翃。"时有与翃同姓名者为江淮刺史，又具二人同进，御笔复批曰："春城无处不飞花，寒食东风御柳斜。日暮汉宫传蜡烛，轻烟散入五侯家。"又批曰："与此韩翃。"韦又贺曰："此非员外诗耶？"

韩曰："是也，是知不误矣。"质明而李与僚属皆至，时建中初也。

（元）辛文房《唐才子传》卷四：韩翃，字君平，南阳人。天宝十三载杨纮榜进士。侯希逸素重其才，至是表佐淄青幕府。罢，闲居十年。及李勉在宣武，复辟之。德宗时，制诰阙人，中书两进除目，御笔不点，再请之，批曰："与韩翃。"时有同姓名者为江淮刺史，宰相请孰与。上复批曰："春城无处不飞花韩翃也。"俄以驾部郎中知制诰。终中书舍人。翃工诗，兴致繁富，如芙蓉出水，一篇一咏，朝士珍之。比讽深于文房，筋节成于茂政，当时盛称焉。有诗集五卷，行于世。

（清）贺裳《载酒园诗话又编》：此诗作于天宝中，其时杨氏擅宠，国忠、铦与秦、虢、韩三姨号为五家，豪贵荣盛，莫之能比，故取汉王氏五侯喻之。即赐火一事，而恩泽先沾于戚畹，非他人可望，其余锡予之滥，又不待言矣。寓意远，托兴微，真得风人之遗。

历代名家点评

（明）高棅辑，（明）桂天祥批《批点唐诗正声》：禁体不事雕琢语，富贵闲雅自见。

（清）王士祯《分甘余话》卷（一）：唐韩翃以"春城无处不飞花"一诗见知九重，召知制诰，传为佳话，世尽知之。《杜阳杂编》又载一事：德宗西幸有二马，一号神智骢，一号如意骝。贞元三年，蜀中进瑞鞭，有麟凤龟龙之形，色类琥珀。一日将幸诸苑，内厩进瑞鞭，上顾近臣曰："昔朕西幸有二骏，称二绝，今获此鞭，可称三绝矣。"因吟曰："鸳鸯赭白齿新齐，晓日花间散碧蹄。玉勒乍回初喷沫，金鞭欲下不成嘶。"亦作也。知诗流闻禁中者多，不独"寒食东风"之句而已。

（清）吴乔《围炉诗话》：唐之亡国，由于宦官握兵，实代宗授之以柄。此诗在德宗建中初，只五侯二字见意，唐诗之通于《春秋》者也。

（清）黄叔灿《唐诗笺注》："散入五侯家"，谓近幸者先得之，有托讽意。

（清）蘅塘居士《唐诗三百首》：唐代宦官之盛，不减于桓灵，此诗托讽深远。

（清）沈德潜《唐诗别裁》：五侯或指王氏五侯，或指宦官灭梁氏冀之五侯，总之先及贵近家也。

　　（清）管世铭《读雪山房杂着》：韩君平"春城无处不飞花"，只说侯家富贵，而对面之寥落可知，与少伯"昨夜风开露井桃"一例，所谓怨而不怒也。

　　（清）黄叔灿《唐诗笺注》：首句逗出寒食，次句以"御柳斜"三字引线，下"汉宫传蜡烛"便不突。"散科五侯家"谓近幸者先得之，有托讽意。

　　（清）徐增《而庵说唐诗》：不飞花，飞字窥作者之意。初欲用开字，开字不妙，故用飞字。开字呆，飞字灵，与下句风字有情。东字与春字有情，柳字与花字有情，御字与宫字有情，斜字与飞字有情，蜡烛字与日暮字有情，烟字与风字有情，青（轻）字与柳字有情，五侯字与汉字有情，散字与传字有情，寒食二字又装叠得妙。其用心细密，如一匹蜀锦，无一丝跳梭，真正能手。

　　（近代）俞陛云《诗境浅说》：首句言处处飞花，见春城之富丽也；次句言东风寒食，纪帝京之佳节也。

　　（近代）俞陛云《诗境浅说续编》：二十八字中，想见五剧春浓，八荒无事，宫廷之闲暇，贵族之沾恩，皆在诗境之内。以轻丽之笔，写出承平景象，宜其一时传诵也。

研读心得

　　全诗着力描写皇城、皇家景色，表面上是赞扬皇城的繁华，表现浓郁的春意，实际上是暗讽外戚得宠专权的腐败。虽没有直接描写百姓生活，但是"传蜡烛""轻烟"等词语从侧面着手，暗示贵族与百姓生活的对比，本应随夜色昏黑的皇城，却有那么几处闪烛光、飘轻烟，无视传统，更显得讽刺意味浓厚。

　　德宗对这首诗大为赞赏，有人说他没有看出诗中的暗讽之意。但笔者认为可能不是这样，德宗皇帝自幼接受教育，对诗文也颇有研究，诗中的隐含之义还是可以看出来的,只是他可能更愿意将之作为颂诗看待。还有一个"寒食禁火,清明出火"的说法,是在寒食节结束的当晚由皇帝将"新火"分发给文武百官,提醒他们向介子推学习,做一个好官,这样"日暮汉宫传蜡烛"就比较合理了。所以德宗可以毫无芥蒂地欣赏这首诗,并提拔一个已被罢官十年之久的韩翃,也有了比较好的解释,借此向百官说明,希望他们能做好自己的分内之事,为朝廷效力。以上也仅为笔者个人猜测,仅作参考之用。

（陈琼岚）

教学心得

在教学中,我借助"以榆柳之火赐近臣"的制度巧妙地引入新课,结合背景资料引导学生对寒食的了解,对唐代制度的了解。通过各种形式的诵读,感悟作者妙用"飞""御"这两个动词描绘长安暮春时节的美景,活用"传""散"两个动词反应宫廷、权贵与世俗等级森严。解析"春"与"东"、"柳"与"花"、"御"与"宫"、"斜"与"飞"、"蜡烛"与"日暮"、"烟"与"风"、"轻"与"柳"、"五侯"与"汉"、"散"与"传"蕴涵的意境传情,让学生感受到诗人通过写景来衬托宦官专权,世风日下,国力日衰。

这首诗注重寒食景象的描绘,并无一字涉及评议。但"轻烟散入"四字,生动描绘出一幅京城走马传烛图,虽然既未写马也未写人,但那袅袅飘散的轻烟,告诉着这一切消息,使人嗅到了那烛烟的气味,听到了那"得得"的马蹄,恍如身临其境。教学中,小学六年级学生,特别是农村的孩子已有的知识水平以及对社会的认知是极其有限的,教学时真正的难度在于,如何让学生从这首纯粹的描写长安"寒食节"景色的古诗感受到别样的意境。引导学生结合"传""轻烟散入"等词汇在朗读中感悟,让学生梦回唐朝,身临其境,充分感悟其意境,领悟这首诗背后的"情景",感受诗人的情怀。

（万源市庙子乡学校　陈琪芳）

十五夜望月

📋 诗歌再现

> 十五夜望月
> （唐）王建
>
> 中庭地白树栖鸦，冷露无声湿桂花。
> 今夜月明人尽望，不知秋思落谁家。

（第一单元 第3课）

✒ 作者作品介绍

此诗具体创作时间不详。只知是诗人在中秋佳节与朋友相聚时所作。诗题为"十五夜望月寄杜郎中"，可见是寄友人杜元颖的。原诗诗题下注"时会琴客"，说明佳节良友相聚，并非独吟。

✏ 历史名家点评

（明）李攀龙《唐诗直解》：难描难画。

（明）李攀龙辑，（明）袁宏道校《唐诗训解》：落句有怀。

（明）周珽《唐诗选脉会通评林》：妙景中含，解者几人？

（清）黄生《唐诗摘钞》：《秋思》，琴曲名。蔡氏《青溪五弄》之一，非自注（按题下自注：时会琴客），则末句不知其所谓矣。通首平仄相叶，无一字参差，实为七言绝之正调。凡音律谐，便使人诵之有一唱三叹之意。

（清）沈德潜《唐诗别裁》：不说明己之感秋，故妙。

（清）宋宗元《网师园唐诗笺》：性情在笔墨之外（末二句下）。

（近代）俞陛云《诗境浅说续编》：自来对月咏怀者不知凡几，佳句亦多。作者知之，故着想高踞题颠，言今夜清光，千门共见，《月子

170

歌》所谓"月子弯弯照九州，几家欢乐几家愁"，秋思之多，究在谁家庭院？诗意涵盖一切，且以"不知"二字作问语，笑致尤见空灵。前二句不言月，而地白疑霜，桂枝湿露，宛然月夜之景，亦经意之笔。

刘永济《唐人绝句精华》：三四见同一中秋月夜，人之苦乐各别。末句以唱叹口气出之，感慨无限。

研读心得

此首七言绝句，又名《十五夜望月寄杜郎中》，全诗意境悠远，情韵含蓄，令人回味。本诗前两句写景，后两句抒情。用"冷露""无声"渲染了秋夜景致的轻柔无迹，用"人尽望"表现诗人的凝神观望之态。最后，以委婉的语气发出疑问，并将全诗中思念的含蓄情思推向高潮。

（拾顺利）

教学心得

以中秋是个团圆日引出话题，"哪些人在中秋这一天是不能和家人团聚的？"学生会结合自己生活经验得出：有在外务工的爸妈、孤独的自己、空巢老人，有戍守边防的战士，有救死扶伤的白衣天使……同学们便沉浸在深深的惆怅和惋惜之中。这种引入方式奇妙无穷。

诵读感知先有情，先引导学生解决重点字词的意思，再由浅入深指导朗读，先断句停顿，标出重读的字词；注意语气和语调，师范读，生试读，小组推荐优秀的展示读。最后我把重点放在找出诗中所描写的意象，洒满庭院的月光、寂寞的乌鸦、沾满露水的桂树……孩子们都能用自己的语言归纳汇报。引导学生展开联想，从已学过的古诗中找一句和"地白"有异曲同工之妙的句子。"疑似地上霜"，学生也能轻而易举地找出。"桂树"会让你想到什么？学生会想到嫦娥也在想家思念亲人。通过对意象的感知，展开联想，再次想象读，读中悟情，带着情感研读，体会诗的意境与所表达的情感。

（万源市庙子乡学校　陈琪芳）

马 诗

诗歌再现

> 马　诗
> （唐）李贺
>
> 大漠沙如雪，燕山月似钩。
> 何当金络脑，快走踏清秋。

（第四单元 第10课）

作者作品介绍

作者所处的贞元（785—805）、元和（806—820）之际，正是藩镇极为跋扈的时代，诗中"燕山"暗示的幽州蓟门一带又是藩镇肆虐为时最久、为祸最烈的地带，作者希望能扫除战乱，建功立业，但终是不被赏识。对马有所偏爱的作者结合自己怀才不遇的现实，带着愤懑之情创作了此诗。

历代名家点评

（清）姚文燮《昌谷集注》：边氛未靖，奇才未伸。壮士于此，不禁雄心跃跃。

（清）方扶南《李长吉诗集批注》：此言苟能世用，致远不难。

研读心得

"大漠沙如雪，燕山月似钩。"诗人开头用两个简洁的比喻勾勒出一片富有特色的边疆战场景色：平沙万里，月光照耀在地上，好像罩上了一层白皑皑的霜雪；连绵的燕山山脉上，一轮弯月，像倒挂的银钩。

画面清晰，视野开阔，别具意味。"燕山月似钩"的"钩"是一种弯刀，诗人从明亮的月牙联想到闪着寒光的弯刀，延伸出了征战之意。大漠沙场之景，寒气森森，对战马而言，却是建功立业的好地方。

"何当金络脑，快走踏清秋。""金络脑"是贵重的鞍具，象征马受重用。什么时候才能披上威武的鞍具，在秋高气爽的疆场上驰骋，建立功勋呢？诗人借马以抒情，用反问的语气，强调良马未被赏识的境况，这也是作者渴望建功立业而又不被赏识所发出的嘶鸣。

（张凤）

教学心得

古诗的教学，读是根本。因此在教学中，为学生创设多种朗读的情景，让学生充分地读，再引导学生联系作者生平经历体会诗中所表达的志向和情感。当然，不能为了读书而读书，每次读诗的目的要明确，读书的层次要明显，以问导读，读出情感。因此在引导学生通过读的方式来感悟时，我是这样做的：让学生明白前两句用比喻的手法描述了边疆战场景色，抓住"大漠""燕山"进行感悟，弄清楚这些词对表现马的特别意义，通过按节奏读、对读、反复诵读等方式感悟这既是悲凉肃杀的战场，也是志士报国之地，在悲怆冷峻之中又生出豪情壮志。三四句则是借马抒情，直抒胸臆，知道"金络脑"象征马受重用，以"何当"领起设问，读好设问，强烈传出无限期盼之情，且有唱叹之意味。

以"读"贯穿教学的始终，引导学生积极诵读，在多种形式的诵读中感悟诗中的意境，体会诗人的情感。同时引导学生展开想象，通过对诗中画面的想象，体会到作者当时的情感。《马诗》全诗无一马字，作者是以骏马自喻，抒发若遇知己定当一展雄才的远大抱负。同时，表达自己对国家的忧患意识和对自己怀才不遇的愤懑。

（万源市庙子乡学校 陈琪芳）

送元二使安西

📋 诗歌再现

> 送元二使安西
> （唐）王维
>
> 渭城朝雨浥轻尘，客舍青青柳色新。
> 劝君更尽一杯酒，西出阳关无故人。

（第六单元 古诗词诵读）

作者作品介绍

本诗是作者为一位姓元的朋友出使安西而作。安西，时为西域诸国总称，因唐代设安西都护府，故称。都护府治所在龟兹城，即现在的新疆库车。当时，自长安赴西域，必经渭城出阳关或玉门关。渭城，即秦都咸阳故城，处渭河北岸，在长安附近。阳关，故址在敦煌市西南，因在玉门关之南，故称阳关。

历代名家点评

（宋）蔡正孙《诗林广记》前集卷五：东坡云："旧传阳关三叠，然今世歌者，每句再叠而已。若通一首言之，又是四叠，皆非是。或每句三唱以应三叠之说，则丛然无复节奏。余在密州，文勋长官以事至密，自云得古本阳关，其声宛转凄断，不类向之所闻。每句皆再唱，而第一句不叠，乃知古本三叠盖如此。及在黄州，偶读乐天对酒诗云：相逢且莫推辞醉，听唱阳关第四声。注云：第四声，劝君更尽一杯酒，以此验之。若一句再叠，则此句为第五声，今为第四声，则第一句不叠审矣。"

（明）陆时雍《唐诗镜》卷十盛唐第二：语老情深，遂为千古绝调。如岑参《送殷寅》："清淮无底绿江深，宿处津亭枫树林。驷马欲辞丞相府，一樽须尽故人心。"同此一意相去远矣。故，诗以老练为佳。

（南宋）魏庆之《诗人玉屑》卷二：折腰体，谓中失粘而意不断。渭城朝雨浥轻尘，客舍青青柳色新。劝君更尽一杯酒，西出阳关无故人。

（明）高棅《唐诗品汇》卷四十八七言绝句三：谢叠山云："唐人饯别必歌阳关者三叠。"此诗后两句谓劝君更尽此酒，出阳关之外必求今日故人饮酒之乐，不可得矣。

（明）李东阳《麓堂诗话》：作诗不以意徇辞，而须以辞达意。辞能达意，可歌可咏，则可以传。王摩诘"阳关无故人"之句，盛唐以前所未道。此辞一出，一时传诵不足，至为三叠歌之。

（明）唐汝询《唐诗解》：唐人饯别之诗以亿计，独《阳关》擅名，非为其真切有情乎，凿混沌者皆下风也。

（清）李锳《诗法易简录》卷十四：次有作柳色新者然作杨柳春较胜。沈归愚云阳关在中国外，安西更在阳关外。言阳关已无故人矣，况安西乎？此意须微参。相传曲调最高倚歌者笛之为裂。

（清）吴骞撰《拜经楼诗话续编》卷二：王摩诘送人之安西时，"西出阳关无故人"之句虽妇竖莫不能诵之。

研读心得

着眼于意象之上。依依的柳树满含作者惜别的"留"意，"酒"承载了作者无奈、不舍而又伤感的心情。抓住这两个核心意象进行反复诵读，便可看到其中所蕴含的深挚情感。

这首诗用了双关的艺术手法，表达依依不舍之情。古代送别如果在有柳树的地方，往往会联想到"留"字：因为"柳"与"留"谐音。所以，从古到今，诗词中出现了"柳"字，多与送别有关。于是，"柳"渐渐成为离别的象征。王维送别朋友，正好在柳树新绿之时，于是他不失时机地写出"客舍青青柳色新"的妙句，收到情景交融的艺术效果。

此外，该诗用明呼告暗写景的手法表达诗人与朋友离别时心中的千言万语。一是用"呼告"的手法直接与朋友说话,二是暗写饯别的席间情景。从"劝君更尽一杯酒,西出阳关无故人"这两句诗,不仅仅听到诗人在劝酒,同时还可以看到席间情景,听到他们缠绵不断的话语,看到他们频频举杯与涕泪纵横的依依不舍的氛围。在宴席即将结束时,诗人不假思索地把他心中的千言万语用十四个字倾吐出来。这十四个字如日出月落,如行云流水,完全是从心底流淌出来的。

(邬俏林)

教学心得

古诗词如一幅幅画面、一幕幕立体的场景,教学时要摈弃传统的逐句讲解、烦琐分析的教学方法,而要引导学生反复品味、咀嚼诗歌语言,发挥丰富想象,会意、入境、悟情,感受诗句背后精神的厚重和情感的力量。

苏轼曾评价王维"诗中有画"。教学时,我让学生凭借自己的想象重现这些画面,让他们在读悟之间有所见。初读古诗后,让学生想象春天看到的景色:朝雨、客舍、柳树……想象渭城的景色,想象诗人与好友以前相处的美好画面。抓住重点景物"柳"即"留"感悟作者的心情,抓住环境"雨后"感悟"伤心",通过图片和音乐,对比渭城和安西的景色,想象元二在途中可能会遇到的艰难险阻,体会作者的担心,渲染离别的愁绪,抓住"酒"即"久","更"和"尽",想象诗人和元二频频举杯、殷勤话别的场景,体会依依不舍、关怀惦念和深挚祝愿的感情。学生在情境诵读中入境,在画面想象中融情,在吟唱歌咏中激情,最后在送别组诗的拓展和延伸中升华情感。古诗的内涵与魅力就这样在一次次与文本对话的过程中得以彰显,也润物无声地浸润、滋养孩子们的心灵。

(南江县文庙小学 龙聪明)

春夜喜雨

诗歌再现

> 春夜喜雨
> （唐）杜甫
>
> 好雨知时节，当春乃发生。
> 随风潜入夜，润物细无声。
> 野径云俱黑，江船火独明。
> 晓看红湿处，花重锦官城。

（第六单元 古诗词诵读）

作者作品介绍

唐肃宗乾元元年（758年），杜甫因上疏营救房琯，触怒唐肃宗，几遭刑戮。由左拾遗任上被外贬为华州司功参军。乾元二年（759年）秋，因关中饥荒，弃官迁往秦州（今甘肃天水西南）。到秦州后，亦因无法解决生计问题，历尽千辛万苦于这年年底到达成都。次年（760年），在亲友的帮助下，在成都西郊盖了一所草堂，开始了他漂泊西南、流寓两川的一段生活。可贵的是，不论漂泊到什么地方，也不论生活怎样艰苦，他总是关怀着国家的安危和人民的疾苦，同时也从不曾忘记或放松过自己的诗歌创作。《春夜喜雨》这首诗，就是他于上元二年（761年）春，闲居草堂，生活较安定时所作。

历代名家点评

（明）王嗣奭《杜臆》卷四：野径云俱黑"知雨不遽止，盖缘'江船火明'，径临江上，从火光中见云之黑，皆写眼中实景，故妙……束语'重'字妙，他人不能下"。

（明）钟惺、谭元春《唐诗归》卷二一盛唐一六：钟云：五字可作《卫风》灵雨注脚（首句下）。谭云：浑而幻，其幻更不易得（"随风"二句下）。谭云：以此句为雨境尤妙（"江船"句下）。谭云："红湿"字已妙于说雨矣，"重"字尤妙，不湿不重。

　　（清）仇兆鳌《杜诗详注》卷十：春夜喜雨"黄鹤编在上元二年春在成都作"。"好雨知时节，当春乃发生。随风潜入夜，润物细无声。野径云俱黑，江船火独明。晓看红湿处，花重锦官城。'潜入、细润，正状好雨发生。云黑、火明，雨中夜景。红湿、花重，雨后晓景。应时而雨，如知时节者。雨骤风狂，亦足损物。曰'潜'、曰'细'，写得脉脉绵绵，于造化发生之机，最为密切。三、四属闻，五、六属见。'"

　　（清）浦起龙《读杜心解》卷三：好雨知时节，当春乃发生。随风潜入夜，润物细无声。野径云俱黑，江船火独明。晓看红湿处，花重锦官城。"起有悟境，于'发生'悟出'知时'也。五六拓开，自是定法。结语亦从悟得，乃是意其然也。通首下字，从咀含而出。'喜'意都从罅缝里迸透。"上四俱流水时。写雨切"夜"易，切"春"难此外着眼。

　　（清）杨伦《杜诗镜铨》卷八："好雨知时节，当春乃发生。随风潜入夜，润物细无声。'曰潜，曰细，写得脉脉绵绵，见造物主发生之妙'"。"野径云俱黑，江船火独明。'上二属闻此二属见'"。"晓看红湿处，花重锦官城。'李子德云：诗非读书穷理，不至绝顶，然一堕理障书魔，拖泥带水，宋人远逊晋人矣。公深入其中，掉臂而出，飞行自在，独有千古。'"

　　（清）黄生《唐诗摘钞》：雨细而不骤，才能润物，又不遽停，才见好雨。三、四紧着雨说，五、六略开一步，七、八再绾合，杜咏物诗多如此，后学之圆规方矩也。五、六写雨境妙矣，尤妙能见"喜"意，盖云黑则雨浓可知。六衬五，五衬三，三衬四，加倍写'润物细无声'五字，即是如倍写"喜"字，结语更有风味。

　　（清）何焯《义门读书记》："野径云俱黑"，此句暗；"江船火独明",此句明;二句皆剔"夜"字。"晓看红湿处"二句,"细""润"故重而不落,结"春"字,工妙。

(元)方回《瀛奎律髓汇评》:此是名篇,通体精妙,后半尤有神。"随风"二句,虽细润,中晚人刻意或及之,后四句传神之笔,则非馀子所可到。

(清)张谦宜《茧斋诗谈》:"野径云俱黑,江船火独明",此是借"火"衬"云"。"晓看红湿处,花重锦官城",此是借"花"衬"雨"。不知者谓止是写花,"红"下用"湿"字,可见其意。

(清)爱新觉罗·弘历敕编《唐宋诗醇》卷一五:近人评此诗云:写得脉脉绵绵,于造化发生之机,最为密切。是已,然非有意为之,盖其胸次自然流出而意已潜会,所谓不涉理路,不落言诠者,如此若有意效之,即训诂语耳。

研读心得

"好雨知时节,当春乃发生"中一个"好"字用得绝妙,这个"好"字可以看出作者的品性、雨的及时、雨的品性,雨的出现是毫无功利性的。春天是万物复苏的季节,这个时节需要许多的雨水来浇灌农田,春雨应时而来,来得及时,表达了诗人对春雨无私奉献精神的赞美。

"随风潜入夜,润物细无声。"春雨随着春风潜入夜里,这里将春夜丝雨的轻柔可爱用一个"潜"字刻画出来了,将其写得惟妙惟肖。突出春雨在不经意间进入人们的生活中。《瀛奎律髓》中说"红湿"二字,或谓海棠可当,此诗绝唱。"红湿"将细雨滋润后的花写活了。

作者将文章分为盼雨、听雨、看雨、想雨四个部分,诗人从强烈地渴盼雨再到听雨的喜悦再到回到家中依然想着雨,渴求下雨的情感表露得十分露骨,下不下雨本与他关系不大,但他却把这件事放进心中,他长时间地、强烈地期盼下雨,期待雨水可以滋润万物,期待雨的滋润可以让庄稼生长得更好,由此我们可以看出他的圣人情怀。

王国维在《人间词话》中所说："一切景语皆情语也。"表面上是在写景，然而眼前之景没有一处不是蕴含着作者极深的情。让人读之悠然神往，耐人寻味，言有尽而意无穷。

（丁岚）

教学心得

古诗的语言高度凝练，高度浓缩，六年级的孩子借助注释、工具书以及想象画面等能读懂古诗的大意，但对诗人遣词造句的妙处和诗歌背后蕴含的诗人情感却不能深刻体会。我们在教学时要避免只是停留在字词表面感受诗歌的那份情感。

教学时以欣赏春雨图片，背诵描写春雨的诗句、谚语巧妙导入，初步感受春雨的美好。通过范读、领读、分角色读、比赛读等多种形式朗读，体会古诗和谐的韵律美；通过对话文本，触摸文字，体会诗歌的意境美：比较推敲，品味"知""潜""独""重"字用词的精妙，感受此诗题眼中的"喜"字虽没有在诗中出现，但诗中笔笔却在写春夜喜雨。从夜晚写到拂晓，又从听觉写到视觉，从实景写到虚景，步步移动，层层深入，一喜春雨及时，如期而至；二喜雨润万物，悄然入夜；三喜雨景奇观，雨意甚浓；四喜雨霁花艳，花满锦官。在此基础上通过资料信息展示和写作背景介绍，深入探究诗人到底因何而喜？体会诗人的情感美。诗人一家流亡颠簸，如今定居成都，获得安宁，再加上大旱之年逢甘霖，联想到国家的安宁，百姓的丰收。原来诗人表面上是因雨而喜，实际上是为民而喜，诗歌表面是在赞美和喜爱春雨，实际是在传达诗人忧国忧民的家国情怀。

（南江县文庙小学　龙聪明）

早春呈水部张十八员外

📝 诗歌再现

> 早春呈水部张十八员外
> （唐）韩愈
>
> 天街小雨润如酥，草色遥看近却无。
> 最是一年春好处，绝胜烟柳满皇都。

（第六单元 古诗词诵读）

作者作品介绍

（清）爱新觉罗·玄烨选，陈廷敬等辑注《御选唐诗》卷二八：早春呈水部张十八员外"旧唐书，张籍傅累授国子博士、水部员外郎，转水部郎中，世谓之张水部云。唐书百官志，水部郎中、员外郎，各一人，掌津济、船舻、渠梁、堤堰、沟洫、渔捕、运漕、碾硙之事。"

历代名家点评

（宋）胡仔《苕溪渔隐丛话后集》卷一〇："天街小雨润如酥，草色遥看近却无。最是一年春好处，绝胜烟柳满皇都。"此退之《早春》诗也。"荷尽已无擎雨盖，残菊犹有傲霜枝。一年好景君须记，最是橙黄橘绿时。"此子瞻《初冬》诗也。二诗意思颇同而词殊，皆曲尽其妙。

（宋）刘埙《隐居通议》："天街小雨润如酥，草色遥看近却无。最是一年春好处，绝胜烟柳满皇都。"此韩诗也。荆公早年悟其机轴，平生绝句实得于此。虽殊欠骨力，而流丽闲婉，自成一家，宜乎足以名世。其后学荆公而不至者为"四灵"，又其后卑浅者落"江湖"，风斯下矣。

（清）黄叔灿《唐诗笺注》："草色遥看近却无"，写照工甚，正如画家设色，在有意无意之间。

（清）吴学濂《增评韩苏诗钞》：三溪曰："草色"七字，春草传神。

（清）朱彝尊《批韩诗》：景绝妙，写得也绝妙。

解缙、姚广孝《永乐大典残卷》卷一四五四四：吴中士大夫园圃多种橙橘者，好采东坡诗，"一年好处君须记，正是橙黄橘绿时"之语。名之曰"好处"。惟陈彦存损魏塘所居之前一圃，独标曰"一年好处"。颇为新奇。时彦存自中书检正官，丐外为江东转运副使，到任恰满岁而卒。殆成谶云。然韩退之诗曰："天街小雨润如酥，草色遥看近却无。最是一年春好处，绝胜花柳满皇都。"则"好处"二字，难专以归橙橘也。

研读心得

诗人在升官后心情极佳时外出游春，其中蕴涵的感情自然比较欢快。在作者笔下，雨像奶油，草色淡得只能远看，否则近看就没了，现在正是春天最好的时候，比皇都里的景色要好太多。因此，韩愈说，张籍快出来吧，景色如此美，就不要待在家中错过如此美景了。全诗景中有情，情中有景，与另一首诗结合起来更易理解诗人想表达的意思，即想引友人出来游玩的心情。同时也表达出了趁着尚有余力出来游玩的想法。

（陈琼岚）

教学心得

六年级学生对古诗词的学习已经具备了初步的方法，为了扩大孩子的古诗词积累量，我们可以尝试根据诗歌的体裁特点、内容特点，结合大纲推荐篇目，推行"精读一首，带读几篇"的教学模式，丰富其文化底蕴。

教学时，先按照常用的解诗题、知作者、读古诗、明诗意、展想象、悟诗情的古诗词六步教学法，感悟诗人运用简朴的文字，就常见的"小雨"和"草色"，描绘出了早春似有似无的独特景色，巧妙运用比喻和对比给人早春时节湿润、舒适和清新之美感。在学生学会此诗的基础上，分别出示《惠崇春江晚景》《晚春》两首描写春天的诗，让学生运用掌握的方法自学。学生通过朗读，很快弄清了在不同的诗人眼里有着不同的春天，即使都是写早春的景色，诗人运用的修辞手法也不相同。《惠崇春江晚景》是题画诗，诗人寥寥几笔，勾勒的是早春江景的优美画境，诗人通过丰富的联想使诗的意境大大丰富。《晚春》诗人描绘的是一幅百卉千花争奇斗妍的群芳谱，诗人运用拟人写出了各种花草树木留春、斗春的情趣。学生通过吟诵领悟三首诗中所表达的对春天的热爱和赞美之情。课末布置学生课后搜集、吟诵有关春天的诗歌，将语文教学的空间延伸到课外，培养学生搜集、整理、吸纳信息的能力，有利于学生语文素养的全面提高。

（南江县文庙小学　龙聪明）

文本详解与唐代诗歌语文教学

初 中 篇

七年级上册

闻王昌龄左迁龙标遥有此寄

📋 诗歌再现

> 闻王昌龄左迁龙标遥有此寄
> （唐）李白
>
> 杨花落尽子规啼，闻道龙标过五溪。
> 我寄愁心与明月，随君直到夜郎西。

（第一单元 第4课）

📄 作者作品介绍

《新唐书·文艺传》载王昌龄左迁龙标尉（古人尚右，故称贬官为左迁），是因为"不护细行"，也就是说，他获罪贬官，并不是由于什么重大问题，而只是由于生活小节不够检点。在《芙蓉楼送辛渐》中，王昌龄也对好友说："洛阳亲友如相问，一片冰心在玉壶。"即沿用鲍照《白头吟》中"清如玉壶冰"的比喻，来表明自己的纯洁无辜。李白在听到他的不幸遭遇后，写了这一首充满同情和关切的诗篇，从远道寄给他。

✏️ 历代名家点评

（明）胡应麟《诗薮》：太白七言绝，如"杨花落尽子规啼""朝辞白帝彩云间""谁家玉笛暗飞声""天门中断楚江开"等作，读之真有挥斥八极、凌属九霄意。贺监谓为"谪仙"，良不虚也。

（明）高棅辑，（明）桂天祥批《批点唐诗正声》：太白绝句，篇篇只与人别，如《寄王昌龄》《送孟浩然》等作，体格无一分相似，音节、风格，万世一人。

（明）凌宏宪编《唐诗广选》：曹植"愿作东北风，吹我入君怀"，齐浣"将心寄明月，流影入君怀"，此诗兼裁其意，撰成奇语。

（清）施补华《岘佣说诗》：深得一"婉"字诀。

（清）沈德潜评曰：即"将心寄明月，流影入君怀"之意，出以摇曳之笔，语意一新。

（清）沈德潜《唐诗别裁》卷二〇：三、四句言此心之相关，直是神驰到彼耳，妙在借明月以写之。

（清）毛先舒《诗辩坻》：太白"杨花落尽"与元微之"残灯无焰"体同题类，而风趣高卑，自觉天壤。

（清）黄生《唐诗摘钞》：趣。一写景，二叙事，三四发意，此七绝之正格也。若单说愁，便直率少致，衬入景语，无其理而有其趣。

（清）黄叔灿《唐诗笺注》：首句兴起怀人，已觉黯然。"闻道"句悲其窜逐蛮地。接入"'愁心'二句，何等缠绵悱恻！而'我寄愁心'，犹觉比'隔千里兮共明月'意更深挚"。

（清）李锳《诗法易简录》：此诗与《赠汪伦》同为李白诗中抒写友情的名作。

研读心得

本诗中前两句直接写出了事件及意象。"杨花落尽子规啼"一句话两个意象，直接营造出了暮春的一种花开始凋零，子规在啼叫的情景，此情此景本就适合抒情。然"杨花"凋谢的时候就是到处飘零的景象，这种情景和王昌龄现在所面临的情景非常相似——"贬官，漂泊"，一个"尽"字直接就道出了诗人当时的心情，杨花落完了，春天也快过完了，好友现在还面临着被贬的窘况，就似杨花一样代表着人生的一种衰落。"子规啼"，借"子规啼血"的典故（由蜀王杜宇的魂魄所化），其啼声异常凄切动人，将视觉和听觉相结合，营造出一种哀伤的氛围。这简单的七个字，既点明了时令又烘托了气氛，还为下文做了情感的铺垫。

在一些资料中看见有人提问为什么不把"愁心"改为"愁思"。虽然这两个词都表示"愁",但是只一个字的差别,表达愁的程度却不一样。"愁思"仅指有这种思绪,可能一阵风就能够将这个思绪给吹走了,但是"愁心"不一样,这是一种根植在心中的愁,久久难以散去。所以"愁心"更能体现诗人对王昌龄的担忧和两个人的友谊之深厚。

"随风直到夜郎西"是直接寄托诗人的愁绪,然而就是这样一句也道出了两人相隔的距离遥远,对王昌龄的担忧也只能以风来寄托。这句诗写出了愁思绵长的感觉,风只是一种寄愁的介质,然而"愁"从李白开始,一直到王昌龄所在的夜郎西,李白希望风能寄寓他的愁绪,一直飘到王昌龄被贬处。

(夏平欢)

教学心得

好友被贬,以诗寄之,这首绝句的题目即是写作的背景,"愁心"二字直抒胸臆,学生不难理解其情感。值得玩味的是诗题中的"遥"字,在如今这个信息化时代,恐怕我们都很难有这种想见不能见的忧伤和无奈愁绪。好友被贬,路途遥远,更是让这份愁绪分外浓郁。暮春时节,柳絮飘零,子规啼鸣,学生结合想象与联想不难理解景物的季节意义和形象意义。教师再适时讲解其象征意义,学生就能理解"杨花""子规"的文化内涵,明白写景即是抒情。开篇的景物描写就为全诗奠定了忧伤的情感基调,渲染了悲伤的气氛。

此时思君、忧君却不见君,诗人又迫切地想要朋友知晓自己内心的真情实感。似此这般怎生奈何?目之所及,明月当空,千里可共。于是诗人把自己的主观情感和感受寄托给客观事物"明月",使之具备人的情感和灵性,作为友好的使者来传达这份人间真情。

(成都市教科院附属学校　岳鹏程)

次北固山下

诗歌再现

次北固山下
（唐）王湾

客路青山外，行舟绿水前。
潮平两岸阔，风正一帆悬。
海日生残夜，江春入旧年。
乡书何处达？归雁洛阳边。

（第一单元 第4课）

作者作品介绍

《水经注》：京城西北有别岭入江，三面临水，高数十丈号曰：北固，一统志，北固山在镇江府，治北下临长江，其势险固。

元祐三年戊辰（1088年），刘景文得之，鬻古书者，以传曾彦和，曾以传之贺方回题云，次北固山下作于王湾，下注曰：洛阳尉而天宝十一载（752年），殷璠编次《河岳英灵集》取湾诗八首，此为第六题，题作《江南意》。

这首诗是诗人由楚入吴，在沿江东行途中泊舟于江苏镇江北固山下时所作。当时正值冬尽春来，旭日初升，诗人面对江南景色，置身水路孤舟，感受时光流逝，油然而生别绪乡思。

历代名家点评

（唐）芮挺章《国秀集》：南国多新意，东行伺早天。潮平两岸失，风正数帆悬。海日生残夜，江春入旧年。从来观气象，惟向此中偏。

（唐）殷璠《河岳英灵集》："海日生残夜，江春入旧年。"诗人以来，少有此句。

（明）李攀龙《唐诗直解》：中联真奇秀而不朽。

（明）李攀龙辑，（明）袁宏道校《唐诗训解》：三四工而易拟，五六太淡而难求。

（明）胡应麟《诗薮·内编》："海日"一联，形容景物，妙绝千古。

（清）王夫之《姜斋诗话》：以小景传大景之神。

（清）沈德潜《唐诗别裁》："两岸失"，言潮平而不见两岸也。别本作"两岸阔"，少味。江中日早，客冬立春，本寻常意，一经锤炼，便成奇绝。与少陵"无风云出塞，不夜月临关"一种笔墨。

（清）黄叔灿《唐诗笺注》卷一："潮平"一联写得宏阔，非复寻常笔墨。至"海日"二句更非思拟所及。日出则晓矣，偏说残夜；春到岁除矣，却说旧年。而确不可易。

（清）宋宗元《网师园唐诗笺》卷七："潮平两岸失"，"失"字炼。

（清）王尧衢《古唐诗合解》卷七：潮落则水平而低，水低显出两岸之高，故觉其阔。风正，西风也，一帆悬而乘风东下，直抵北固山之外矣。题面写足。

研读心得

仔细分析品读诗中描写的景物，不仅能真切体会到一种时间和空间的美感，更会被作者的思乡之情所感动。"海日生残夜，江春入旧年"一句尤为精彩，作者从炼意着眼，把"日"与"春"作为新生的美好事物的象征，提到主语的位置加以强调，并且用"生"字、"入"字使之拟人化，赋予它们以人的意志和情思。妙在作者无意说理，却在描写景物、节令之中，蕴含着一种自然的理趣。海日生于残夜，将驱尽黑暗；江春，那江上景物所表现的"春意"，闯入旧年，将赶走严冬。不仅写景逼真，叙事确切，而且表现出具有普遍意义的生活真理，给人以乐观、积极、向上的艺术鼓舞力量。

（于洋森）

教学心得

引导学生赏析诗歌时,要提供必要的知识,如写作背景、欣赏方法等,引导学生逐步深化对古代诗歌的理解。《次北固山下》一诗中,引导学生了解诗中的基本情景,要抓住关键字"次",北固山只是诗人长途旅行中的一个行经地,他还要到别处去,而此时正是岁末,诗人还在外奔波。这就是本诗的基本情境,了解这一点才能对诗歌的内容有所感悟。

诗中前三联写景,尾联直接抒情,浅显易懂,这是诗歌中常用的情景交融的写法,景为情设,情因景生,表达了诗人对家乡的思念。学生较难理解的是本诗中颔联、颈联景物描写的妙处。这就需要教师引导学生抓住诗句中的关键字词,并发挥联想和想象,代入诗中的画面,以便进入诗中的情境。如"正"字兼有"顺"与"和"的内容,故而"一帆悬",这一小景又把大江直流、波平浪静的大景表现出来了。"生""入"二字运用了拟人手法,蕴含自然理趣,给人光明和希望。

(成都市教科院附属学校　岳鹏程)

峨眉山月歌

诗歌再现

> 峨眉山月歌
> 　(唐)李白
>
> 峨眉山月半轮秋,影入平羌江水流。
> 夜发清溪向三峡,思君不见下渝州。

(第三单元　课外古诗词诵读)

作者作品介绍

据郁贤皓《李白丛考》考证，开元十二年（724年）秋，二十四岁的诗人李白心怀"四方之志"，"仗剑去国，辞亲远游"。他发青溪，向三峡，下渝州，渡荆门，轻舟东下，意欲"南穷苍梧，东涉溟海"。李白离蜀远游时，写下了《峨眉山月歌》一诗。

历代名家点评

（明）周子文《艺薮谈宗》卷六：四句入地名者五，然古今目为绝唱，殊不厌重。

（明）唐汝询《唐诗解》卷二五：清溪、三峡之间，天狭如线，即半轮亦不复可睹矣，此所以不能不思矣。

（明）高棅《唐诗品汇》卷四七：刘须溪云：含情凄婉，有《竹枝》缥渺之音。

（明）王世贞《艺苑卮言》卷四：此是太白佳境，然二十八字中，有峨眉山、平羌江、清溪、三峡、渝州，使后人为之，不胜痕迹矣。益见此老炉锤之妙。

（明）高棅《唐诗品汇》七言古诗叙目卷三：太白天仙之词，语多率然而成者，故乐府歌词咸善。

（清）仇兆鳌《杜诗详注》卷一八：半轮，上弦月也。

（清）赵翼《瓯北诗话》卷十二：四句中用五地名，毫不见堆垛之迹，此则浩气喷薄，如神龙行空，不可捉摸，非后人所能模仿也。

研读心得

知诗论人：一般在讲解诗歌的时候，学生一般会事先了解诗人的诗歌风格。但这容易形成定向思维，限制学生的思考范围，建议教师在引导学生赏析诗歌的过程中总结出诗人的创作风格，即以诗论人。《峨眉山月歌》一诗虽然也符合李白豪迈的诗风，但细读后，还可以从中读出李白柔情的一面，这与平常了解的李白是不一样的。

（陈爱）

教学心得

设置情境引入：初一的孩子已有些时日不见小学朝夕相处的同学和朋友，肯定有些想念，因升学大家都到了新的学校，新的教室，和新的同学一起并肩学习奋斗。那么有哪些话想对之前的朋友或者母校说呢？由此过渡到本诗的学习，情感上的认同和共鸣就会更强烈。再看诗中连用五个地名，表示诗人依次经过的地点是峨眉山—平羌江—清溪—三峡—渝州，为我们展开一幅江上行旅图。除"峨眉山月"外，诗中没有更具体的景物描写。除"思君"外，也没有更多的抒情，但"峨眉山月"这一意象贯穿整首诗境，自然也成为情感的触发点。秋月高挂，万里相随，抬头可见，然"思君不见"之情溢于言表。

（成都市教科院附属学校　岳鹏程）

江南逢李龟年

诗歌再现

> 江南逢李龟年
> （唐）杜甫
>
> 岐王宅里寻常见，崔九堂前几度闻。
> 正是江南好风景，落花时节又逢君。

（第三单元　课外古诗词诵读）

作者作品介绍

（唐）郑处诲《明皇杂录》：天宝中，上命宫中女子数百人为梨园弟子，皆居宜春院北，上素晓音律，时有马仙期、李龟年、贺怀智，皆洞知律度。安禄山亦献白玉箫管数百事，皆陈于梨园。自是音响殆不类人间，而龟年特承恩遇。其后流落江南，每遇良辰胜景，常为人歌数阕，座上闻之,莫不掩泣罢酒。

(唐)范摅《云溪友议》:明皇帝幸岷山,百官皆窜辱,积尸满中原,士族随车驾也。伶官:张野狐觱栗、雷海青琵琶、李龟年唱歌、公孙大娘舞剑……唯李龟年奔泊江潭,杜甫以诗赠之曰:"岐王宅里寻常见……落花时节又逢君。"

历代名家点评

(元)范梈《木天禁语》:绝句篇法:藏咏。

(明)王嗣奭《杜臆》:落花乃伤春时节,又得逢君,便是江南一好风景矣。言其歌之妙,能令愁者欢,闷者解,春之已去者复回也。此亦倒插法。

(明末清初)张溍《读书堂杜诗批注》卷四:《江南逢李龟年》诗云:"岐王宅里寻常见,崔九堂前几度闻。"又未尝拘以数对也,"寻常""几度"皆俗语。

(清)爱新觉罗·弘历敕编《唐宋诗醇》:言情在笔墨之外,悄然数语,可抵白氏一篇《琵琶行》矣。"休唱贞元供奉曲,当时朝士已无多",刘禹锡之婉情;"钿蝉金雁皆零落,一曲伊州泪万行",温庭筠之哀调。以彼方此,何其超妙!此千秋绝调也。

(清)黄生《杜诗说》:此诗与《剑器行》同意。今昔盛衰之感,言外黯然欲绝。见风韵于行间,寓感慨于字里,即使龙标、供奉操笔,亦无以过。乃知公于此体,非不能为正声,直不屑耳。有目公七言绝句为别调者,亦可持此解嘲矣……杜有此七言绝而选者多忽之,信识真者之少也。

(清)何焯《义门读书记》:四句浑浑说去,而世运之盛衰,年华之迟暮,两人之流落,俱在言表。

(清)沈德潜《唐诗别裁》:含意未伸,有案无断。

(清)杨伦《杜诗镜铨》:邵云:子美七绝,此为压卷。

(清)黄叔灿《唐诗笺注》:"落花时节又逢君",多少盛衰今昔之思!上二句是追旧,下二句是感今,却不说尽,偏着"好风景"三字,而意含在"正是"字、"又"字内。

（清）李锳《诗法易简录》：少陵七绝多类《竹枝》体，殊失正宗。此诗纯用止锋、藏锋，深得绝句之味。

（清）胡本渊《唐诗近体》：含意未伸，有案无断；而世运之治乱、年华之盛衰、彼此之凄凉流落，俱在其中。

（清）王文濡《唐诗评注读本》：上二句极言其宠遇之隆，下二句陡然一转，以见盛衰不同，伤龟年亦所以自伤也。

（近代）俞陛云《诗境浅说续编》：少陵为诗家泰斗，人无间言，而皆谓其不长于七绝。今观此诗，余味深长，神韵独绝，虽王之涣之"黄河远上"，刘禹锡之"潮打空城"，群推绝唱者，不能过是……此诗以多少盛衰之感，千万语无从说起，皆于"又逢君"三字之中，蕴无穷酸泪。

研读心得

诗作的前两句虽然是在追忆往昔与李龟年的接触，流露的却是对"开元全盛日"的深情怀念。这两句下语似乎很轻，蕴含的感情却深沉而凝重。"岐王宅里""崔九堂前"，仿佛信口道出，但在当事者心目中，这两个文艺名流经常雅集之处，是鼎盛的开元时期丰富多彩的精神文化汇集的地方，它们的名字就足以勾起诗人对"全盛日"的美好回忆。

诗作的后两句，承接前二句，点出时间（落花时节）、地点（江南）、事件（又逢君）。在暮春三月，草长莺飞的江南，两人再度重逢，一方面是朋友之情，一方面却是多年的人世沧桑，不免百感交集。一个著名演艺之人，一个著名诗才，曾同时徜徉于奢华之都，而此时又共同沦落为漂泊之人，世事沧桑，溢于言表。发语轻松，却又悲情深沉。

作者将"身世之感、时代之痛"尽显于"落花时节"之中。这里的哀景"落花时节"衬托出"山河破碎、身世浮沉"的悲情。诗人借"落花时节"之景抒发出对世事无常、国事凋零、自己身世浮沉、艺人颠沛流离的感慨。

（罗明霞）

教学心得

此诗是杜甫绝句中最有情韵、最富蕴含的一篇，短短二十八字，语言平易，却包含着丰富的时代生活内容。这首诗最了不起之处就是隐藏了所有悲哀的、会让人流泪的情绪。

  本诗涉及的历史知识较多，可先让学生课前自行了解诗中所出现的名人故事，如李龟年、岐王、崔九以及诗人自己。在此基础上朗读诗歌，就可以准确地了解诗歌内容。此时再设置情境：如果同学们是杜甫或李龟年，此刻的相见你想说些什么，有何感想？学生的回答很精彩，杜甫所写却很朴实，但情感上是有共鸣的，这就是杜甫的高明之处。悲伤之情没有喷薄，却在暗涌。

  天宝盛世已经落幕，而今却碰到那个盛世存留的遗宝和象征——李龟年。当时李龟年在岐王、崔九等王公贵族家里肯定是上宾，而当时的文艺名流雅会热闹非凡。经过安史之乱，唐朝由盛转衰，开始了漫长的没落衰败命运，而今已到垂暮之年，相逢肯定会想起当时那个物华天宝、一去不复返的美好时光，但是诗人没有表露自己的哀伤难过，只言一词"寻常"。在这种情形下，任何人回忆过去都会伤心难过。而今此时，落花飘零，多么美丽，在这样的时候碰面，"又逢"对照前面的"寻常"，表达了时世凋零丧乱与人生凄凉飘零之感。

（成都市教科院附属学校 岳鹏程）

行军九日思长安故园

📋 诗歌再现

> 行军九日思长安故园
> （唐）岑参
>
> 强欲登高去，无人送酒来。
> 遥怜故园菊，应傍战场开。

（第三单元 课外古诗词诵读）

作者作品介绍

唐玄宗天宝十四载（755年），安禄山起兵叛乱，次年长安沦陷。唐肃宗至德二载（757年），肃宗又自彭原行至凤翔，岑参随行。此诗原有小注"时未收长安"。九月长安收复，此诗可能是当年重阳节于凤翔所写。

历代名家点评

（明）高棅《唐诗品汇》：方虚谷云：悲感。

（明）凌宏宪编《唐诗广选》：顾华玉曰：妙在二十字中备见题意。

（明）李攀龙《唐诗直解》：点"战场"字，无限悲怆。

（清）徐增《而庵说唐诗》：此诗以看菊为主，登高为宾。

（近代）俞陛云《诗境浅说续编》：花发战场，况未休兵、谁能堪此？嘉州《见渭水思秦川》诗云云、亦思乡之作。心随水去，已极写乡思，而此作加倍写法，感叹尤深。

研读心得

岑参出生官僚家庭，少年聪颖，几度出塞，效力边旅，是盛唐杰出的边塞诗人。这首五言绝句作于至德二载（757年），正是诗人诗歌创作的又一高潮期，其诗歌气势磅礴，充满豪情，但这首五言却充斥着悲凉惆怅之感，细细读来还有无助无依的沧桑。

"强欲登高去，无人送酒来。遥怜故园菊，应傍战场开。"

九九重阳，登高思乡，诗人却是"欲"和"强"，勉强想要去登高处，过一过这九九重阳，但又想，当年陶渊明还有王弘"抱"酒前来，可诗人呢，无人送酒来！陶渊明当年孤独是个人避世，尚有一二知己，"白衣送酒"雪中送炭。而"我"不避世，可"世"之将亡，天下之大，莫非王土，现如今却一片战火，"王"之不复，又怎有容"我"这般之人的避世之处，又怎有知己前来相酬饮酒？

诗人的心中不仅是个人的悲凉无助，而是整个国家的悲凉无助。安史之乱，席卷两京，国家半壁江山沦入战火，肃宗为平两京，与回纥相约，"克城之日，土地士庶归唐，金帛子女皆归回纥"。"遥怜故园菊，应傍战场开"，安禄山的反叛，长安定然遭到烧杀抢掠，京中百姓何不望王师北归，平定中原。可谁想，王师北定中原日，两京百姓就义时，高层的博弈是以下层的生命为赌注的，对唐王而言，这也许就是少了些许脸面。

故园的菊花依傍着战场开放，长安何处不是战场，诗人对菊的思念，是对长安的思念，他希冀收复两京，平定中原；对菊的怜惜，是对黎民的感伤。战场，是士兵的绞肉厂，战争，何不是压在百姓的脊梁之上呢！

（周海洪）

教学心得

对于从小学一路走来的七年级同学而言，古诗学习、记背已成常态。本首诗虽为课外古诗词诵读篇目，相对短小，但通过重阳特定节日、菊花、战乱行军等典型情境表现主人公多种情感交织的复杂心境的写法还是值得七年级学生反复诵读品味的。

重阳节登高乃是习俗，而一个"强"字，表现出强烈的无可奈何的情绪。结合题目"思长安故园"来看，诗人流露出的是浓郁的思乡情绪。岑参是南阳人，但久居长安，故称长安为"故园"。但长安不仅是故园，更是国家的都城，而今却被安史乱军所占领。在这种特定情境之下，诗人就很难有心思去过重阳节，去登高赏景了。典型的环境，使诗人登高时的心情愈趋复杂：既思故园，更思帝都，既伤心，更感慨，两种感情交汇撞击着他的心房。第二句化用陶渊明的典故。既是"登高"，诗人自然联想到饮酒、赏菊。可是在战乱中，没有像王弘那样的人来送酒助兴，共度佳节。因此这句实际写旅况的凄凉萧瑟，无酒可饮，更无菊可赏，暗寓着题中"行军"的特定环境。第三句开头一个"遥"字，是渲染自己和故园长安相隔之远，烘托了诗人深切的思乡之情。接着诗人将对亲朋好友思念的感情，浓缩到了"故园菊"上。"怜"字，不仅写出诗人对故乡之菊的眷恋，更写出诗人对故园之菊开在战场上的长长叹息和百般怜惜。

（成都市教科院附属学校　岳鹏程）

夜上受降城闻笛

📋 诗歌再现

> 夜上受降城闻笛
> （唐）李益
>
> 回乐烽前沙似雪，受降城外月如霜。
> 不知何处吹芦管，一夜征人尽望乡。

（第三单元 课外古诗词诵读）

📄 作者作品介绍

此诗约作于贞元元年（785年）后，时李益在朔方天德军节度使杜希全幕中。（元）辛文房《唐才子传》卷四："李益，字君虞，陇西姑臧（今甘肃省武威县）人。大历四年齐映榜进士，调郑县尉。同辈行稍进达，益久不升，郁郁去游燕、赵间，后幽州节度刘济辟为从事，未几，又佐邠宁幕府。风流有词藻，与宗人贺相埒，每一篇就，乐工赂求之，被于雅乐，供奉天子。如《征人》《早行》篇，天下皆施绘画。二十三受策秩，从军十年，运筹决胜，尤其所长。往往鞍马间为文，横槊赋诗，故多抑扬激厉悲离之作，高适、岑参之流也。宪宗雅闻其名，召为秘书少监、集贤殿学士。自负其才，凌轹士众，有不能堪，谏官因暴其诗'不上望京楼'等句，以涉怨望，诏降职。俄复旧，除侍御史，迁礼部尚书致仕。太和初卒。益少有僻疾，多猜忌，防闲妻妾，过为苛酷，有散灰扃户之谈，时称为'妒痴尚书李十郎'。"

（宋）计有功《唐诗纪事》卷三〇：夜上受降城闻笛云：回乐烽前沙似雪，受降城外月如霜。不知何处吹芦管，一夜征人尽望乡。烽，烽火台也。

（清）彭定求《全唐诗》卷二八三：夜上受降城闻笛（一作戎昱诗）

入夜思归切，笛声清更哀。愁人不愿听，自到枕前来。风起塞云断，夜深关月开。平明独惆怅，落尽一庭梅。

（北宋）欧阳修等编《新唐书》：进士，擅长作诗，与李贺齐名。有痴病，喜猜忌。后北游河朔。宪宗爱其才，从河北召回，拜秘书监、左散骑常侍。

（明）王世贞《艺苑卮言》卷四：绝句，李益为胜，韩翃次之。

历代名家点评

（明）唐汝询《唐诗解》：沙飞月皎，举目凄其，于此而闻笛声，岁有不念切乡关者。

（明）黄克缵、卫一凤《全唐风雅》：此首显说。

（清）朱之荆《增订唐诗摘钞》：沙飞月皎，举目凄其，下此而闻笳声，安有不思乡念切者。

（清）黄叔灿《唐诗笺注》：李君虞绝句，专以此擅场，所谓率真语，天然画也。

（清）范大士《历代诗发》：如空谷流泉，调高响逸。

（清）李锳《诗法易简录》：征人望乡，只加一尽字，耐征戍之苦，离乡之久，胥包孕在内矣。

（清）赵彦传《唐绝诗钞注略》：首二句写景，已为"望乡"二字钩魂摄魄，是争上流法，亦倒装法。

（近代）俞陛云《诗境浅说续编》：对苍茫之夜月，登绝塞之孤城，沙明讶雪，月冷凝霜，是何等悲凉之境！起句以对句写之，弥见雄厚。后二句申足上意，言荒沙万静中，闻芦管之声，随朔风而起，防秋多少征人，乡愁齐赴，则己之郁伊善感，不待言矣。

研读心得

这首诗是李益边塞诗的典型代表作之一，主要描写边塞将士的思乡之情，既写了戍边将士们的思乡之情，又写了满心的哀愁。

诗的前两句"沙似雪""月如霜"写的是边塞受降城附近月下之夜

的景色；第三句"不知何处吹芦管"写的是声音，听见芦管之音，心中难免悲切；末尾一句"一夜征人尽望乡"写的是心中的思乡之情。本首诗将耳闻之音、心中之感、边塞之景融为一体，意境自成，妙不可言。

　　这首诗语言优美，节奏平稳，情景交融，借景抒情，写出了出征在外将士们的眼前之景、心中之情，感人肺腑。诗中意境深远，让人回味无穷。本诗有景有声亦有情。借助"烽火台""沙漠""高城""月色"等意象，构成了典型的边塞思乡之境；不知何起的笛声更是触发了征人无限的乡思。全诗将诗情、画意和音乐融于一体，达到了深邃悠长的艺术境界，诗歌最后的征人望乡一景，更是融情于景，清晰地点明了主旨，引人共鸣，惹人悲切。

（杜金江）

教学心得

　　"夜"交代了上受降城的时间；"闻笛"则暗含"不知何处吹芦管"之意。由此引导学生联想和想象，诗人在夜里上受降城会看到什么，听到什么呢？再读诗歌，"沙"和"月"、"霜"与"雪"都建立在"月"的基础上，在月光下才会出现"沙似雪"和"月如霜"的景色，而此景又给人带来凄凉、幽怨的感受。古人对月似乎有一种独特的情怀，请学生思考，我们学过哪些古诗词里有"月"字或有"月"的意思？这些古诗词中的"月"都有什么共同意思？再明确"月"的意象都有思念、思家盼望团圆的含义。所以，月光下回乐峰前沙地洁白似雪，受降城外月色有如深秋白霜，这些寒气袭人的景物正好触动诗人孤苦凄凉的心境。"吹芦管"可以理解为卢笛声，是引发全诗情感高潮的契机，从而导致了戍边将士"尽望乡"。本诗妙就妙在诗人不说思乡，不说盼归，而是以人物行为展示其心理，写尽了"征人"的不尽乡愁，学生在写作文时可借鉴此法。

（成都市教科院附属学校　岳鹏程）

秋词（其一）

诗歌再现

> 秋词（其一）
> （唐）刘禹锡
>
> 自古逢秋悲寂寥，我言秋日胜春朝。
> 晴空一鹤排云上，便引诗情到碧霄。

（第六单元 课外古诗词诵读）

作者作品介绍

（五代）刘昫《旧唐书》：宪宗立，叔文等败，禹锡贬连州刺史，未至，斥朗州司马。州接夜郎诸夷，风俗陋甚，家喜巫鬼，每祠，歌《竹枝》，鼓吹裴回，其声伧伫。禹锡谓屈原居沅、湘间作《九歌》，使楚人以迎送神，乃倚其声，作《竹枝辞》十余篇。于是武陵夷俚悉歌之。

（北宋）欧阳修等编《新唐书》：叔文败，坐贬连州刺史，未至，贬朗州司马。地居西南夷，土风僻陋，举目殊俗，无可与言者。禹锡在朗州十年，唯以文章吟咏陶冶性情。蛮俗好巫，每淫词鼓舞，必歌俚辞。禹锡或从事于其间，乃依骚人之作，为新辞以教巫祝。故武陵溪洞间夷歌，率多禹锡之辞也。

（宋）蔡梦弼《杜工部草堂诗话》：上自齐梁诸公，下至刘梦得、温飞卿辈，往往以绮丽风花累其正气，其过在于理不胜而词有余也。

（宋）刘克庄《病诟访梅九绝》：梦得因桃数左迁，长源为柳忤当权。幸然不识桃并柳，却被梅花累十年。

（宋）蔡绦《蔡百衲诗评》：刘梦得诗，典则既高，滋味亦厚。但正若巧匠矜能，不见少拙。

（南宋）张戒《岁寒堂诗话》上卷：李义山、刘梦得、杜牧之三人，笔力不能相上下，大抵工律诗而不工古诗，七言尤工，五言微弱，虽有佳句，然不能如韦、柳、王、孟之高致也，义山多奇趣，梦得有高韵，牧之专事华藻，此其优劣耳。

（南宋）严羽《沧浪诗话》：大历后，刘梦得之绝句，张籍、王建之乐府，我所深取耳。

（明）胡震亨《唐音癸签》卷五~卷十一：禹锡有诗豪之目。其诗气该今古，词总平实，运用似无甚过人，却都惬人意，语语可歌，其才情之最豪者。司空图尝言：禹锡及杨巨源诗各有胜会，两人格律精切欲同；然刘得之易，杨却得之难，入处迥异尔。

（清）翁方纲《石州诗话》："梦得乐府小章优于大篇"，极为确论。

历代名家点评

（清）董诰等撰《全唐书》（刘白唱和集解）：彭城刘梦得，诗豪者也，其锋森然，少敢当者。予不量力，往往犯之。夫合应者声同，交争者力敌，一往一复，欲罢不能。繇是每制一篇，先相视草，视竟则兴作，兴作则文成。一二年来，日寻笔砚，同和赠答，不觉滋多。

（近代）宋育仁《三唐诗品》：五言体杂不一。有如"深春风日净""昔听东武吟"等篇，宛转徘徊，取涂乐府；"秋江早望""谪居悼往"，则结休允晖。若"水禽残月"，模休文之韵思；"楚望苍然"，结韩卿之茂体。余或放言理，失于音调，未求刻意，累在才多也。《女儿》作楚挽之哀词，《泰娘》谱新声之凄奏，七言此其选矣。《聚蚊》《百舌》托意深微，亦得乐府遗意。律体独多，莹瑕间采。

研读心得

诗人开篇以议论起笔，断然否定了前人悲秋的观念，表现出一种激越向上的诗情。首句即明确指出自古以来，人们每逢秋天就感叹秋天的寂寞萧索。

　　第三句选择了典型事物具体生动地勾勒了一幅壮美的画面。诗人抓住秋天"一鹤凌云"这一别致的景观，描绘出秋高气爽，万里晴空，白云飘浮的开阔景象。"晴空一鹤排云上，便引诗情到碧霄"展现的不仅仅是秋天的生机和素色，更多的是一种高扬的气概和高尚的情操。这样的诗，没有什么悲凉的气息，诗人随着自己的"诗情"和想象驰骋于碧空之上。全诗并无"悲"的色彩，表现的是作者高尚的气节和节操。

（林心宇）

教学心得

　　以同学们对"秋"的感受引入中国古代文人"悲秋"的传统。然而刘禹锡的这首《秋词》，却与以往抒发悲秋之情的诗篇大不相同，作为一首抒发议论的即兴之作，《秋词》的最大特点在于一反悲秋之传统，写出了秋日的勃勃生机与宏阔境界，诗句间尽是昂扬奋发之气。难能可贵的是，《秋词》还是诗人被贬朗州后的作品，这真让人佩服他的豁达。这首诗的背后作者是怎样的处境与心态呢？这一问题引发了学生的热议。

　　第三句从议论转向景物描写，色彩绚丽的秋景很多，诗人为何却单单拈出晴空之上的白鹤进行描摹？带领学生重点赏析关键词："排"为推倒、冲破的意思，用在这里，赋予了画面以无限的生机活力，给人辽阔畅快的感觉，也打破了秋日的肃杀凄惨氛围，所以诗人说"便引诗情到碧霄"，诗人本身的精神，已经与诗歌营造的境界融为一体，这种身处逆境依然昂扬乐观的精神，最能引发我们的共鸣。

（成都市教科院附属学校　岳鹏程）

夜雨寄北

诗歌再现

> 夜雨寄北
> （唐）李商隐
>
> 君问归期未有期，巴山夜雨涨秋池。
> 何当共剪西窗烛，却话巴山夜雨时。

（第六单元 课外古诗词诵读）

作者作品介绍

这首诗选自《玉溪生诗》卷三，是李商隐留滞巴蜀（今四川省）时寄怀长安亲友之作。大约作于大中七、八年（853—854年）之间，此时诗人在梓州东川节度使柳促郢幕中。因为长安在巴蜀之北，故题作《夜雨寄北》。

在南宋洪迈编的《万首唐人绝句》里，这首诗的题目为《夜雨寄内》，意思是诗是寄给妻子的。他认为李商隐于大中五年（851年）七月赴东川节度使柳仲郢梓州幕府，而王氏是在这一年的夏秋之交病故，李商隐过了几个月才得知妻子的死讯。

历代名家点评

（清）纪昀《玉谿生诗说》卷上：作不尽语不免有做作态，此诗含蓄不露，却只似一气说完，故为高唱。

（清）桂馥《札朴》卷六：眼前景反作后日怀想，此意更深。

（清）徐德泓《李义山诗疏》：翻从他日而话今宵，则此时羁情，不写而自深矣。

（清）姚培谦《李义山诗集笺》："料得闺中夜深坐，多应说着远行人"(白居易《邯郸冬至夜思家》),是魂飞到家里去。此诗则又预飞到归家后也,奇绝!

(清)沈德潜《唐诗别裁》卷二○:此寄闺中之诗。

(清)王尧衢《古唐诗合解》卷六:此诗内复用"巴山夜雨",一实一虚。

(清)屈复《玉溪生诗意》:即景见情,清空微妙,《玉溪集》中第一流也。

(清)何焯《义门读书记》:水精如意玉连环,荆公屡仿此。

(清)黄叔灿《唐诗笺注》:滞迹巴山,又当夜雨,却思剪烛西窗,将此夜之愁细诉,更觉愁绪缠绵,倍为沉挚。

(近代)俞陛云在《诗境浅说》:清空如话,一气循环,绝句中最为擅胜。诗本寄友,如闻娓娓清谈,深情弥见。

研读心得

李商隐的诗歌向来都是晦涩难懂的,而唯独这一首,如此简洁明快,富有浪漫气息,确实让我们感觉非同一般。

此诗既浪漫伤感又热烈婉转,它传达出了作者内心极其丰富复杂的情感。这种情感既有分离的凄苦,又有团聚的温馨;既有难见的黯然,更有对未来的神往;既有悲愁的孤独,更有希望的慰藉。这首诗善于想象,虚实结合。虽然读的是文字,但眼前出现的其实是时空,是场景,是画面。这个场景一是"君"在归地的独处,二是"我"在巴山的客居,三是想象我们在故乡的团聚,四是再次回到巴山的现实。因为场景和画面不断变换,使得这首诗超越了文本本身,包含了巨大的情感和心理容量。

正是因为对象的不明朗,所以这份情感的抒发也是一种朦胧的存在。正如诗人在第三句中所描述的,"何当共剪西窗烛"。在这个美丽的时刻,诗人究竟是和爱人一起互述衷肠,还是和昔日的老朋友一起挑灯夜话,我们不得而知。

(何欢)

教学心得

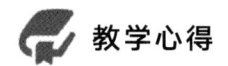

《夜雨寄北》是李商隐的代表作之一，了解这首诗之前我们应该先了解李商隐这个人。课前可以让学生自主查阅相关资料，把主动权交给他们。这样得到的信息比教师单独讲授更丰富，学生在自己查阅的同时也会和要好的同学商量，学习的积极性也会提高。

先"想一想"，"寄""北"是什么意思呢？其次，让学生"看一看"，诗人是在什么时间，什么天气时"寄北"呢？再看诗题——夜雨里做了什么？最后，让学生"读一读"，让学生分别重读题目强调的内容，体会不同的意思，有效地引导学生读古诗也要注意读出重音，这样才能读出古诗的韵味。

适当引导，体味诗情。教师可以通过一系列的设问来引导学生，如"君问归期"句中想家却不能回家，这是一种什么感受？此时此刻，心里是那么难过、伤心，而眼前又是什么情景呢？这是什么季节呢？一般在深秋就会下起雨来，而且绵绵不绝，下得很大。从哪儿看出这雨下得很大？……诗文字字含情，却又不着一个"情"字，表达非常含蓄，可见李商隐是一位非常高明的诗人。

（成都市教科院附属学校　岳鹏程）

七年级下册

竹里馆

📋 诗歌再现

> 竹里馆
> （唐）王维
>
> 独坐幽篁里，弹琴复长啸。
> 深林人不知，明月来相照。

（第三单元 课外古诗词诵读）

📄 作者作品介绍

（五代）刘昫《旧唐书》：维弟兄俱奉佛，居常蔬食，不茹荤血；晚年长斋，不衣文彩。得宋之问蓝田别墅，在辋口；辋水周于舍下，别涨竹洲花坞，与道友裴迪浮舟往来，弹琴赋诗，啸咏终日。尝聚其田园所为诗，号《辋川集》。在京师日饭十数名僧，以玄谈为乐。斋中无所有，唯茶铛、药臼、经案、绳床而已。退朝之后，焚香独坐，以禅诵为事。妻亡不再娶，三十年孤居一室，屏绝尘累。乾元二年七月卒。临终之际，以缙在凤翔，忽索笔作别缙书，又与平生亲故作别书数幅，多敦厉朋友奉佛修心之旨，舍笔而绝。

（北宋）欧阳修等《新唐书》：兄弟皆笃志奉佛，食不荤，衣不文彩。别墅在辋川，地奇胜，有华子冈、欹湖、竹里馆、柳浪、茱萸沜、辛夷坞，与裴迪游其中，赋诗相酬为乐。丧妻不娶，孤居三十年。母亡，表辋川第为寺，终葬其西。

（唐）殷璠《河岳英灵集》：维诗词秀调雅，意新理惬，在泉为珠，着壁成绘，一句一字，皆出常境。

（明）胡应麟《诗薮》：右丞五言，工丽闲澹，自有二派，殊不相蒙。

（清）王士祯《唐贤三昧集笺注》云：幽迥之思，使人神气爽然。

历代名家点评

（清）黄叔灿《唐诗笺注》：《辋川》诸诗，皆妙绝天成，不涉色相。止录二首（指《鹿柴》及此诗），尤为色籁俱清，读之肺腑若洗。

（宋）洪迈纂，（清）王士祯辑《唐人万首绝句选评》：毋乃有傲意。

（近代）俞陛云《诗境浅说续编》：《辋川集》中，如《孟城坳》《栾家濑》诸作，皆闲静而有深湛之思。此诗言月下鸣琴，风篁成韵，虽一片静景，而以浑成出之。坊本《唐诗三百首》特录此首者，殆以其质直易晓，便于初学也。

刘永济《唐人绝句精华》：以上四诗（指《鹿柴》《栾家漱》《竹里馆》及《鸟鸣涧》），皆一时清景与诗人兴致相会合，故虽写景色、而诗人幽静恬淡之胸怀，亦缘而见。此文家所谓融景入情之作。

研读心得

这首诗中的"独"字，写出了诗人一个人在竹里馆，与"幽篁"相呼应，描绘出诗人独自一人在幽深的竹林里独坐的场景。

"弹琴复长啸"现在习惯翻译为一边弹琴一边高歌长啸。逐字翻译时，可以了解到诗人当时的状态。"长啸"在三国曹植《美女篇》中有提及，即"长啸气若兰"，意为撮口发出悠长清越的声音。《汉语词典》中提到"长啸"之意为蹙口发出的舒长声音。"长啸"应该是诗人在弹琴时不自觉发生的声响，与琴声融合穿透幽深的竹林，使声音在林中回旋。"复"在《说文解字》中解释为"行故道也"，可以理解为这是诗人在竹林里享受独处的状态。

"深林人不知，明月来相照"加深了对"独"的理解。通常"独"会与孤独联系，是一个人的孤寂。诗人这句诗透露的信息是"独"是与自己独处。我一个人有明月，有万物，这些都足够让人欣喜。

（蒋润英）

教学心得

苏轼评价王维："味摩诘之诗，诗中有画；观摩诘之画，画中有诗。"所以，在教学时，首先抓住王维"诗中有画"的特点，让学生读诗时想象画面并用自己的语言描绘出来。描绘时要抓住景、人、事三方面的要素——诗人在意兴清幽、心灵澄净的状态下与幽深的竹林、澄净的明月相会，时而独坐冥想，时而弹弹古琴，时而长啸，无人来扰。诗人的心境与自然的景致全部融为一体了。让学生描绘画面的同时感受这首诗的意境，品出诗人高雅闲淡、超凡脱俗的气质。

写作技法方面，明确"幽""深"二字渲染了一种幽静、雅致的境界；明月"来相照"运用了拟人的修辞手法，把倾洒着银辉的一轮明月当成心心相印的知己朋友，显示出诗人新颖而独到的想象力。

最后让学生有感情地、抑扬顿挫地朗读这首诗直至能背诵。

（内江市第十初级中学　陈真义）

春夜洛城闻笛

诗歌再现

春夜洛城闻笛
（唐）李白

谁家玉笛暗飞声，散入春风满洛城。
此夜曲中闻折柳，何人不起故园情。

（第三单元　课外古诗词诵读）

作者作品介绍

（明）徐增《而庵诗话》：诗总不离乎才也，有天才，有地才，有人才。吾于天才得李太白，于地才得杜子美，于人才得王摩诘。太白以气韵胜，子美以格律胜，摩诘以理趣胜。太白千秋逸调，子美一代规模。摩诘精大雄氏之学，句句皆合圣教。

（清）王尧衢《古唐诗合解》：忽然闻笛，不知吹自谁家。因是夜闻，声在暗中飞也。笛声以风声而吹散，风声以笛声而远扬，于是洛春夜遍闻风声，即遍闻笛声矣。折柳所以赠别，而笛调中有《折杨柳》一曲。闻折柳而伤别，故情切乎故园。本是自我起情，却说闻者"何人不起"，岂人人有别情乎？只为"散入春风"，满城听得耳。

历代名家点评

（南宋）胡仔《苕溪渔隐丛话后集》卷四：《乐府杂录》云："笛者，羌乐也。古曲有《折杨柳》《落梅花》。"故谪仙《春夜洛城闻笛》云："谁家玉笛暗飞声，散入春风满洛城。此夜曲中闻《折柳》，何人不起故园情？"

（明）唐汝询《唐诗解》卷二五：不见其人闻其声，故曰"暗"。"满洛城"者，声之远也。折杨柳所以赠别，今于笛中闻之，则想及故园而伤别矣。

（明）陆时雍《唐诗镜》卷（二十）：此与观胡人吹笛一意，高适玉门阙听吹笛，胡人吹笛戍楼间，楼上萧条，海色闲借，问落梅，凡防曲从风，一夜满矣山，便词费而格卑矣。

（明）沈行《白香集》卷下：月到梅梢分外清，谁家玉笛暗飞声，夜深曲尽意不尽，愁杀江南离别情。

（清）爱新觉罗·弘历敕编《唐宋诗醇》卷八：与杜甫吹笛七律同意，但彼结句与白鹤楼绝句出以变化，不见用事之迹，此诗并不翻新，深情自见，亦异曲同工。

（清）王夫之《姜斋诗话》卷下：其免于滞累者，如"只今唯有西江月，曾照吴王宫里人""黄鹤楼中吹玉笛，江城五月落梅花""此夜曲中闻《折柳》，何人不起故园情"，则又疲苶无生气，似欲匆匆结煞。

（近代）俞陛云《诗境浅说》续编二：春宵人静，闻笛韵悠扬，已引人幽绪。及聆其曲调，为阳关折柳，不禁黯然动乡国之思。昔柳依依送客，为唱阳关三叠。翠袖支颐，红牙按拍，觉怨入落花。当其境者，固辄唤奈何；闻其声者，亦不胜离思也。释贯休《闻笛》诗云：霜月夜徘徊，楼中羌笛催。晓风吹不尽，江上落残梅。同是风前闻笛，太白诗有磊落之气，贯休诗得蕴藉之神。大家名家之别，正在虚处会之。

研读心得

这首诗语言通俗易懂，又不失灵动优美。可以说是雅俗共赏了。诗人从普通的玉笛声中勾起对故乡的怀念，全诗并没有写诗人如何怀念故乡，却在无形中用"满洛城"将思念之深写了出来，"何人"将个人情感推向大众，可谓是于无形中见真功夫。

诗人不说闻笛，而说笛声"暗飞"，变客体为主体。这里"暗"字有多重意思。主要是说笛声暗送，似乎是专门飞来给在外作客的人听，以动其离愁别恨。"暗"也有断续、隐约的意思，这与诗的情境是一致的。"谁家"，意即不知谁家，"谁"与"暗"照应。

这首诗全篇扣紧一个"闻"字，抒写自己闻笛的感受。这笛声不知是从谁家飞出来的，那未曾露面的吹笛人只管自吹自听，并不准备让别人知道他，却不期然而然地打动了许许多多的听众，这就是"谁家玉笛暗飞声"的"暗"字所包含的意味。"散入春风满洛城"是艺术的夸张，在诗人的想象中，这优美的笛声飞遍了洛城，仿佛全城的人都听到了。诗人的夸张并不是没有生活的依据，笛声本来是高亢的，又正当夜深人静之时，再加上春风助力，说它飞遍洛城是不至于过分的。

（任增）

教学心得

教学时可以先让学生回忆学过的思乡名句，他们一般都会回答出"举头望明月，低头思故乡"，教师可以顺势提问：除了明月会勾起李白的思乡之情，还有什么东西也会引起李白的思乡之情呢？这首诗会告诉你答案——以这样的方式激发学生的学习兴趣。

前两句的画面感很强，很有意境。在赏析时，可以从"暗"和"满"

字入手，让学生想象画面，感受意境，体会两个字的妙处："暗"有黑暗之意，也有断续、隐约的含义，吹笛人只管自吹自听，却不期然地打动了许多听众；"满"字运用夸张的艺术手法，极写夜之宁静，笛声之悠扬，反衬诗人闻笛后的思乡之情。

最后两句中，听到的曲子是《折杨柳》，更易唤起浓浓的思乡之情。唤起谁的思乡之情呢？诗人没有写"我"，而是写的"何人"，却能读出诗人的感触之深、思乡之切。

最后再让学生回答这首诗中李白是在什么情况下思乡的。明确诗人是在夜深人静听到《折杨柳》曲的笛声时触发了思乡之情的。

（内江市第十初级中学 陈真义）

逢入京使

诗歌再现

逢入京使
（唐）岑参

故园东望路漫漫，双袖龙钟泪不干。
马上相逢无纸笔，凭君传语报平安。

（第三单元 课外古诗词诵读）

作者作品介绍

家门荣辱的巨大变迁和个人仕途的多艰，使岑参内心充满哀怨和惆怅，但诗人追求功名之心却未泯灭。在长安"蹉跎十秋"后，他于天宝八载（749年）冬远赴西域，充任安西（治龟兹，即今新疆库车）节度使高仙芝幕府书记。诗人告别了滞留在长安的家人，只身踏上了西去的漫漫路途。岑参此时前途未卜，又背井离乡去往异域，心中自然感慨万千，对留在京城的妻儿也放心不下。在西去途中，他碰到了一位旧时朋友。二人立马相谈,岑参知道他要前往京城,于是请他捎口信给家人。

历代名家点评

(唐)殷璠《河岳英灵集》卷上:诗语奇体峻,意亦造奇。

(明)钟惺、谭元春《唐诗归》卷一三:"只是真。"谭云:"人人有此事,从来不曾写出,后人蹈袭不得。所以可久。"

(明)唐汝询《唐诗解》卷一三:叙事真切,自是客中绝唱。

(清)徐增《而庵说唐诗》:"马上相逢无纸笔",此句人人道好,惟在玉关故妙,若在近处则不为妙矣。

(清)吴昌祺《删订唐诗解》卷一四:其情惨矣,乃不报客况而报平安,含蓄有味。

(清)王尧衢《古唐诗合解》卷五:塞外相逢,匆匆来去,平安即家信也。此惟在玉门关外,故见其妙。此诗以真率入情。

(清)沈德潜《唐诗别裁》卷一九:人人胸臆中语,却成绝唱。

研读心得

"故园东望路漫漫,双袖龙钟泪不干"以主体视野下的无限性画面来描写故乡的遥远,身处其中的战士对着故乡的方向望眼欲穿,进而表现他们的思乡之情。岑参常在边塞送别诗中掺杂自己的思乡之情。此诗写岑参在送别友人的时候,见到友人得以返回内地,想到自己的境况,思乡的愁绪油然而生,但在马上相逢没有纸笔,于是只能让友人帮忙给自己家里带个口信。

这首诗真实而朴素,没有使用过多的技巧手法,真实地表达出了自己的感受,从"双袖龙钟泪不干"可以想见诗人是多么的思念家乡。

我认为,相比想象边塞诗,实景边塞诗更加具有文学价值,正如施蛰存评价岑参的《逢入京使》时所言,质朴的素描仍然很能感动人,因为它叙述了最真切的事实经历,抒发了最真切深刻的感情。并非想象边塞诗没有真切深刻的感情,而是在这方面,实景边塞诗要更胜一筹。实景边塞诗或许在艺术性上不及想象边塞诗,但它能反映人们心中最深处的最真实的声音，其真实性、现实性、思想深刻性无疑是它最大的亮点。

（夏加翁姆）

教学心得

教学这首诗时，先要让学生了解作者及边塞诗。这是一首实景边塞诗，真实的经历、真切的感情就已经能打动人了。教学这首诗可以抓住实景来分析实情。先让学生展开联想和想象，描绘一下"故园东望路漫漫，双袖龙钟泪不干"所展现的画面，体会诗人旅途的颠沛流离和思乡的肝肠寸断。告诉学生，诗人就是在这种情况下，偶遇返京的使者。所以最后两句，诗人紧扣题目里的"逢"字，抓住一闪而过的生活片段——让入京使托带平安口信安慰家人的典型场面，朴素自然地抒写了报国与亲情难以两全，以及思念亲人又不愿让亲人挂念的复杂情感。

这首诗语言不假雕琢，脱口而成，感情真挚，充满了浓郁的边塞生活气息，既有生活情趣，又有人情味，在平易中显出丰富的诗韵，深入人心、脍炙人口。所以教学时要引导学生体会这首诗语言质朴，感情却很丰富（柔情与豪情交织相融）的特点。

（内江市第十初级中学　陈真义）

晚　春

诗歌再现

晚　春
（唐）韩愈

草树知春不久归，百般红紫斗芳菲。
杨花榆荚无才思，惟解漫天作雪飞。

（第三单元　课外古诗词诵读）

215

作者作品介绍

这首诗写于元和十一年（816年），诗人已年近半百（49岁）。此时他在官场上不得志，想借此诗来表达心中的慨叹之情。

历代名家点评

（清）朱彝尊《批韩诗》：此意作何解？然情景却是如此。

（清）汪森《韩柳诗选》：意带比兴，出口自活，以下数首皆然。

（清）潘德舆《养一斋诗话》：（王昌龄《青楼曲》）第二首起句云"驰道杨花满御沟"，此即"南山荟蔚"景象，写来恰极天然无迹。昌黎诗云："杨花榆荚无才思，惟解漫天作雪飞。"便嚼破无全味矣。

研读心得

此诗是唐代文学家韩愈郊游时所见暮春之景。春天即将归去，花草树木珍重光阴竞相展示风姿，杨花榆荚虽言"无才思"，却也如漫天白雪般四处纷飞。诗人一反"伤春悲秋"的诗歌传统，不写暮春时节百花稀落，却描万紫千红动人情景，连"无才思"的杨花榆荚，也不畏"班门弄斧"之讥，避短扬长，争相添色。人言草木无情，此诗却说其有思有知，诗人用拟人手法，糅人与花于一体，变惜春伤感为乐观向上，很有新意。

（陆菲）

教学心得

先让学生背诵写早春景色的诗歌（如《钱塘湖春行》《早春呈水部张十八员外》等），让学生感受了早春特点后再学这首《晚春》。从"知""斗""无才思""惟解"四处用词来分析这首诗拟人手法的妙用。

全诗糅人与花于一体，平中翻新，颇富奇趣，表达了诗人珍惜春天、珍惜时光的美好愿望。末二句尤其耐人寻味，教师可指导学生根据自己的生活体验进行毫无羁绊的大胆想象，使人思之无穷，味之不尽。

（内江市第十初级中学 陈真义）

登幽州台歌

诗歌再现

> 登幽州台歌
> （唐）陈子昂
>
> 前不见古人，后不见来者。
> 念天地之悠悠，独怆然而涕下！

（第五单元 第20课）

作者作品介绍

（唐）卢藏用《陈氏别传》：子昂体弱多疾，感激忠义，常欲奋身以答国士。自以官在近侍，又参预军谋，不可见危而惜身苟容。他日又进谏，言甚切至，建安谢绝之，乃署以军曹。子昂知不合，因钳默下列，但兼掌书记而已。因登蓟北楼，感昔乐生、燕昭之事，赋诗数首。乃泫然流涕而歌曰："前不见古人，后不见来者。念天地之悠悠，独怆然而涕下！"时人莫不知也。

（唐）卢藏用《右拾遗陈子昂文集序》：崛起江汉，虎视函夏，卓立千古，横制颓波，天下翕然，质文一变。

（唐）孟棨《本事诗·嘲戏》：宋孝武尝吟谢庄《月赋》，称叹良久，谓颜延之曰：希逸此作，可谓前不见古人，后不见来者，昔陈王何足尚邪，延之对曰：诚如圣旨。然其曰"美人迈兮音信阔，隔千里兮共明月"知之不亦晚乎，帝深以为然。及见希逸，希逸对曰：延之诗云"生为长相思，殁为长不归"，岂不更加于臣邪，帝拊掌竟日。

历代名家点评

（明）钟惺、谭元春《唐诗归》卷二：钟云："两'不见'，好眼。'念天地之悠悠'，好胸中。"谭云："至人实有此事，不是荒唐。"

（明）杨慎《升庵诗话》卷六：其辞简直，有汉魏之风，而文集不载。

（明末清初）黄周星《唐诗快》卷二：胸中自有万古，眼底更无一人，古今诗人多矣，从未有道及此者。此二十二字，真可泣鬼。

（清）沈德潜《唐诗别裁》卷五：余于登高时，每有今古茫茫之感，古人先已言之。

（清）戴震《屈辞精义》卷六：惟天地之无穷兮，哀人生之长勤。往者余弗及兮，来者吾不闻。（笺：陈子昂《登幽州台歌》，"前不见古人，后不见来者。念天地之悠悠，独怆然而涕下"从此化出。）

（清）凌扬藻《蠡勺编》卷二三：屈子远游篇云："惟天地之无穷兮……来者吾不闻"，陈射洪《登幽州台歌》实本此数语，然屈绵邈而陈则肮脏矣。

（清）宋长白《柳亭诗话》卷十五：宋长白《柳亭诗话》：阮步兵登广武城，叹曰："时无英雄，遂使竖子成名。"眼界胸襟，令人捉摸不定。陈拾遗会得此意，《登幽州台歌》曰："前不见古人，后不见来者。念天地之悠悠，独怆然而涕下。"假令陈、阮邂逅路歧，不知是哭是笑。

（清）魏裔介《静怡斋约言录》外篇：可谓感慨淋漓，余独惜其言之悲而无以自慰也。夫"前不见古人"当思有以继其心，"后不见来者"当思有以开其学，天地无穷当思有以俯仰无愧也。诗中虽不宜有此语，然不可无是意。

研读心得

《登幽州台歌》全诗短短四句，二十二个字，上及远古，下及未来，遥观天地，在时间和空间上布局广阔，表现了天地之阔大，时间之永恒。

和无限的时间与空间相对的，不仅仅是一个个具体人的渺小的形体，更主要的是人无限丰富、无限深邃的思想感情。这种用简练的语言在时间与空间的无限性中表现人的感情的无限性的手法，是极其高超的。

此诗以其慷慨悲壮之风历来为世人所称道，以至千古流传，脍炙人口。说明作于失意之后的《登幽州台歌》亦引发了我国古代士人的强烈共鸣，这种共鸣表现为：士子们那种不被理解和赏识，知音难有的孤独之情，陈子昂也有此孤独，且把这种孤独放大到历史的大空间中。且我国古代士子每当遭遇坎坷，或是自身遭受打击时，往往有思前贤的传统。这也是《登幽州台歌》之所以被后世士人认同并广为流传的重要原因。

（罗明霞）

教学心得

教学这首诗时，关于幽州台的写作背景，"古人""来者"的意思，教师要先告诉学生。之后就是反复地朗诵，引起他们的情感共鸣。

这首诗前三句以粗笔勾勒，以浩茫宽广的宇宙天地和沧桑易变的古今人事作为深邃壮美的背景加以衬托。天地人三位一体，创造出辽阔幽远、空旷苍茫、慷慨悲凉的意境。

最后一句，饱蘸感情，凌空一笔，使抒情主人公慷慨悲壮的自我形象站到了画面的中心，画面顿时神韵飞动、光彩照人。

这首诗在广阔的时空中推出孤独的情感，这样孤独的情感得到无限的放大。这是这首诗最显著的特征，这也是教学的重点。

曹操的《观沧海》与本诗都是登高抒怀之作，教师可以让学生比较这两首诗抒发情感的不同。本诗抒发了诗人怀才不遇的孤独和悲愤，《观沧海》则表达了诗人宏伟的抱负和宽广的胸襟。

（内江市第十初级中学　陈真义）

望　岳

📝 诗歌再现

> 望　岳
> （唐）杜甫
>
> 岱宗夫如何？齐鲁青未了。
> 造化钟神秀，阴阳割昏晓。
> 荡胸生曾云，决眦入归鸟。
> 会当凌绝顶，一览众山小。

（第五单元　第20课）

作者作品介绍

　　杜甫的青年时代正值开元盛世。唐王朝经过贞观之治、武则天统治，到唐玄宗前期，社会政治清明，人们安居乐业，社会经济持续发展，中国封建社会呈现出前所未有的盛世景象："忆昔开元全盛日，小邑犹藏万家室。稻米流脂粟米白，公私仓廪俱丰实。"（《忆昔》）这时唐王朝正如日中天，国力的强盛，疆土的开拓，激起了民众的豪情，书生寒士都渴望建功立业、封侯万里。杜甫早期诗作《房兵曹胡马》正是盛世之际人民豪情的反映："所向无空阔，真堪托死生。骁腾有如此，万里可横行。"杜集《望岳》诗有三首，分咏东岳泰山、南岳衡山、西岳华山，此为望东岳泰山之作。

历代名家点评

　　（明）王嗣奭《杜臆》：集中《望岳》诗三见，独此"词愈少，力愈大，直与泰岱争衡"。

　　（清）仇兆鳌《杜诗详注》卷一：此望东岳而作也。诗用四层写意：

首联远望之色，次联近望之势，三联细望之景，末联极望之情。

（清）浦起龙《读杜心解》卷一：杜子心胸气魄，于斯可观。取为压卷，屹然作镇。

（清）施补华《岘佣说诗》：《望岳》一题，若入他人手，不知作多少语？少陵只以四韵了之，弥见简劲。"齐鲁青未了"五字，囊括千里，可谓雄阔。

研读心得

知人论诗。学生对杜诗风格的评价和看法容易单一化和固定化。谈到杜甫，不免想到"沉郁顿挫"四字。但杜诗风格并非全是如此。以《望岳》为例，杜甫的《望岳》诗有三首，其一作于青年时期，望的是东岳泰山；其二写于中年时期，望的是西岳华山；其三作于晚年时期，望的是南岳衡山。三首《望岳》作于不同的人生时期，其情感与心境自然不同。

在古诗教学课堂中可尽可能多地采用"说文解字"的教学方式。这种方法一方面更有益于帮助学生理解诗意，一方面更有益于培养学生终生学习的习惯与能力。

（徐丹妮）

教学心得

本诗是现存杜诗中年代最早的一首，字里行间洋溢着青年杜甫的蓬勃的朝气，有别于大多杜诗沉郁顿挫的风格，这一点首先要让学生知晓。

教学时教师可抓住题目中的"望"字来分析，四联依次是远望、近望、细望和极望之景。让学生想象颔联和颈联描绘的画面，体会泰山高大雄伟的气势和神奇秀丽的景色。重点抓住"钟""割""生""入"四个词来分析诗人遣词的高超之处，学习虚实相生、展开联想与想象的写法。最后两句"会当凌绝顶，一览众山小"是主旨句，让学生把它与《登飞来峰》中的"不畏浮云遮望眼，自缘身在最高层"进行比较，体会作者要表达的情感。

（内江市第十初级中学　陈真义）

泊秦淮

> 泊秦淮
> （唐）杜牧
>
> 烟笼寒水月笼沙，夜泊秦淮近酒家。
> 商女不知亡国恨，隔江犹唱后庭花。

（第六单元 课外古诗词诵读）

作者作品介绍

六朝古都金陵的秦淮河两岸历来是达官贵人们享乐游宴的场所，"秦淮"也逐渐成为奢靡生活的代称。诗人夜泊于此，眼见灯红酒绿，耳闻淫歌艳曲，触景生情，又想到唐朝国势日衰，当权者昏庸荒淫，便感慨万千，写下了这首《泊秦淮》。

（清）徐增《而庵说唐诗》："烟笼寒水"，水色碧，故云"烟笼"。"月笼沙"，沙色白，故云"月笼"。下字极斟酌。夜泊秦淮、而与酒家相近，酒家临河故也。商女是以唱曲作生涯者，唱《后庭花》曲，唱而已矣，哪知陈后主以此亡国，有恨于其内哉！杜牧之隔江听去，有无限兴亡之感，故作是诗。

历代名家点评

（明）高棅辑，（明）桂天祥批《批点唐诗正声》卷（二十二）：写景命意俱妙，绝处怨体反言，与诸作异。

（明）高棅《唐诗正声》：吴逸一曰：国已亡矣，时靡靡之音深入人心，孤泊骤闻，自然兴慨。

（明）郭云《增订评注唐诗正声》：周云：亡国之音，自不堪听，又当此景。

（清）杨逢春《唐诗绎》：首句写景荒凉，已为"亡国恨"钩魂摄魄。三四推原亡国之故，妙就现在所闻犹是亡国之音感叹，索性用"不知"二字，将"亡国恨"三字扫空，文心幻曲。

（清）宋宗元《网师园唐诗笺》卷（十八）：后之咏秦淮者，更从何处措词？

（清）李锳《诗法易简录》：首句写秦淮夜景，次句点明夜泊，而以"近酒家"三字引起后二句。"不知"二字感慨最深，寄托甚微。通首音节神韵，无不入妙，宜沈归愚叹绝唱。

（清）沈德潜《唐诗别裁》："绝唱。"

研读心得

诗的首句描绘了秦淮河的夜景：月光淡淡，烟水迷蒙，风景如画。第二句叙事，补足前句，说明景色为夜泊所见。"烟""水""月""沙"四者，被两个"笼"字和谐地融合在一起，绘成一幅极其淡雅的水边夜色。"犹唱"二字，微妙而自然地把历史、现实和想象中的未来串成一线，意味深长。

（符长萍）

教学心得

关于秦淮和"后庭花"的典故先要告诉学生：六朝古都金陵的秦淮河两岸，历来是达官贵人们享乐游宴的场所，"秦淮"也逐渐成为奢靡生活的代称；《后庭花》，即《玉树后庭花》，据说是南朝荒淫误国的陈后主所制的乐曲，这靡靡之音，早已使陈朝寿终正寝，所以《后庭花》是亡国之音。

这首诗融写景、叙事、议论为一体。先让学生用生动形象的语言描绘"烟笼寒水月笼沙"这句诗展现的画面，体会"笼"字的妙处。"夜泊秦淮"四个字又为上一句的景色点出时间、地点，使之更具有个性，更具有典型意义，同时也照应了诗题。"近酒家"三个字，引出商女之歌。

接着，向学生提问：后两句中诗人仅仅是在斥责商女的"不知"吗？作者意在表达什么？明确诗人是以"商女不知亡国恨"来讽刺那些不从中吸取教训而醉生梦死的晚唐统治者,从而表现了诗人对国家命运无比关切和深深忧虑的情怀。

（内江市第十初级中学 陈真义）

贾　生

诗歌再现

> 贾　生
> （唐）李商隐
> 宣室求贤访逐臣,贾生才调更无伦。
> 可怜夜半虚前席,不问苍生问鬼神。

（第六单元 课外古诗词诵读）

作者作品介绍

（清）冯浩《玉溪生诗集笺注》卷二：义山退居数年,起而应辟,故每以逐客逐臣自喻,唐人习气也。上章亦以贾生自比。此篇至昭州修祀事,故以借慨,不解者乃以为议论。

杨柳《李商隐评传》：此诗当于大中二年三、四月间李商隐离开桂林北上后滞留荆巴时所作。

历代名家点评

（明）胡应麟《诗薮》卷六："可怜夜半虚前席,不问苍生问鬼神",皆宋人议论之祖。间有极工者,亦气韵衰飒,天壤开、宝。然书情则凄怆而易动人,用事则巧切而工悦俗,世希大雅,或以为过盛唐,以眼观之,不待其辞毕矣。

（清）纪昀《玉谿生诗说》上：纯用议论矣,却以唱叹出之,不见议论之迹。

（清）沈德潜《唐诗别裁》卷二〇：钱牧斋"绛灌但知谗贾谊，可思流汗愧陈平"，全学此种。

（近代）俞陛云《诗境浅说》：汉文、贾生，可谓明良遇合，乃召对青蒲，不求说论，而涉想虚无，则屡主庸臣又何责耶！

沈祖棻《唐人七绝诗浅释》：通过它，读者们可以看到许多不同时代统治者可笑的面目和近于麻痹的精神状态。

研读心得

作为一首借古讽今诗，李商隐以贾生自比，借此抒发自己怀才不遇的感慨。虽然诗歌内容较其他同类型的诗并无特别之处，但在表达立意上却有些别出心裁。

"宣室求贤访逐臣，贾生才调更无伦。"首句就给人展开了一幅运动着的历史画卷。宣室，为未央宫前殿的正室，按理说应该是接见重要使臣来宾、举行国家重大活动的地方，但这个地方为什么会有逐臣出现呢？并且对他还是"求""访"。可谓是礼遇之至，这恰巧印证了第一句中的"求贤"二字，而原因就是第二句，因为贾生过人的才华，表面看来似乎很顺理成章。按理说汉文帝求得这样的贤能之人后，应该向其好好探讨治国理政之道以安民生社稷才是，他确实也去了，不过好像偏离了轨道。"可怜夜半虚前席，不问苍生问鬼神。"问到大半夜甚至还移膝靠前，何其虚心认真！讨论的却不是苍生社稷而是子无须有的鬼神之道，这一前后反差让人唏嘘，也使汉文帝这一不问国事、醉心长生的昏庸君王形象栩栩如生地呈现出来。同时也就不难联想到晚唐皇帝的有过之而无不及了，李商隐用一种欲抑先扬的艺术手法，辅之以议论，表面讽君王，实则悯自己，在细细品味中，作者那种生不逢时、不遇明主，想要有所作为却又无法改变现实的深深的无力感就变得越来越厚重和浓郁。

（王双星）

教学心得

先讲解诗歌的题材及主题的分类，再告诉学生这是一首借古讽今的诗歌，妙在采用了欲抑先扬的写法。

首句"宣室求贤访逐臣"从正面写汉文帝在宣室召见贾谊。一"求"一"访"，写出了文帝求贤之殷切，尤其还是对一位被贬的臣子，看似贤明之至了。次句"贾生才调更无伦"是汉文帝对贾谊的推服赞叹之词。

第三句"可怜"一转，文帝虚心倾听的细节成了诗人叹息和微讽的对象。"可怜"是可惜、可叹的意思，但比剑拔弩张的"可悲""可叹"更为含蕴，更耐人寻味。它嘲讽意味似轻而实重，是全诗的关键。末句"不问苍生问鬼神"是全诗警策之句，是对"可怜"一词的直接回应。教师要引导学生体会"可怜"一词在结构上起的作用和表达的感情。

李商隐借贾生自比，借汉文帝求访贾生"不问苍生"而"问鬼神"的史实，揭示了晚唐皇帝求仙访道、不顾国计民生的社会现实，批评讽刺了他们看似开明，实则昏聩无能的行为，同时也表达了自己生不逢时、怀才不遇的愤慨之情。

（内江市第十初级中学　陈真义）

八年级上册

野 望

📝 诗歌再现

> 野　望
> （唐）王绩
>
> 东皋薄暮望，徙倚欲何依。
> 树树皆秋色，山山唯落晖。
> 牧人驱犊返，猎马带禽归。
> 相顾无相识，长歌怀采薇。

（第三单元 第12课）

作者作品介绍

王绩，隋大业中举孝悌廉洁科，授秘书省正字，出为六合县丞，以嗜酒被劾。入唐后以秘书省正字待诏门下省，不久辞官还乡。贞观中出为太乐丞，旋又告归。此诗应作于诗人辞官隐居东皋（在今山西河津）的时候。

历代名家点评

（明）李攀龙《唐诗训解》卷三：起句即破题。"秋色"补题不足，且生结意。"落晖"应"薄暮"，且生"返""归"二句。

（明）杨慎《升庵诗话》卷六：隐节既高，诗律又盛，盖王杨卢骆之滥觞，陈杜沈宋之先鞭也。

（明）陆时雍《唐诗镜》卷一：多于朴茂，诗自梁陈以来，烨烨春华，辉辉秋月，艳之一径，不可复过。"隋炀虽返古道"，然华实并高；转入初唐，英华陨顿，盛唐别转风调，即意味愈漓矣。

（清）顾安《唐律消夏录》卷一：此立意诗。"薄暮望""欲何依"，主句也。下边"秋色""落晖""牧人""猎马"，俱是"薄暮望"之景；"皆"字、"唯"字，俱是"何所依"之情。所以用"相顾"一句顿住。末句说出自己胸襟也。

（清）沈德潜《唐诗别裁》卷九："五言律，前此失严者多，应以此章为首。通首只无相识意。"

研读心得

朴素中见灵动，寥寥几个字"薄""皆""唯"勾勒出秋天的苍凉萧索，可见诗人的炼字功力。善用典故，一曲"采薇"唱出诗人心中的惆怅、失意、迷茫。

（任增）

教学心得

王绩的《野望》在唐诗中地位甚高，历代名家多予好评。但要让学生真正读懂这首诗，却并非易事。

教材注释中只提到王绩"为初唐诗人""弃官后归隐于此"。学生不了解诗人生平，难以做到知人论世。而读诗贵在悟情，要体悟诗情，离不开对诗人生平、写作背景的把握。因此，在教学前，布置预习任务、适当补充背景知识显得较为重要。

在教学中，由浅入深，先从内容入手，指导学生读懂诗歌大意，在此基础上去体会诗歌的情感、主题。

首联要求学生能找出"望"的时间、地点，并结合对"徙倚"一词的理解，体会诗人苦闷、落寞的心境。要体会这种心境，需要向学生补充相关内容——"欲何依"化用了曹操诗歌"月明星稀，乌鹊南飞，绕树三匝，何枝可依"。通过教师的点拨，一个徘徊在暮色苍茫之中，举目四望，心灵却找不到归依之所的诗人形象便跃然纸上。

颔联和颈联是"望"的内容。比较容易理解。诗人先写远望之景：落晖之下，树木与远山一派静谧。再写近景：牧童赶着牛群归家、猎人带着猎物返回。诗人的笔下，为我们展现出的是一幅安静祥和的田园风光图。

尾联是本诗教学的难点。"相顾无相识"，诗人虽然归隐田园，但内心其实是难以融入田园生活的。因此，他倍感孤独，只好长歌以排遣内心的惆怅。

教学此诗，应做好课内课外的衔接，充分调动学生自主学习的积极性。根据教材内容和学生知识背景，布置课前预习任务。课内教学宜将读、悟、议有机结合，避免教师讲得过多，甚至以讲代学。

（泸州市第七中学校　黄祖惠）

黄鹤楼

诗歌再现

黄鹤楼
（唐）崔颢

昔人已乘黄鹤去，此地空余黄鹤楼。
黄鹤一去不复返，白云千载空悠悠。
晴川历历汉阳树，芳草萋萋鹦鹉洲。
日暮乡关何处是？烟波江上使人愁。

（第三单元　第12课）

作者作品介绍

崔颢生活在大唐帝国由盛而衰的年代。开元后期，唐玄宗开始沉湎声色，听不进张九龄等人的直言进谏，反而重用奸相李林甫，对他言听计从，甚至最后把政事全交给了他，任他排斥异己、陷害忠良、误国害民。大约从张九龄罢相、李林甫当政开始，大唐帝国虽然还保持着繁盛的外表，骨子里已经危机四伏。据《资治通鉴》载："九龄既得罪，自是朝廷之士，皆容身自保，无复直言。""李林甫欲蔽塞人主视听，明召诸谏官曰'今明主在上，群臣将顺之不暇，无用多言'。"自此，言路堵塞，唐朝原先还算得上开明的政治开始走向黑暗。李林甫嫉贤妒能，"凡才望功业出己右及为上所厚、势位将逼己者，必百计去之；尤忌文学之士"。天宝元年（742年），李白应召入京，曾经兴奋不已，但不久就深感不能为权贵所容，大失所望，因而要求放还。难怪杜甫在长安求官十年，最后经过种种努力在天宝十四年（755年）才得到一个卑微的官职。这时，士人们的理想破灭了，失望情绪笼罩在他们的心头，正所谓"弃我去者昨日之日不可留，乱我心者今日之日多烦忧"。早先胸怀大志的王维开始半官半隐、礼佛参禅。可见，"勘破世事"者又何止崔颢一人。

历代名家点评

（南宋）严羽《沧浪诗话》卷四：唐人七言律诗，当以崔颢《黄鹤楼》为第一。

（元）方回《瀛奎律髓汇评》卷一：冯舒：何有声病，即是律诗，且不拘平仄，何况对偶？冯班：真奇。上半有千里之势。起四句宕开，有万钧之势，纪昀：偶尔得之，自成绝调。然不可无一，不可有二。再一临摹，便成窠臼。许印芳：此篇乃变体律诗，前半是古诗体、以古笔为律诗。无名氏（乙）：前六句神兴溢涌，结二语蕴含无穷，千秋第一绝唱。赵熙：此诗万难嗣响，其妙则殷璠所谓"神来，气来，情来"者也。

（明）王夫之《唐诗评选》卷四：鹏飞象行，惊人以远大。竟从怀古起，是题楼诗，非登楼。一结自不如《凤凰台》，以意多碍气也。

（明）高棅《唐诗品汇》卷八十三：刘后村云："古人服善。李白登黄鹤楼有'眼前有景道不得，崔颢题诗在上头'之句，至金陵乃作《凤凰台》以拟之。"今观二诗，真敌手棋也。刘须溪云："但以滔滔莽莽，有疏宕之气，故胜思巧。"

（明）郎瑛《七修类稿》卷三十一：古人不以饾饤为工，如"鹦鹉洲"对"汉阳树","白鹭洲"对"青天外",超然不为律缚,此气昌而有余意也。

（明）王世懋《艺圃撷余》卷二十一：崔郎中作《黄鹤楼》诗,青莲气短,后题《凤凰台》,古今目为勍敌。识者谓前六句不能当,结语深悲慷慨,差足胜耳。然余意更有不然,无论中二联不能及,既结语亦大有辨。青莲才情,标映万载……

（明）徐景嵩《刊崔颢诗集》序：崔颢在当时最为知名,只《黄鹤楼》一诗,太白见之搁笔,其为名流推服可知。独其全集,世不多见,其见于它集者亦甚少,余每恨焉……余固以颢诗不得尽传为恨,又喜颢诗仅得其传而尤有待也。遂受而刻之且与世之未见者共焉。

（明）胡应麟《诗薮》卷五：崔颢《黄鹤楼》、李白《凤凰台》,但略点题面,未尝题黄鹤楼,凤凰台也……故古人之作,往往神韵超然,绝去斧凿。

（明）钟惺、谭元春《唐诗归》卷六：此诗妙在宽然有余,无所不写。

（明）凌宏宪编《唐诗广选》卷七：崔颢此诗乃律间出古,要自不厌。

（清）毛奇龄、王锡《唐七律选》卷三：此律法之最变者,然系意兴所致、信笔书写而得之,如神驹出水,任其踯躅,无行步工拙,裁摩拟便恶劣矣。前人品此为唐律第一,或未必然,然安可有二也。

（清）屈复《唐诗成法》卷五：格律脱洒,律调叶和,以青莲仙才即时搁笔,已高绝千古。

（清）周容《春酒堂诗话》卷一：评赞者无过随太白为虚声耳。独喜谭友夏"宽然有余"四字,不特尽崔诗之境,且可推之以悟诗道。非学问博大,性情深厚,则蓄缩羞赧,如牧竖哤席见诸将矣。

（清）尤桐《养一斋诗话》卷八：崔诗佳处止五六一联,犹恨以"悠悠、历历、萋萋"三叠为病,太白不长于律,故赏之,若遇子美,恐遭小儿之呵。

研读心得

该诗从虚处生发,登临抒怀。崔诗从"仙人乘鹤"的传说着笔,引出内心感受。仙人乘鹤,杳然不返;仙去楼空,惟留天际白云。让人不禁生出岁月不再、世事茫茫的感慨，触动游子的"日暮乡关"之思，江湖漂泊之愁。

该诗的结构似断实续，起承转合，寓变化于统一，章法井然。首联叙仙人乘鹤传说，颔联顺势而渲染之，与破题相接相抱，浑然一体。颈联由虚幻渺茫的黄鹤传说，一变而为晴川草树历历在目、萋萋满洲的眼前实景，与前两联截然异趣。这种虚与实的转折、对比，不但能烘染出登楼远眺者的愁绪，也使文势波澜起伏，跌宕有致。

该诗在格律用韵上，以气驭词，神行语外，自然浏亮。①

（夏加翁姆）

教学心得

《黄鹤楼》属唐诗经典，许多孩子早已能熟练背诵。

本诗的内容和主题均不难理解，但如果教学仅仅止于此，未免过于浅近。学生的古诗词鉴赏能力将很难提升。

教学此诗，结合课后习题"怎样将神话传说与眼前景物融为一体"，境界将会更加高远。神话故事起笔，一方面紧扣标题，同时又给黄鹤楼增添了一种神秘的色彩。但昔人已去，如今这里只有空楼一座，与它相伴的，惟有悠悠白云。让人顿生岁月不居，世事苍茫之感。仙人已去，登楼远眺，景色却格外明丽清新。"历历汉阳树""萋萋鹦鹉洲"，把诗人拉回到现实中来。但梁园虽好，不是久恋之家，日暮时分，江雾升腾，一片迷蒙。异乡漂泊，岂能不愁绪万千！

此诗教学，宜反复诵读、逐层深入。初读明节奏，识节律之美；再读明诗意，知内容之美；三读辨主旨，悟情感之美；四读析结构，明构思之美。

（泸州市第七中学校　黄祖惠）

---

① 杨有山：《同中有异 各擅胜境——崔颢〈黄鹤楼〉与李白〈登金陵凤凰台〉诗比较》，《名作欣赏》，第91~93页。

使至塞上

📋 诗歌再现

> 使至塞上
> （唐）王维
>
> 单车欲问边，属国过居延。
> 征蓬出汉塞，归雁入胡天。
> 大漠孤烟直，长河落日圆。
> 萧关逢候骑，都护在燕然。

（第三单元 第12课）

作者作品介绍

开元二十五年（737年）春，河西节度副大使崔希逸在青涤西大破吐蕃军。唐玄宗命王维以监察御史的身份奉使凉州，出塞宣慰，察访军情，并任河西节度使判官，但此次任命其实是王维被排挤出朝廷，这首诗就作于此次出塞途中。

历代名家点评

（宋）李昉《文苑英华》：衔命辞天阙，单车欲问边，集作单车欲问边，属国过车延，征鸿出汉塞，归雁入胡天。大漠孤烟直，长河落日圆。萧关逢候骑，集作"吏"，都护在燕然。

（明）陆时雍《唐诗镜》卷十：五六得景在"日圆"二字，是为不琢而佳，得意象故。

（明）姚旅《露书三卷》：大漠孤烟直，长河落日圆。"直"字是本色语，"圆"字不免痴矣。

（清）王夫之《唐诗评选》卷三：右丞每于后四句入妙，前以平语

233

养之，遂成完作。一结平好，蕴藉遂已迥异。盖用景写意，景显意微，作者之极致也。

（清）王士祯《唐贤三昧集笺注》二十四卷："直""圆"二字极锤炼，亦极自然。后人全讲炼字之法，非也；不讲炼字之法，亦非也。

（清）赵殿成《王右丞集笺注》中评此诗颈联两句：亲见其景者，始知"直"字之佳。

（清）赵殿成《王右丞集笺注》：亲见其景者，始知"直"字之佳。

（清）徐增《而庵说唐诗》："大漠""长河"一联，独绝千古。

（清）屈复《唐诗成法》：前四写荒远，故用"过"字、"出""入"字。五六写其无人，故用"孤烟""落日"、"直"字、"圆"字，又加一倍惊恐，方转出七、八，乃为有力。

（清）曹雪芹《红楼梦》中借书中人物香菱之口评价此诗："'大漠孤烟直，长河落日圆。'想来烟如何直？日自然是圆的。这'直'字似无理，'圆'字似太俗。要说再找两个字换这两个，竟再找不出两个字来。""诗的好处，有口里说不出来的意思，想去却是逼真的；又似乎无理的，想去竟是有理有情的。"

（清）彭端淑《雪夜诗谈》："大漠孤烟直，长河落日圆"，皆超然绝俗、出人表意。

（清）黄培芳《香石诗话》中评此诗："句云大漠孤烟直，长河落日圆。'直''圆'二字极锤炼亦极自然，后人全读字之法非也，全不让炼字之法亦非也。"

（清）王国维《人间词话》："明月照积雪""大江流日夜""中天悬明月""黄河落日圆"，此种境界，可谓千古壮观。求之于词，唯纳兰容若塞上之作，如《长相思》之"夜深千帐灯"，《如梦令》之"万帐穹庐人醉，形影摇摇欲坠"差近之。

研读心得

第一，《使至塞上》是王维著名的边塞诗，解读这首诗的资料也颇多，大多都是说这首诗描绘了大漠的辽阔与壮美，没有凄婉的情绪，展现了诗人开阔的心灵，对此诗持赞扬态度。

但并非所有人都觉得这首诗完美无缺。

如，这首诗歌"有句无篇"，"大漠孤烟直，长河落日圆"一联写得很好，确实精妙绝伦，但是就整首诗来看，若没有这句，它还会不会流传至今，又或者说会不会像今天这样脍炙人口？许多资料仅赏析这首诗的颔联，如《香石诗话》《雪夜诗谈》《露书三卷》等著作中都均只涉及对颈联的解析，更加说明了此诗"有句无篇"。

此外，现在的资料大多都认为这首诗是写景抒情诗，而我觉得这首诗更侧重以简练的笔墨叙述此次出使慰边的经历，客观真实地描写了沿途景象和自己的心情。

第二，全诗从首联开始叙述边塞沿途的景象，到颈联都在描写大漠的空旷，杳无人烟。尾联"萧关逢候骑，都护在燕然"也只是表明都护还在燕然，主帅尚在前线，还未归来这一事实。

当然，解读诗歌要结合诗人此时所处的境地和所处的时代背景，此时的王维是处于被贬的处境，所以我们认为这首诗是他抒发自己失落失意情绪的诗作。但这首诗歌并没有具体的词或诗句直接点出此时诗人的心绪，所以人们对诗其中蕴含的情感是否存在过度解读，这首诗是不是着重于抒情，还有待商榷。

（曾雪）

教学心得

"大漠孤烟直，长河落日圆"该句，虽黄口小儿亦能朗朗成诵。但要能说出其妙处来，却少不得一番品味。

《使至塞上》是王维在公元737年以监察御史的身份出使劳军时所作，内容浅近，学生结合注释即可知晓大意。诗歌的教学，应当让学生能感受、品析出诗歌特有的美来。这首诗除了律诗固有的节律之美、结构之美外，最耀眼的当属颔联和颈联了。

在初读课文的基础上,教师引导学生讨论"征蓬""归雁"两个意象的含义及其作用。有的人认为这是诗人途中所见之景,是写实的手法;有的人认为诗人在这里是用了比喻的修辞,把自己比作飘飞的蓬草和北归的大雁。其实,在这里,无论是写实还是比喻,都不重要了,重要的是通过讨论,同学们能够认识到诗歌的理解因读者的不同存在多元性,能言之成理就行了。对于这两个词的作用,大家基本上能形成共识,即表现诗人内心的孤寂与落寞之情。

颈联最能体现王维诗歌"诗中有画"的特点。在教学中,先让学生根据自己的理解构图,再谈谈自己对画面的感受。这时,学生不仅可以体会这两句诗歌的构图美、色彩美,也能够透过粗犷的线条、明快的色彩、荒凉的背景,去感受诗人内心的悲凉或者是旷达的情怀。

这首诗对仗工稳,是学习律诗的典范之作,结合课后"补白",可以让学生对律诗的特点形成更鲜明直观的认识。

(泸州市第七中学校 黄祖惠)

渡荆门送别

诗歌再现

渡荆门送别
(唐)李白

渡远荆门外,来从楚国游。
山随平野尽,江入大荒流。
月下飞天镜,云生结海楼。
仍怜故乡水,万里送行舟。

(第三单元 第12课)

作者作品介绍

据郁贤皓《李白丛考》考证，开元十二年（724年）秋，二十四岁的诗人李白心怀"四方之志"，"仗剑去国，辞亲远游"。他发青溪，向三峡，下渝州，渡荆门，轻舟东下，意欲"南穷苍梧，东涉溟海"。李白离蜀出川后，写下了《渡荆门送别》一诗。

历代名家点评

（明）胡应麟《诗薮》内编卷四："山随平野尽，江入大荒流"，太白壮语也。杜"星垂平野阔，月涌大江流"，骨力过之。

（明）胡应麟《诗薮》内编卷四：李白《塞下曲》《温泉宫》《别宋之悌》《南阳送客》《渡荆门》，孟浩然《岳阳楼》，王维《岐王应教》……俱盛唐杰作。视初唐格调如一、而神韵超玄，气概闳逸，时或过之。

（明）陆时雍《唐诗镜》卷二十盛唐第十二：诗太近人，其病有二，浅而近人者，率也；易而近人者，俗也。如渡荆门送别诸诗不免此病。

（清）翁方纲《石洲诗话》卷一：此等句皆适与手会，无意相合；固不必谓相为倚傍，亦不容区分优劣也。

（清）爱新觉罗·弘历敕编《唐宋诗醇》卷一：项聊与杜甫之星垂平野阔，月涌大江流。句类相似，亦气势均敌，胡震亨以杜为胜？亦故为低昂耳。卷六：杨慎曰："太白《渡荆门》诗：仍怜故乡水，万里送行舟。送人之罗浮诗，尔去之罗浮，余还憩峨眉，及此诗，国门遥天外，四句皆寓相思。"

（清）沈德潜《唐诗别裁》卷一：诗中无送别意，题中二字可删。

（清）王琦《李太白诗集注》卷十二：子谓李是昼景，杜是夜景，李是行舟暂视，杜是停舟细视，未可概论。

文本详解 与唐代诗歌语文教学

📕 研读心得

知诗论人：在讲解诗歌的时候，学生一般会事先了解诗人的诗歌风格。但这容易形成思维定势，限制学生的思考范围，建议教师在引导学生赏析诗歌的过程中总结出诗人的创作风格，即以诗论人。《渡荆门送别》一诗虽然也符合李白豪迈的诗风，但细读后，还可以读出李白柔情的一面，这与平常了解的李白是不一样的。

（陈爱）

💭 教学心得

《渡荆门送别》为李白初出蜀地时所作。诗人乘舟东向，辞亲远游，内心充满了游览祖国大好河山的喜悦，但也难免会产生对家乡和亲人的思念之情。

此诗最大的特点在于写景和抒情的完美统一，景中见情、情由景生。教学时，先让学生读懂诗歌大意，用自己的话描述所写之景并体会写景的妙处。颔联中的难点在于理解"随""入"两个动词的妙处，需要教师加以点拨。山本静止，但却与作者相随相伴，直到出了荆门，来到楚地，才消失在诗人的眼中。奔腾的江流，摆脱大山的束缚，注入广阔的原野。"随"字和"入"字，将诗人乘船观景的主观体验写得生动活泼。

颈联则注重引领学生体会诗人神异的想象。明月映江，宛如天上飞下的一轮明镜；傍晚时分，江上云蒸霞蔚，又如海市蜃景，变幻无穷。诗人运用比喻的手法，将江上景色描绘得奇异多姿。

尾联收束全篇，表达对故乡的思念之情。但在这里，要注意引导学生认识李白手法的奇妙，他不直说自己思念故乡，而是寄情于物，说是故乡的水不忍与自己分别，相随万里，不分不舍。

（泸州市第七中学校　黄祖惠）

钱塘湖春行

诗歌再现

> 钱塘湖春行
> （唐）白居易
>
> 孤山寺北贾亭西，水面初平云脚低。
> 几处早莺争暖树，谁家新燕啄春泥。
> 乱花渐欲迷人眼，浅草才能没马蹄。
> 最爱湖东行不足，绿杨阴里白沙堤。

（第三单元 第12课）

作者作品介绍

此诗作于长庆三年（823年），时诗人为杭州刺史。

《白居易校注》：作于长庆三年（823年，唐穆宗时期），杭州。

《唐诗鉴赏辞典》：此诗是长庆三或四年春（823—824年），白居易任杭州刺史时所作。

历代名家点评

（明）王夫之《唐诗评选》卷四：大历之诗变为长庆，自如出黔中溪箐，入滇南佳地。元、白同以一往风味，流荡天下心脾，雅可以韵相赏；櫽括微至，自非所长，不当以彼责此。

（明）金圣叹《贯华堂选批唐才子诗》卷五：前解先写"湖上"。横开则为寺北亭西，竖展则为低云平水，浓点则为早莺新燕，轻烘则为暖树春泥。写湖上，真如天开图画也。后解方写"春行"。花迷草没，如以戥子称量此日春光之浅深也。"绿杨阴里白沙堤"者，言于如是浅深春光中，幅巾单袷，款段闲行，即此杭州太守白居士也。五、六是春，

七、八是行。

（清）宋宗元《网诗园唐诗笺》卷一二：娟秀无比。（"几处"句下。）

（清）方东树《昭昧詹言》卷一八：章法意匠，与前诗（按指《西湖留别》）相似，而此加变化。佳处在象中有兴，有人在，不比死句。

（清）高步瀛《唐宋诗举要》卷五：方植之曰："佳处在象中有兴，有人在，不比死句。又曰：句句回旋，曲折顿挫，皆从意匠经营而出。"

研读心得

各个地方的学生有不同的当地生活经验，这使与诗中有一些不同的生活经验的同学不能很好地体会诗歌描述的场景，比如"浅草才能没马蹄"。南方的学生可能并未有这样真切的体验，因此教师在作诗背景和图片上可以多做准备和描述。教学注意贴近学生，让学生有话可说，较为深刻地普及作者写这首诗的背景，让学生有根据地去理解情感。提倡学生多角度阅读，有创意地阅读。

（李嘉泓）

教学心得

白居易的诗明白如话，晓畅易懂，但在一些诗中仍然非常注重炼字炼词，值得反复吟诵，细细品味，如《钱塘湖春行》。

引导学生初读诗歌，找出能够呼应标题的词语，并简要分析其妙处。如首联"水面初平""云脚低"，颔联"几处""早莺""争暖树""新燕"，颈联"乱花""浅草"等词均能体现"春"的特点，呼应了标题中的"春"字。找到这些词句后，重点分析颔联炼字炼词的精妙。如采用换字法加以对比——"几处"换成"处处"，"谁家"换成"家家"，虽对仗仍工，但却不能体现早春的特点。也可以引导学生分析富有特色的动词，如"争"字生动地点明了早春乍暖还寒的天气特点。此外，颔联中的两个副词"渐""才"也有共同之妙，教师要引领学生在阅读中去思考、去发现。

本诗画面感很强，可以引导学生发挥想象，用自己的话描述作者笔下青草初长、莺歌燕舞的早春景象。诗人赏春的目光由远及近，由上而下。先写远处水面景观，再写近处莺燕花草，层次分明，杂而不乱。

这首诗音韵考究，对仗严谨，也是学习律诗的典范之作，可以引导学生反复诵读体会。

（泸州市梓橦路学校　王显斌）

春　望

诗歌再现

春　望

（唐）杜甫

国破山河在，城春草木深。
感时花溅泪，恨别鸟惊心。
烽火连三月，家书抵万金。
白头搔更短，浑欲不胜簪。

（第六单元　第24课）

作者作品介绍

此诗为杜甫安史之乱时期在长安所作。天宝十四年（755年）七月，太子李亨即位于灵武（今属宁夏），世称肃宗，改元至德。杜甫闻讯，只身一人投奔肃宗朝廷，不幸在途中为叛军所俘，后因官职卑微才未被囚禁。至德二年（757年）春，身处叛军占领区的杜甫目睹了长安城一片萧条零落的景象，百感交集，便写下了这首传诵千古的名作。

241

历代名家点评

（宋）司马光《温公续诗话》（十六则）：古人为诗，贵于意在言外，使人思而得之，故言之者无罪，闻之者足以耐也。近世诗人，唯杜子美最得诗人之体，如"国破山河在，城春草木深。感时花溅泪，恨别鸟惊心"。山河在，明无余物矣；"草木深"，明无人矣；花鸟，平时可娱之物，见之而泣，闻之而悲，则时可知矣。他皆类此，不可遍举。

（元）方回《瀛奎律髓》卷三二：此第一等好诗。想天宝、至德以至大历之乱，不忍读也。

（明）钟惺、谭元春《唐诗归》：所谓愁思，看春不当春也。

（明）胡应麟《诗薮·内编》卷五：浓淡深浅，功夺天巧，百代而下，当无复继。

（清）何焯《义门读书记》：起联笔力千钧……"感时"心长，"恨别"意短，落句故置家言国也。匡复无期，趋朝望断，不知此身得睹司隶章服否？只以"不胜簪"终之，凄凉含蓄。

（清）吴见思《杜诗论文》：杜诗有点一字而神理俱出者，如"国破山河在"，"在"字则兴废可悲；"城春草木深"，"深"字则荟蔚满目矣。

（清）陈衍《石遗室诗话》：老杜五律，高调似初唐者，以"国破山河在"一首为最。

（清）吴乔《围炉诗话》卷二："烽火边三月，家书抵万金"，极平常语，以境苦情真，遂同于六经中语之不可动摇。

（近代）高步瀛《唐宋诗举要》引吴汝伦曰：字字沉着，意境直似离骚。

（近代）郁达夫《奉赠》诗之五：一纸家书抵万金，少陵此语感人深。

（现代）萧涤非《杜甫诗选》（第三期 陷安史叛军中、为官时期）：关于"感时"句，有人认为"感时花溅泪"，"花"并不"溅泪"，但诗人有这样的感觉，因此，由带着露水的花，联想到它也在流泪。按果如此说，"溅"字就很难讲通……"溅"是迸发，有跳跃义……故此处"泪"字仍以属人为是，所谓"正是花时堪下泪"也。又白居易《闻早莺》诗"鸟声信如一，分别在人情"，可与"鸟惊心"互参。

研读心得

杜甫是唐朝的伟大诗人，一生经历坎坷。青年时代在盛唐中度过，游历了中国许多地方。和许多盛唐时期诗人一样，杜甫怀有巨大抱负，想入仕治国。教师在上课讲解时应该注重对杜甫经历的介绍，尤其强调杜甫一生的几个时期其诗歌的不同特点。

杜甫被后人誉为"诗史"和"诗圣"，上课时可以就这个名称的由来给学生进行讲解。杜甫的诗作受其思想影响，所以，在讲解杜诗的时候可以把杜甫一生所受的思想影响融入其中。杜诗的思想内容、艺术风格、语言等内容也应该在上课时有所涉及。

（吴奇）

教学心得

杜甫的诗大多浑厚沉郁，饱含岁月沧桑之感，字里行间，满是思亲怀乡、忧国伤时之情。读杜甫的诗，就是在体味安史之乱后，唐王朝国势衰微、民生困顿的艰难。《春望》是他这方面诗歌的代表作品。

教学此诗，先安排学生预习，了解杜甫生平和此诗的写作背景，为品味诗歌奠定基础。在导入新课时，引用历代名家对杜甫的评价，如郭沫若的"世上疮痍，诗中圣哲；民间疾苦，笔底波澜"，可以加深学生的认识。

初读诗歌，在知晓大意的基础上体会诗歌蕴含的情感，指导学生注意通过适当的语气、语调、节奏、语速等来准确地表现。本诗饱含悲楚，语言沉郁顿挫，教师可以通过范读、抽读、齐读等多种方式让学生去感受。

在诗歌内容的把握方面，学生结合课旁注释，大都能准确理解。重点应引导学生置身诗情诗境，走进诗人的内心世界。首联起笔即叙事状景：安史之乱、国家残破，春到长安，本应欣欣向荣，但破壁残垣之间，只有萋萋荒草。颔联的理解，可以引导学生讨论。"溅泪"的主体可以理解为花儿，也可以理解为诗人自己；同理，"惊心"的主体可以是鸟儿，也可以是诗人。需要向学生讲明的是，如把主体理解为"花"和"鸟"，则是使用了移情的手法，更能表明作者对安史之乱的锥心之痛。颈联中，诗意转折变换，进一步说明战争给人们、给自己带来的伤痛。尾联通过写诗人因忧伤而搔弄白首的状态，表现自己的愁苦之状，读来感人肺腑，催人泪下。

此诗情感沉郁、字字血泪，宜让学生多读多品，教师的作用在于引领学生去发现、去感悟、去表达，不宜以自己的讲授代替学生的学习。

（泸州市梓橦路学校　王显斌）

雁门太守行

诗歌再现

雁门太守行
（唐）李贺

黑云压城城欲摧，甲光向日金鳞开。
角声满天秋色里，塞上燕脂凝夜紫。
半卷红旗临易水，霜重鼓寒声不起。
报君黄金台上意，提携玉龙为君死。

（第六单元　第24课）

作者作品介绍

李贺生活在"安史之乱"后的中唐时期，唐王朝每况愈下，藩镇蜂起，全国形成四十多个藩镇独立王国。唐王朝与藩镇之间的战争旷日持久，严重破坏了国家统一，李贺用此诗表达了诗人希望削平藩镇、强化国家统一的思想。据（唐）张固《幽闲鼓吹》载："李贺以歌诗谒韩吏部，吏部时为国子博士分司，送客归，极困。门人呈卷，解带旋读之。首篇《雁门太守行》曰：'黑云压城城欲摧，甲光向日金鳞开。'却缓带，命迎之。"

历代名家点评

（宋）王得臣《麈史》卷中：长吉才力奔放，不惊众绝俗不下笔，有《雁门太守诗》曰："黑云压城城欲摧，甲光射日金鳞开。"

（清）沈德潜《唐诗别裁》卷八：阴云蔽天，忽露赤日，实有此景。字字锤炼而成，昌谷集中定推老成之作。

（清）黎简评《李长吉集》卷一："声满天地"似昌黎"天狗堕地"之作篇中活句，贺其不愧作者。"霜重"句即李陵"兵气不扬"意。写败军如见，以死作结势，结得决绝险劲。

（清）杜诏《中晚唐诗叩弹集》卷四：此诗言城危势亟，擐甲不休，至于哀角横秋，夕阳塞紫，满目悲凉，犹卷前征，有进无退。虽士气已竭，鼓声不扬，而一剑尚存，死不负国。皆极写忠诚慷慨。

研读心得

这首诗很容易被当作写实事，但只是借助古乐府旧题罢了。诗歌前四句描写敌军压境的危急情况，黑云的压抑与甲光的明亮构成了一幅色彩鲜明的画面，在美丽的秋色中响彻号角声，视听结合使大战情景跃然纸上。将士们趁夜奔袭，地点正是燕赵慷慨悲歌之地，再加上沉闷的鼓声，营造了一种悲剧氛围。尾联点明主旨，表达了将士们为国尽忠的强烈情感，也暗含了诗人自身的心志。

（杨晓彤）

教学心得

李贺颇具诗才，有"诗鬼"之称。其诗用词诡谲，想象极其丰富。《雁门太守行》是李贺的代表诗作。

教学此诗，有较大的难度。

难点之一是对诗歌内容的理解。结合课文注释，学生也只能大体上把握，但却不能深入理解，多数同学往往似懂非懂，需要引导学生讨论并给予适当点拨。首先初读诗歌，让学生自由诵读，直到能用自己的话概括诗歌的内容。在此基础上，引导学生讨论，加深对诗歌内容的理解。第一句"黑云压城"教材注释为"比喻敌军攻城的气势"，其实，此处如果把它理解为写实未尝不可。"黑云压城"是特定的战争环境，黑云密布，营造出一种让人窒息的紧张氛围。第二句则通过写闪闪发光的铠甲来反映守城将士的严阵以待。

第三四句则紧承一二句，实写战争惨烈。但在教学实践中，多数学生难以认识到这一点。需要教师充分调动学生的想象能力，把自己置身于当时的环境去感受、去体悟。边塞之秋，本来就是一派肃杀，这时，号角声声，又平添紧张。第四句直写战事惨烈，将士们血染疆场，泥土为之变色。

后八句可以作为一个整体来理解。"半卷红旗"有部分同学难以理解，需要教师加以点拨。这里应当指的是我方援军的深夜奔袭。而第七句的"霜重鼓寒"则应当理解为我军的进攻。因天气严寒，以致战鼓的声音都被冻结了。悲壮的气息顿时扑面而来。末两句均用典，需要教师点拨，学生方可理解我军将士忠君报国的雄心。

难点之二在于对这首诗歌写法的理解。明明是写惨烈的战事，可是作者却用了大量表现色彩的词语。"五色炫耀，光夺眼目，使人不敢熟视。"这一点，可以结合课后习题引领学生展开讨论，进而认识李贺诗歌创作的独特风格。

在充分领会诗歌内容和主题的基础上，再引导学生诵读此诗，读出韵味、读出情感，进而背诵。

（泸州市梓橦路学校　王显斌）

赤　壁

📋 诗歌再现

> 赤　壁
> （唐）杜牧
>
> 折戟沉沙铁未销，自将磨洗认前朝。
> 东风不与周郎便，铜雀春深锁二乔。

（第六单元 第24课）

作者作品介绍

此诗约作于会昌四年（844年），时杜牧在黄州（今湖北黄冈）任刺史。这首诗是诗人经过赤壁（今湖北省武汉市江夏区西南赤矶山）这个著名的古战场，有感于三国时代的英雄成败而写下的。发生于汉献帝建安十三年（208年）十月的赤壁之战，是对三国鼎立的历史形势起着决定性作用的一次重大战役。其结果是孙、刘联军击败了曹军，而三四十岁的孙吴军统帅周瑜，乃是这次战役中的头号风云人物。诗人观赏了古战场的遗物，对赤壁之战发表了独特的看法，认为周瑜胜利于侥幸，同时也抒发了诗人对国家兴亡的慨叹。有情有致。

历代名家点评

（宋）许顗《彦周诗话》：杜牧之作《赤壁》诗……意谓赤壁不能纵火，为曹公夺二乔置之铜雀台上也。孙氏霸业，系此一战。社稷存亡，生灵涂炭都不问，只恐被捉了二乔，可见措大不识好恶。

（明）胡应麟《诗薮》内编卷六：晚唐绝"东风不与周郎便，铜雀春深锁二乔""可怜夜半虚前席，不问苍生问鬼神"，皆宋人议论之祖。

（清）薛雪《一瓢诗话》："春深"二字，下得无赖，正是诗人调笑妙语。

（清）吴乔《围炉诗话》卷三：古人咏史，但叙事而不出己意，则史也，非诗也；出己意，发议论，而斧凿铮铮，又落宋人之病。如牧之《息妫》诗云……《赤壁》云……用意隐然，最为得体。

（清）黄叔灿《唐诗笺注》卷一〇："认"字妙。怀古深情，一字传出；下二字翻案，从"认"字生出。

（清）许彦周《四库全书总目》卷一九五：讥杜牧《赤壁》诗为不说社稷存亡，唯说二乔。不知大乔孙策妇，小乔周瑜妇。二人入魏，即吴亡可知。此诗人不欲质言，变其词耳。觊遽诋为秀才不知好恶，殊失牧意。

（清）何文焕《历代诗话考索》：牧之之意，正谓幸而成功，几乎家国不保。

（近代）刘永济《唐人绝句精华》：大抵诗人每喜以一琐细事来指点大事。即如此诗，二乔不曾被捉去，固是一小事，然而孙氏霸权，决于此战，正与此小事有关。家国不保，二乔又何能安然无恙？二乔未被捉去，则家国巩固可知。写二乔正是写家国大事。且以二乔立意，可以增加诗之情趣。其非翻案好异以及滑稽弄辞，断然可知。

王尧衢《古唐诗合解》：杜牧精于兵法，此诗似有不足周郎处。

施蛰存《唐诗白话》：这是唐诗中第一流的怀古诗。

研读心得

诗人一反传统看法，他不以时代论英雄，他认为历史上英雄的成功都是因为某种机遇，即时势造英雄，谋事在人成事在天。杜牧是风流才子，善写闺情恋意，把这种表述方式用于庄重的史论，而且天衣无缝地融为一体，展现了杜牧特有的风韵情采。但如果对这首诗仅限于这种认识，也未免过于肤浅。再深入读诗，似乎能从赤壁横遭惨败的曹操身上窥见诗人的影子。结合时代背景、诗人的遭际，不难感受到诗人的抑郁不平。诗人分明在说，只要有机遇，自己就能成为周公瑾，大有作为。

这首诗艺术构思新颖独特，含蓄深沉，主旨在于表达历史兴亡的感慨，历史变迁纷繁，兴衰存亡曲折，过去的陈迹，值得追怀思索。杜牧精于七绝，尤以咏史诗名世。往往寓讽刺于幽默之中，对历史上的兴亡创发出诗意化的妙论，意境独到，发人深省。《赤壁》便是一个典例。

(何欢)

教学心得

咏史诗是古代诗歌的重要类别，教学杜牧《赤壁》重要目标之一，我想就是要让学生借此认识咏史诗的特点。

首先，让学生结合注释自读诗歌，用自己的话概括诗歌的内容。这一点对八年级的学生来说，尚不太难。学生初读后，教师抽两个学生译读诗歌，不够正确的地方，略加点拨即可。

其次，在粗知诗歌大意的基础上，进一步引导学生读懂读透、赏析诗歌语言。这一点难度就有所增加了。诗歌前两句是叙事，诗人在沉沙中发现一截折断了的铁戟，经过磨洗，认出那是赤壁之战的遗物。可是诗歌的三四句却并没接着写战事，而是转而议论，说如果不是诸葛亮巧借东风与周郎，那么江东二乔就会被曹操锁于铜雀台的深宫之中了。末两句用语隐晦，典故入诗，教师在抽学生谈自己理解的基础上稍作补充，即能够认识到诗人在此其实是用戏谑的手法评论历史：如果不是有利时机，东吴必将战败，历史将被改写。

最后，诗言志。无论是什么诗歌，叙事也好、写景也罢，总得表达诗人内心的某种情怀。尤其是咏史怀古一类的诗歌，往往不会就事论事，否则将失之肤浅。咏史诗要么借古讽今，要么吊古伤怀，总是有一定现实指向的。教师在向学生讲明了这一层意思后，再顺势介绍杜牧生平和本诗的写作背景，诗歌的主题便浮于纸上了：作者借此诗，表达的是自己怀才不遇的情怀。

通过《赤壁》的学习，学生大多能够掌握咏史诗的一般特点，从而由此及彼，触类旁通。

(泸州市梓橦路学校　王显斌)

八年级下册

送杜少府之任蜀州

📋 诗歌再现

> 送杜少府之任蜀州
> （唐）王勃
>
> 城阙辅三秦，风烟望五津。
> 与君离别意，同是宦游人。
> 海内存知己，天涯若比邻。
> 无为在歧路，儿女共沾巾。

（第三单元 课外古诗词诵读）

作者作品介绍

这首诗是作者在长安的时候写的。"少府"是唐朝对县尉的通称。姓杜的少府将到四川去做官，王勃在长安相送，临别时赠送给他这首送别诗。

历代名家点评

（明）胡应麟《诗薮》卷四：大历以还，易空疏而难典赡；景龙之际，难雅洁而易浮华。盖齐、梁代降，沿袭绮靡，非大有神情，胡能荡涤。唐初五言律，惟王勃"送送多穷路""城阙辅三秦"等作，终篇不着景物，而兴象婉然，气骨苍然，实首启盛、中妙境。

（明）陆时雍《唐诗镜》卷一：此是高调，读之不觉其高，以气厚故。

（明）钟惺、谭元春《唐诗归》卷一：钟云："此等作，取其气完而不碎，有律成之始也。"

（清）吴北江《唐宋诗举要》：壮阔精整（首二句下）。

研读心得

王勃的这首《送杜少府之任蜀州》不但平仄严整，还包含了律诗的变格，对仗变体。可以作为格律体的标准例子来研究，这也侧面说明了初唐四杰不但在诗风上对齐梁体进行了改革，也影响了宫廷诗人对格律体的创造。全诗格律优美，意境旷达，毫无离别的悲怆之气，在送别诗中独树一帜。

自古以来，写离别的诗作大多感情悲伤、基调低沉。而王勃这两句诗境界从狭小转为宏大，基调从凄恻转为豪迈，全无悲伤之情。字里行间体现作者昂扬向上、积极乐观、豁达开朗的人生态度，给友人以安慰和鼓励。这种对待离别的积极态度值得称道与学习。同时可用于作文写作中。

（杨怡）

教学心得

江淹《别赋》："黯然销魂者，唯别而已矣。"古人交通不便，相见时难别亦难，离别是诗歌创作的常见主题。诗歌情感基调往往以悲苦不舍、沉郁缠绵为主。然而王勃这首送别诗却一反常态，一句"海内存知己，天涯若比邻"，道出"友情深重，江山难阻"，体现诗人乐观豁达的胸襟。教学中，重点引导学生体会离别中的不舍，不舍中的豁达。

首先以送别诗的要素为线索，学生在朗读中找出送别的主体与客体、送别的地点与时间。抓住"城阙""三秦""蜀州""五津"等词，可借助地图让学生明确两地相隔千里，在"长安"自是无法望见"五津"。诗人用想象的手法描绘出风烟浩渺的画面。学生通过讨论"二人能否再见"，从而感受颔联中的同为宦游人的"离别意"。

接下来，学生反复朗读送别诗中的经典名句，比较本诗与其他送别诗情感上的不同，体会诗人旷达的胸襟和乐观的情怀。最后让学生以尾联展开想象，讨论王勃送别时与友人的对话。

值得注意的一点是，本诗从律诗的角度上对仗并不完全工整，这与初唐律诗尚未成型有关，需要跟学生说明。

（泸州市梓橦路学校　罗江玲）

望洞庭湖赠张丞相

📝 诗歌再现

望洞庭湖赠张丞相

（唐）孟浩然

八月湖水平，涵虚混太清。
气蒸云梦泽，波撼岳阳城。
欲济无舟楫，端居耻圣明。
坐观垂钓者，徒有羡鱼情。

（第三单元　课外古诗词诵读）

作者作品介绍

此诗作于唐玄宗开元二十一年（733年），当时孟浩然西游长安，张九龄任秘书少监、集贤院学士副知院士，二人及王维为忘年之交。后张九龄拜中书令，孟浩然写了这首诗赠给张九龄，目的是想得到张九龄的引荐。

历代名家点评

（明）陆时雍《唐诗镜》卷一一：浑浑不落边际。三、四惬当若天成。襄阳律诗雄浑，则有气蒸云梦泽，波撼岳阳城。清微，则有微云澹河汉，疏雨滴梧桐。精策，则有就枕灭明烛，扣舷闻夜渔。闲雅，则有众山遥对酒，孤屿共题诗。

（明）钟惺、谭元春《唐诗归》第一卷：钟云："此诗，人知其雄大，不知其温厚。"

（明）杨慎《升庵诗话》卷二：孟浩然"八月湖水平，涵虚混太清"，虽律也，而含古意，皆起句之妙，可以为法。

（清）沈德潜《唐诗别裁》卷一：起法高深，三、四雄阔，足与题称。读此诗知襄阳非甘于隐遁者。

研读心得

第一，要注意里面的典故运用。"临渊羡鱼"典出《淮南子·说林训》"临渊羡鱼，不如退而结网"，意思是与其空想，不如积极付诸实践。而围绕这个典故，便可以得出这首诗中的一种主旨。

第二，研读这首诗重要的一点是合理看待对诗的主旨的争议。唐代隐士有时也关心政事，"隐"其实是为了"显"。所以，教师应注意引导学生对诗人是想积极入仕还是表现出归隐之情的矛盾进行充分讨论。

（吴奇）

教学心得

"我爱孟夫子，风流天下闻。红颜弃轩冕，白首卧松云。"李白从来不吝啬对孟浩然高洁隐逸的赞美，孟浩然终生不仕，隐居田园，其实孟浩然有没有出仕的想法呢？学生带着问题走进诗歌，交流洞庭湖的地理位置、孟浩然的生平、写作的背景及干谒诗的特点。

通过朗读诗歌，抓住首联与颔联中的"平""混""蒸""撼"等字品读鉴赏，想象洞庭湖上水天相接，烟波浩渺、波涛汹涌的磅礴景象。接下来引导学生找出孟浩然向张丞相表达援引之意的句子，以讲故事的方式了解"临渊羡鱼""姜尚钓鱼"等典故，体会诗人渴望出仕和希望张九龄引荐的心情，品味诗人委婉表意之巧妙。

最后揭示孟浩然无缘官场的原因，介绍他诗歌的整体风格，让学生对诗人有更深入的认识，在诗歌阅读中达到触类旁通的效果。

（泸州市梓橦路学校　罗江玲）

石壕吏

📋 诗歌再现

> **石壕吏**
> （唐）杜甫
>
> 暮投石壕村，有吏夜捉人。老翁逾墙走，老妇出门看。
> 吏呼一何怒！妇啼一何苦！听妇前致词：三男邺城戍。
> 一男附书至，二男新战死。存者且偷生，死者长已矣！
> 室中更无人，惟有乳下孙。有孙母未去，出入无完裙。
> 老妪力虽衰，请从吏夜归。急应河阳役，犹得备晨炊。
> 夜久语声绝，如闻泣幽咽。天明登前途，独与老翁别。

（第六单元 第24课）

作者作品介绍

唐肃宗乾元元年（758年），为平息安史之乱，郭子仪、李光弼等九位节度使，率兵20万围攻安庆绪所占的邺郡（今河南安阳），胜利在望。但在第二年春天，由于史思明派来援军，加上唐军内部矛盾重重，形势发生逆转，在敌人两面夹击之下，唐军全线崩溃。郭子仪等退守河阳（今河南孟州），并四处抽丁补充兵力。乾元二年（759年）春，杜甫由左拾遗贬为华州司功参军。他在洛阳至华州的途中目睹了官府强行拉夫的残暴景象，于是就自己所见所闻，写成此诗。

历代名家点评

（明）陆时雍《唐诗镜》：其事何长，其言何简。"吏呼"二语，便当数十言。文章家所云要会，以去形而得情，去情而得神故也。

（明）邢昉《唐风定》：述情陈事，琐屑近俚，翻极高古，此神皆法《孔雀东南飞》，绝得其奥妙。

（明）周珽《唐诗选脉会通评林》：周珽曰："一篇苦情实状难读。末四语酸楚更甚，唐祚不儿岌岌乎？"吴山民曰："起二句劲；吏怒、妇啼，何等光景。'三男戍'，死其二，惨；'惟有乳下孙'，危；'出入无完裙'，可伤。'急应河阳役'二句，语非由心，强作硬口。'夜久语声绝'二句，泣鬼神语。结句尤难为情。"

（清）杨伦《杜诗镜铨》：顿挫（"吏呼"二句下）。独匿过老翁，家中人偏一一敷出（"室中"四句下）。

（清）浦起龙《读杜心解》卷一：《石壕吏》，老妇之应役也。丁男俱尽，役及老妇，哀哉！

（清）王尧衢《古唐诗合解》：子美诗，如《无家别》《垂老别》《新婚别》与此，俱语语沉痛。如此诗叙事质朴，意极精细，独见尹法之妙。

（清）高步瀛《唐宋诗举要》：吴曰："此首尤呜咽悲凉，情致凄绝。"

研读心得

诗人在《石壕吏》中以旁观者的视野去看待问题，于无声处表达自己对百姓的同情，但是也表达了自己的矛盾心理。在当时还稍稍有些官职的他或许可以想办法救助这位老人，但是战火不断，兵力空虚，不能不让一部分人去参军。又想护民又想救国的诗人以悲愤的、矛盾的心理，写下了这一首流传千古的诗篇。

（杨瑶佳）

教学心得

《孟子·万章下》中有言："颂其诗，读其书，不知其人，可乎？"知人论世，是学生深入理解诗歌内涵的关键所在。杜甫诗歌教学，同样需在放在杜甫的人生经历和时代背景中去分析。以学生学过的《望岳》和《春望》引入杜甫诗歌创作的风格变化，让学生理解"安史之乱"对个人命运与时代命运的影响，自然过渡到对"三吏""三别"的介绍，从而加深对本诗内容和背景的了解。

接下来就是在诵读中去感知诗歌中所讲述的故事，学生在反复诵读后用自己的语言讲述杜甫在石壕村的经历和见闻，在朗读与分角色模拟对话的过程中，加深对"吏"的"怒"和"妇"的"苦"的理解，从老妇一家的遭遇中，了解"安史之乱"带给百姓的苦难与伤痛，体会作者对饱受战祸摧残的老百姓的同情。

了解内容后，学生小组合作进行主题探讨，解决如"为何不是征兵，而是夜捉人？""老妇为何要主动自请服役？""夜久语声绝之后是谁在泣幽咽？""诗人独与老翁别时是怎样的心境？"等问题，在学生讨论交流的过程中，达到深入理解诗歌、挖掘主题的效果。

（四川省泸州市第七中学校　欧成利）

茅屋为秋风所破歌

诗歌再现

> 茅屋为秋风所破歌
> （唐）杜甫
>
> 八月秋高风怒号，卷我屋上三重茅。茅飞渡江洒江郊，高者挂罥长林梢，下者飘转沉塘坳。
>
> 南村群童欺我老无力，忍能对面为盗贼。公然抱茅入竹去，唇焦口燥呼不得，归来倚杖自叹息。
>
> 俄顷风定云墨色，秋天漠漠向昏黑。
> 布衾多年冷似铁，娇儿恶卧踏里裂。
> 床头屋漏无干处，雨脚如麻未断绝。
> 自经丧乱少睡眠，长夜沾湿何由彻！
> 安得广厦千万间，大庇天下寒士俱欢颜！风雨不动安如山。
> 呜呼！何时眼前突兀见此屋，吾庐独破受冻死亦足！

（第六单元　第24课）

作者作品介绍

此诗作于唐肃宗上元二年（761年）八月。唐肃宗乾元二年（759年）秋天，杜甫弃官到秦州（今甘肃天水），又辗转经同谷（今甘肃成县）到了巴陵。乾元三年（760年）春天，杜甫求亲告友，在成都浣花溪边盖起了一座茅屋，总算有了一个栖身之所。不料到了上元二年（761年）八月，大风破屋，大雨又接踵而至。当时安史之乱尚未平息，诗人由自身遭遇联想到战乱以来的万方多难，长夜难眠，感慨万千，写下了这篇脍炙人口的诗篇。

（明）陆时雍《唐诗镜》：子美七言古诗气大力厚，故多局面可观。力厚，澄之使清；气大，束之使峻，斯尽善矣。

历代名家点评

（明）李沂《唐诗援》："安得广厦千万间"，发此大愿力，便是措大想头。

（明）许学夷《诗源辩体》：《茅屋为秋风所破》，亦为宋人滥觞，皆变体也。

（明）钟惺、谭元春《唐诗归》：钟云：好笑！好哭（"南村群童"二句下）。钟云："入竹"妙！妙（"公然抱茅"句下）！谭云："恶卧"，尽小儿睡性（"娇儿恶卧"句下）。

（明末清初）王嗣奭《杜臆》："广厦万间""大庇寒士"，创见故奇，袭之便觉可厌……"呜呼"一转，固是曲终馀意，亦是通篇大结。

（清）何焯《义门读书记》：元气淋漓，自抒胸臆，非出外袭也。"自叹息"三字，直贯注结处（"归来倚杖"句下）。"风"字带收前半（"风雨不动"句下）。

（清）爱新觉罗·弘历敕编《唐宋诗醇》卷一一：极无聊事，以直写见笔力，入后大波轩然而起，叠笔作收，如龙掉尾，非仅见此老胸怀。若无此意，则诗亦可不作。朱鹤龄曰："白乐天云：'安得布裘长万丈，与君都盖洛阳城。'同此意。"

（清）浦起龙《读杜心解》卷二：起五句完题，笔亦如飘风之来，疾卷了当。"南村"五句，述初破不可耐之状，笔力恣横。单句缩住，黯然。"俄顷"八句，述破后拉杂事，停"风"接"雨"，忽变一境；满眼"黑""湿"，笔笔写生。"自经丧乱"，又带入平时苦趣，令此夜彻晓，加倍烦难。末五句，翻出奇情，作矫尾厉角之势……结仍一笔兜转，又复飘忽如风。《楠树篇》峻整，《茅屋》篇奇崛。

（清）施补华《岘佣说诗》：后段胸襟极阔，然前半太觉村朴，如"南村群童欺我老无力，忍能对面为盗贼"四语，及"骄儿恶卧踏里裂"语，殊不可学。

（清）曾国藩《十八家诗钞》：张曰："沉雄壮阔，奇繁变化，此老独擅。"

（清）宋宗元《网师园唐诗笺》卷五："安得"三句，因屋破而思广厦之庇，转说到独破不妨，想见"胞与"意量。末二句，有意必尽，惟老杜用笔喜如此。

研读心得

通过询问学生将"大庇天下寒士俱欢颜"改为"妻子儿女俱欢颜"，"吾庐独破受冻死亦足！"改成"别人受冻死亦足！"可否，来引导学生更好地理解杜甫忧国忧民、兼济天下的民本思想，十分新颖，值得我们学习。

诗歌的学习应注重"知人论世（事）"，因而了解作者及其作者作品介绍对学生把握诗歌的内容及情感有很大的帮助。

讲解过程中可设计一些小问题与学生交流互动，以此让课堂始终处于"白热化"阶段。

古诗词作为中国传统文化的典型代表具有极强的艺术感染力，音韵美是它的一大特色，因而诵读时古典音乐必不可少！

（周远琼）

教学心得

本诗是杜甫晚年定居四川成都浣花溪畔的草堂时所作，因此在教学时先由对杜甫草堂的介绍导入，让学生了解杜甫当时的生活状态，再联系之前所学的几首杜诗，串联起杜甫从"年少有志"到"漂泊潦倒"的人生轨迹，从而理解杜甫诗歌沉郁顿挫风格形成的原因。

尽管本诗篇幅较长，但朗读声也应当贯穿于课堂教学的始终，从"整体朗读—分段细读—重点句子赏读—整体诵读"的过程中,加深对文本的理解。抓住"怒号、卷、飞、洒、挂、飘转、沉"等动词想象出破旧的茅屋在怒号的秋风中的样子,接着"群童抱茅""秋雨摧屋",更是让年迈的杜甫感到凄惨绝望。但如果本诗就止于对自我境况的自怜自艾,那便成就不了杜甫诗歌的千古诗情,因此在探究研讨时,"安得广厦千万间,大庇天下寒士俱欢颜"和"吾庐独破受冻死亦足"就成了教学的重点,引导学生感受杜甫推己及人,为天下苍生呐喊的赤子之心。

此外,学完本诗以后,可以将杜甫的"诗"与"情"进行回顾与总结,让学生写一段或一篇读"诗圣"、读"诗史"的思考,深入体味杜甫"世上疮痍,诗中圣哲;民间疾苦,笔底波澜"的力量。

(四川省泸州市第七中学校　欧成利)

卖炭翁

诗歌再现

卖炭翁
(唐) 白居易

卖炭翁,伐薪烧炭南山中。
满面尘灰烟火色,两鬓苍苍十指黑。
卖炭得钱何所营?身上衣裳口中食。
可怜身上衣正单,心忧炭贱愿天寒。
夜来城外一尺雪,晓驾炭车辗冰辙。
牛困人饥日已高,市南门外泥中歇。
翩翩两骑来是谁?黄衣使者白衫儿。
手把文书口称敕,回车叱牛牵向北。
一车炭,千余斤,宫使驱将惜不得。
半匹红绡一丈绫,系向牛头充炭直。

(第六单元 第24课)

作者作品介绍

此诗为《新乐府》组诗五十首之三十二,作于元和四年(809年),时白居易任左拾遗、翰林学士。

(唐)韩愈《顺宗实录》卷二:旧事,宫中有要,市外物,令官吏主之。与人为市,随给其直。贞元末,以宦者为使,抑买人物,稍不如本估。末年不复行文书,置白望数百人于两市并要闹坊,阅人所卖物,但称宫市,即敛手付与,真伪不复可辨,无敢问所从来,其论价之高下者,率用百钱物,买人直数千钱物,仍索进奉门户并脚价钱。将物诣市,至有空手而归者。名为宫市,而实夺之。尝有农夫以驴负柴至城卖,遇宦者称宫市取之,才与绢数尺,又就索门户,仍邀以驴送至内。农夫涕泣,以所得绢付之,不肯受。曰:须汝驴送柴至内。农夫曰:我有父母妻子,待此然后食。今以柴与汝,不取直而归,汝尚不肯,我有死而已。遂殴宦者。街史擒以闻,诏黜此宦者,而赐农夫绢十匹。然宫市亦不为之改易。

历代名家点评

(唐)韩愈《顺宗实录》卷二:名为宫市,而实夺之。

(清)爱新觉罗·弘历敕编《唐宋诗醇》:直书其事,而其意自见,更不用著一断语。

(近)陈寅恪《元白诗笺证稿》:宫市者,乃贞元末年最为病民之政,宜乐天《新乐府》中有此一篇。且其事又为乐天所得亲有见闻者,故此篇之摹写,极生动之致也……更有可论者,此篇径直铺叙,与史文所载者不殊,而篇末不着己身之议论,微与其他者篇有异,然其感慨亦自见也。

龚克昌、彭重光《白居易诗文选注》:白居易这首诗在事物细节的选择上和人物心理的刻画上有独到之处,只用了很少的笔墨,就把人物写活了。诗有很强的社会典型意义。

研读心得

这首诗反映了当时下层人民的苦难生活。宫市其实是上层阶级对劳动人民剥削的一种方式。诗中的对比是要重点关注的,把一车炭千余斤与半匹红绡对比,一车炭要花费卖炭翁多少心血才能维持生计,可是一车炭却被一丈绫换走了,卖炭翁敢怒不敢言,可见宫市对劳动人民的劳动成果的掠夺之残忍。把"衣正单"与"愿天寒"对比,写出卖炭翁买衣食的迫切心情及艰难处境。这是一首叙事讽喻诗,通过记叙卖炭翁辛苦劳动所得被宫使掠夺一空,揭露了统治阶级的罪恶和宫使的残暴。新乐府诗歌通过写实来反映时代,这首诗是其中一首,写劳动人民的真实生活来反映时代生活特色。通过肖像、心理等描写表现卖炭翁生活的艰辛,同时在诗歌的最后引发读者的思考:没有了这一车炭卖炭翁将如何维持生计?如何度过漫长而又寒冷的冬季,卖炭翁只是那个时代被压迫人民中的一个代表,还有许许多多和他类似的劳动人民,他们都被剥削压迫,没人在乎他们的死活。

以学生为主体,发挥他们的想象力,思考解读诗歌。读诗不只是在读一个人,其实是在读一群人、一代人,启发学生关注时代去挖掘诗歌背后的深层含义。

为了更好地理解这首诗,可以在课后让学生分小组进行宫市资料收集,上课时全班分享;在时间允许的情况下,可以进行角色扮演,让有的同学扮演卖炭翁,有的扮演宫使或拉炭的牛等,通过这种方式让学生对这首诗印象深刻,引发学习背诵兴趣。

写人民苦难的诗歌的社会背景值得深入挖掘,了解一个时代才能更好地体会诗歌的情感及其反应的社会现实。

(刘敏)

教学心得

学生刚从杜甫的诗作中感受到了民间疾苦,能更深切地理解"卖炭翁"的悲惨,所以由上节课的内容可以自然导入本诗的学习。教学重点放在体悟"卖炭翁"的悲苦凄惨和"宫使"的蛮横霸道上,学生采用改编课本剧的方式,了解故事内容,加深对人物形象的理解。在朗读过程中能通过诗中的语句,从肖像、心理、动作等描写中去发现卖炭翁的劳动辛苦、生活艰难的处境。

在探究学习中,主要抓住文中多处用到的反差,如"衣正单"与"愿天寒"的反差,"一车炭,千余斤"与"半匹红纱一丈绫"的反差,"卖炭翁"与"宫使"形象的反差等。在这种反差中让学生体会底层人民的悲惨命运和"宫市"掠夺的本质,感受中唐以后统治阶层对老百姓的剥削和压迫,反应深刻的社会现实。

在课堂总结时,引导学生总结人物形象塑造的方法,学会从肖像、心理、动作等方面进行正面描写,适当运用侧面烘托来突显人物特点,在记叙和描写中体现作者的观点和情感。

(四川省泸州市第七中学校 欧成利)

题破山寺后禅院

📋 诗歌再现

> 题破山寺后禅院
> (唐)常建
>
> 清晨入古寺,初日照高林。
> 曲径通幽处,禅房花木深。
> 山光悦鸟性,潭影空人心。
> 万籁此都寂,但余钟磬音。

(第六单元 课外古诗词诵读)

作者作品介绍

诗人仕途失意，寄情山水，游览名山古刹，寻幽探胜。

历代名家点评

（元）方回《瀛奎律髓》：三四不必偶，乃自是一体、盖亦古诗、律诗之间。全篇自然。

（明）凌宏宪编《唐诗广选》：胡元瑞曰："中二联，五言律之入禅者。"

（明）胡应麟《诗薮》：孟诗淡而不幽；常建"清晨入古寺""松际露微月"，幽矣。

（明）周珽《唐诗选脉会通评林》：陆钿曰："读此诗，何必发禅家大藏，可当了心片偈，更妙在镜花水月。"

（清）顾安平《唐律消夏录》：（增）"曲径""禅房"二句深为欧阳公所慕，免屡拟不慊。吾意未若刘君之"时有落花至，远随流水香"为尤妙也。

（清）刘邦彦《唐诗归折衷》：吴敬夫云："自济北集粗豪之语以为初盛，而竟陵以空幻矫之，引人入魔。如'山光悦鸟性，潭影空人心'，吟咏之家奉为金科玉律矣，不知诗贵深细，不贵粗豪，贵真实，不贵空幻。若悟二家无有是处，即已得是处矣。"

（清）黄生《唐诗摘钞》：全篇直叙。对一二，不对三四，名换柱对。有右丞《香积寺》之摹写，而神情高古过之；有拾遗《奉先寺》之超悟，而意象浑融过之。"薄暮空潭曲，安禅制毒龙""欲觉闻晨钟，令人发深省"，方之此结，工力存余，天然则远矣。

（清）屈复《唐诗成法》：但写幽情，不着一赞美语，而赞美已到十分。次写景真，句法又活。

（清）沈德潜《唐诗别裁》：鸟性之悦，悦以山光；人心之空，空因潭水；此倒装句法。通体幽绝。

研读心得

常建是唐代著名诗人，虽中进士，但仕途不顺，寄情于山水之中，其作品风格清僻，孤高缥缈，充满灵性。

这首《题破山寺后禅院》开头一联为流水对，"清晨入古寺，初日照高林"，诗人在清晨早起去拜访这座古刹，"古"便能体现对其的尊重，旭日初升，阳光洒在树林之中。佛家称僧人聚集之地为"丛林"，一个"高"字愈发体现诗人对破山兴福寺的敬仰。"入"和"照"两字带来了空间感，入的是古寺，照的是高林，二者联动，霞光充斥于此方天地，蕴含禅味。

颔联"曲径通幽处，禅房花木深"，诗人进入故寺之后，目光由远渐近，愈发细致。一条小径迤逦曲折，通向寺院中深处，沿着小径，诗人来到了掩映在一片花木之中的禅院。同样地，佛家认为多种花木乃修福之举，花木之深，不仅体现禅院的幽静，更体现在此处修行得道之人的高洁。"通"与"深"，"深"代表幽静，而"通"暗含着封闭，此处世界真是别有洞天。

颈联"山光悦鸟性，潭影空人心"，夹叙夹议，情景交融。诗人以清新的笔触描绘飞鸟鸣叫于高林，潭水平淡如明镜的景象；又以禅语解释：鸟儿是为山的风光而喜悦，山鸟相悦，万物合一。下一句写潭水平静映出倒影，使人心更加空静了，这是用潭水之静来映衬人心之静。此处也喻禅机，"空"是佛家的代表，万物皆空，不追名利，无念无求，也只有在这样的环境下，才能得出这份修养。

尾联"万籁此都寂，但余钟磬音"，前面两联都是静景，由景入情，写出古寺浸染的空静之心。而在这万籁俱静的时刻，却传来了一阵袅袅的钟磬之声。钟声在这方天地回荡，以动致静，而诗人，就行走在这寂静中，已然禅定。

（周海洪）

📖 教学心得

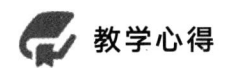

山水寄情，是古诗词中常见的题材，从陶渊明、谢灵运到王维、孟浩然，都有不少脍炙人口的山水田园名篇，上课前和学生一起回顾寄情山水的诗文名句，随后由对江苏常熟虞山的风景和兴福寺的碑文介绍导入诗歌，解诗题。

接着在教师范读、学生听读的过程中，学生想象诗中描绘的画面，并用散文化的语言将想象的画面描绘出来，教师提示方法，抓住意象，描绘意境。接下来学生自由朗读，交流诗中描绘的画面有什么特点，写出了作者怎样的心境等问题，体会诗歌的韵律美、画面美和情感美。

此外，本诗的语言也颇具特色，尤其是动静结合、以动写静的写法值得学生细细品味，这可以作为课堂上学生自主探究的重点，可以让学生仿照这样的写法尝试片段写作练习，以达到学以致用的目的。

（四川省泸州市第七中学校　欧成利）

送友人

📝 诗歌再现

送友人

（唐）李白

青山横北郭，白水绕东城。
此地一为别，孤蓬万里征。
浮云游子意，落日故人情。
挥手自兹去，萧萧班马鸣。

（第六单元　课外古诗词诵读）

作者作品介绍

安旗《李白全集编年注释》:"诗题疑为后人妄加其城别之池当在南阳。"并将此诗创作时间定为唐玄宗开元二十六年(738年)。郁贤皓疑为于玄宗天宝六载(747年)于金陵所作。

历代名家点评

(元)萧士赟《分类补注李太白诗》卷一八:孤蓬,草也。无根而随风飘转者。自喻客游也。

(明)朱谏《李诗选注》:句法清新,出于天授。唐人之为短律,率多雕琢,白自脑中流出,不求巧而自巧,非唐人所能及也。

(明)凌宏宪编《唐诗广选》:蒋春甫曰:"不如此接,便无生气('此地'二句下)。"

(清)沈德潜《唐诗别裁》卷一〇:三、四流走,竟亦有散行者,然起句必须整齐。苏、李赠言,多唏嘘语而无蹩躠声,知古人之意在不尽矣,太白犹不失斯意。

(清)王尧衢《古唐诗合解》:前解叙送别之地,后解言送友之情。

(清)仇兆鳌《杜诗详注》卷二:太白诗"浮云游子意,落日故人情"对景怀人,意味深远。

(清)赵翼《瓯北诗话》卷一:且工丽中别有一种英爽之气,溢出行墨之外。

(清)屈复《唐诗成法》:"青山""白水",先写送别之地,如此佳景为"孤蓬万里"对照。"此地"紧接上二句,"一别",送者、去者合写。五、六又分写。"自兹"二字,人、地总结。八止写"马鸣",黯然销魂,见于言外。

(清)王琦《李太白全集》卷一八:鲍照《芜城赋》:"孤蓬自振,惊砂坐飞。浮云一往而无定迹,故以比游子之意;落日衔山而不过去,故以比故人之情。"《诗小雅》:"萧萧马鸣。"《左传》:"有班马之声。"杜预注："班，别也。"主客之马将分道，而萧萧长鸣，亦若有离群之感，畜犹如此，人何以堪。

研读心得

　　这首送别诗写得新颖别致，不落俗套。诗中青山、流水、落日、浮云，班马长鸣，形象新鲜活泼，组成了一幅有声有色的画面。自然美和人情美交织在一起，画面中流荡着无限温馨的情意，感人肺腑，没有一般送别诗的哀伤和悲观落寞。诗的节奏明快，感情真挚热诚而又豁达乐观，毫无缠绵悱恻的哀伤情调。这正是李白送别诗的特色。全诗八句四十字，表达了作者送别友人时的依依不舍与离愁别绪。此诗写得情深意切，境界开朗，对仗工整，自然流畅。起句点出送友远行时的景物环境，继写友人别后将如孤蓬万里，不知要漂泊到何处，隐含不忍分离之情。后四句寓情于景，把惜别的情思写得委婉含蓄，深切感人。

　　诗中用字简洁凝练、形象生动。一个"横"字写出了山的横亘与绵延，写出了青山横亘外城北面的雄伟气势，突出了山的静态美。一个"绕"字却写出了波光粼粼的流水缓缓绕过城东潺潺而过的特征，突出了水流的动态美。诗中缤纷的色彩和鲜明的形象，青山、白水、浮云和落日，令人耳目为之一新。诗作大气磅礴，没有失魂落魄的悲观情绪和失意落寞的哀怨情调，结尾止于萧萧马鸣，戛然而止、意犹未尽，令人感到依依不舍。结尾看似不甚完满，但这正是诗人的高明之处，使读者回味无穷。体现出诗歌的无穷魅力，给欣赏者们留下想象的空间和余地。

　　"浮云游子意"是一种浪漫风格的体现，而后一句"萧萧班马鸣"里激扬的侠士风骨则表露了一种有担当的豪情。美丽的流云本来并不懂世人的分别之情，但是在李白的笔下，轻云的气质变成了游子的心绪，复杂的心思被形象化，以流云来表达游子意不可谓不浪漫。最后一句用萧萧的马鸣代替离别的话语，这里用到留白手法以及山水白描的手法，此时无声胜有声，马鸣中包括了诗人和朋友间的深情厚谊。

（唐枫然）

文本详解 与唐代诗歌语文教学

教学心得

　　李白，送别诗，这是学生们非常熟悉的诗人和题材，当这两者结合，便自然可由学生所熟悉的李白的送别诗《赠汪伦》引入标题《送友人》。接着就要求学生朗读诗歌，并想象诗人送别时的情景，抓关键语句来体会作者送别友人时的心情，如"孤蓬""浮云""落日"等词写出了友人孤独无依的状态和诗人伤感失落的情绪，但这种情绪却又不至于哀伤到缠绵悱恻的地步，所以要引导学生在"挥手自兹去，萧萧班马鸣"中去体悟诗人蕴藉在其中的牵挂与祝福，就如"孤帆远影碧空尽，唯见长江天际流"的言有尽而意无穷。这便是李白的风格，即使有分别的感伤，但也给人以色彩明丽、节奏明快的感觉。

　　"分门别类辑古诗"是诗歌积累的基本方法之一，在学习完本诗以后，可以让学生对"送别诗"进行专题的整理归纳，分析送别诗的特点，体会作者写景、叙事和抒情的特点，达到"读一首，会一类"的目标。

（四川省泸州市第七中学校　欧成利）

九年级上册

行路难

📋 诗歌再现

> 行路难（其一）
> （唐）李白
>
> 金樽清酒斗十千，玉盘珍羞直万钱。
> 停杯投箸不能食，拔剑四顾心茫然。
> 欲渡黄河冰塞川，将登太行雪满山。
> 闲来垂钓碧溪上，忽复乘舟梦日边。
> 行路难！行路难！多歧路，今安在？
> 长风破浪会有时，直挂云帆济沧海。

（第三单元 第 13 课）

作者作品介绍

天宝元年（742年），李白奉诏入京，担任翰林供奉。却没被唐玄宗重用，还受到权臣的谗毁排挤，两年后（744年），他被"赐金放还"，被变相撵出了长安。李白被逼出京，朋友们都来为他饯行，求仕无望的他深感仕路的艰难，满怀愤慨地写下了此篇《行路难》。李白此题共三首，这是第一首。

历代名家点评

（明）高棅《唐诗品汇》卷二六：刘云："结得不至鼠尾，甚善，甚善。"

（明）胡震亨《李杜诗通》：《行路难》，叹世路艰难及贫贱离索之感。古辞亡，后鲍照拟作为多。白诗似全效照。

（清）应时《李诗纬》卷一：太白纵作失意之声，亦必气概轩昂，若杜子则不然。

（清）爱新觉罗·弘历敕的《唐宋诗醇》卷二：冰寒雪满，道路之难甚矣。而日边有梦，破浪济海，尚未决志于去也。后有二篇，则畏其难而决去矣。此篇被放之初述怀如此，真写得"难"字意出。

（清）爱新觉罗·弘历敕编《唐宋诗醇》卷二：郭茂倩曰："乐府解题云《行路难》，备言世路艰难及离别悲伤之意，多以君不见为首。"按《陈武别传》曰："武常牧羊，诸家牧竖有知歌谣者，武遂学《行路难》。则所起，亦远矣。"

（日）近藤元粹《李太白诗醇》：句格长短错综，如缚龙蛇。

研读心得

李白积极入世，还未发挥自己才能，便被奸人所害，情绪由高昂转向低落，但是诗中却没有颓唐之气，盛唐气象被表现到了极致。诗人灵活运用典故，能够体现入世不得的无奈与得人赏识的渴望。融悲伤于豪言壮语之中，保留了意气，让人仿佛能够看到那个浪漫伟大的诗人。

（周文静）

教学心得

"题眼"是诗歌标题中提挈全篇、精练传神的字词。如果抓住了题眼，就抓住了诗歌的核心。题眼用好了，会有"四两拨千斤"的效果。

本诗题眼是"难"。"难"在何处？第一"难"，"欲渡黄河冰塞川，将登太行雪满山"。"渡川""登山"喻指自己满怀希望地追求政治理想。"冰塞雪满"看似写严酷的自然之景，实则喻指自己在仕途中遭受的重重阻碍和排挤。借山川道路之难，比喻自己仕途的艰难和政治之道难行。这两句诗既表现出诗人在仕途中举步维艰的悲愤和失落，又交代了前面"不能食""心茫然"的原因。

道路难行，又该何去何从呢？诗人忽然想到了于渭水之滨钓鱼的姜子牙，乘舟梦日边的伊尹，在失望中看到了一丝希望：自己有朝一日会不会像这二位先贤一样一展雄才伟略,"济苍生""安黎元",彪炳青史?怀揣着这一希望,诗人情绪开始高涨,于是继续前行。

第二"难","多歧路,今安在?",山重水复,一连串的挫折,把诗人的幻想浇灭了。虽然对未来抱有希望,但万般艰难险阻,又该如何化解呢?面对歧路,该如何选择呢?李白一时陷入迷惘,情绪从峰巅跌至深壑。

是知难而退,还是迎难而上?在内心经历万千矛盾冲突之后,诗人振臂高呼:"长风破浪会有时,直挂云帆济沧海。"犹如山洪奔腾,火山喷发,诗人的内心终于冲出重围,发出了乐观豪壮、意气洋洋的呼啸。积极入世的决心和自信喷薄而出。至此"难"题解决了,诗情达到巅峰,一个自信、乐观、豪迈的诗人形象鲜活地跃然于读者眼前。

(内江市第六中学　游艳)

酬乐天扬州初逢席上见赠

诗歌再现

酬乐天扬州初逢席上见赠
(唐)刘禹锡

巴山楚水凄凉地,二十三年弃置身。
怀旧空吟闻笛赋,到乡翻似烂柯人。
沉舟侧畔千帆过,病树前头万木春。
今日听君歌一曲,暂凭杯酒长精神。

(第三单元　第13课)

作者作品介绍

此诗作于唐敬宗宝历二年(826年),刘禹锡辞去和州刺史的官职,返回洛阳城,而此时白居易从苏州返洛阳,两个人首次在扬州遇见之时,白居易在聚会之上写了一首诗送给了刘禹锡,刘禹锡写此诗作为回应。

（清）胡以梅《唐诗贯珠》：此是从蜀赴扬州之作。

历代名家点评

（唐）白居易《白氏长庆集》卷六九《刘白唱和集解》：如梦得"雪里高山头白早，海中仙果子生迟""沉舟侧畔千帆过，病树前头万木春"之句之类，真谓神妙，在在处处，应当有灵物护之。

（宋）陈应行《吟窗杂录》卷一八上《金针诗格》：故知元、刘之诗，知诗之骨髓，而播在人口，莫非骚、雅者也。梦得相寄云：沉舟侧畔千帆过，病树前头万木春。雪里高山头白早，海中仙果子生迟。此二联神助之句，自能诗者鲜到于此，岂非梦得之深者乎？

（南宋）魏庆之《诗人玉屑》卷一六《乐天评诗》：又称刘禹锡"雪里高山头白早，海中仙果子生迟""沉舟侧畔千帆过，病树前头万木春"此皆常语也，禹锡自有可称之句甚多，故不能知之耳。

（明）王世贞《艺苑卮言》："沉舟侧畔千帆过，病树前头万木春"，以为有神助，此不过学究之小有致者。

（清）沈德潜《唐诗别裁》卷一五："沉舟"二语，见人事不齐，造化亦无如之何！悟得其旨，终身无不平之心矣。

（清）洪亮吉《江北诗话》卷六：刘禹锡"怀旧空吟闻笛赋，到乡翻似烂柯人"，白居易"曾犯龙鳞容不死，欲骑鹤背觅长生"，开后人多少法门。即以七律论，究当以此种为法。

研读心得

在理解诗词本来的意义和作者的思想感情之外，我们应该把这种乐观、向上的精神带到自己的生活中。"莫道桑榆晚，为霞尚满天。"面对千变万化的生活，与其惆怅，不如豁达；与其忧伤，不如重拾信心；与其蹉跎消沉，不如迎上春光，乐观积极。正如写出"沉舟侧畔千帆过，病树前头万木春"的诗人一般。

（邓玉兰）

教学心得

"沉舟侧畔千帆过，病树前头万木春"因体现了乐观豁达的精神，富有人生哲理,被人们称道,成为千古绝唱。因此赏析这两句名句也将成为学习的重点。如何让学生更好地理解诗人乐观豁达的情怀,更透彻地明白深刻的哲理,从而汲取精神养料,培养健康的心态呢?

在学习本诗之前,可先学习白居易赠给刘禹锡的《醉赠刘二十八使君》一诗,诗中表达了对诗人满腹才华却无用武之地,仕途坎坷的同情和愤愤不平。

面对友人的同情,诗人虽满腹辛酸和苦楚,却没有抱怨,没有愤恨,没有牢骚,只是平静地向朋友讲述自己面对仕途不顺、时光流逝的感慨。还劝慰友人不必为自己的"寂寞""蹉跎"而忧伤。"沉舟"之畔千帆竞发,"病树"前头万木争春,新事物终会代替旧事物,时代车轮从没停止过运转,万象更新是社会发展的常态。个人暂时的遭遇又算得了什么呢?更何况,虽是"沉舟"也要重整风帆,赶上长风;即使是"病树"也要抖擞精神,重焕春光。诗人对世事变迁和宦海沉浮,表现出豁达、乐观、坦荡的气度和襟怀。这种人生态度可以让学生受益终身,教师要传授的也是这种人生之"道"。

(内江市第六中学 游艳)

月夜忆舍弟

📋 诗歌再现

月夜忆舍弟
(唐)杜甫

戍鼓断人行,秋边一雁声。
露从今夜白,月是故乡明。
有弟皆分散,无家问死生。
寄书长不达,况乃未休兵。

(第三单元 课外古诗词诵读)

作者作品介绍

《杜诗详注》朱鹤龄注:"戍鼓断人行,边秋一雁声。"当是乾元二年(759年)秦州作。是年九月,史思明陷东京及齐、汝、郑、滑四州,宜戍鼓之未休。二弟,一在许,一在齐,皆在河南,故忆之。

历代名家点评

(北宋)王彦辅《尘史》卷中:子美善用故事及常语,多倒其句而用之,盖如此则语峻而体健。如"露从今夜白,月是故乡明"之类是也。

(元)方回《瀛奎律髓汇评》:何义门:"'戍鼓'兴'未休兵'。'一雁'兴'寄书'。五、六,正拈忆弟。"纪昀:"平正之中,自饶情致。"无名氏(乙):"句句转。'戍鼓'是领句,突接'雁声'妙。"

(明)张含《李杜诗选》:此二句(按指"露从"一联)妙绝古今矣,原其始从江淹《别赋》"明月白露"一句四字翻作十字,而精神如此,《文选》真母头哉。

(明)钟惺、谭元春《唐诗归》:钟云:"只说境,含情往复不可言('露从'二句下)。"

(明)周珽《唐诗选脉会通评林》:刘辰翁曰:"浅浅语使人愁。"周珽曰:"……结联所谓'人稀不到,兵在见何由'也。征战不已,道路阻隔,音书杳莫,存亡难保,伤心断肠之语。令人读不能终篇。"

(清)张谦宜《茧斋诗谈》:"戍鼓断人行,秋边一雁声。"若作"雁一声",便浅俗;"一雁声"便沉雄。诗之贵炼,只在字法颠倒间便定。

(清)浦起龙《读杜心解》:上四,突然而来,若不为弟者,精神乃字字忆弟、句里有魂也……不曰"月傍",而曰"月是",便使两地皆悬。

(清)王嗣奭《杜臆》卷三:只"一雁声"便是忆弟。对明月而忆弟,觉露增其白,但月不如故乡之明,忆在故乡兄弟故也,盖情异而景为之变也。

（清）吴乔《围炉诗话》卷二：《月夜忆舍弟》之悲苦，后四句一步深一步。

　　（清）杨伦《杜诗镜铨》卷六：凄楚不堪多读。起突兀（"戍鼓"二句下）。

　　（清）纪容舒《杜律详解》卷二：此公乾元二年流窜秦陇所做。是年九月，史思明陷东、齐、汝、郑、滑四州，宜戍鼓四起也。人行既断，孤雁一声借喻兄弟相失，岑寂之至。次联承次句秋字，秋露何夜不从今夜白者履露而情动于今夜，故叹其白也。秋月何明？曰是故乡月者对月而情深于故乡，故悲其明也。"从"字写出忆况。三联承次联下句"故乡"以起末二句。公三在许或在齐皆在河南，正值史逆之乱，故以分散为忆。家中则谁生谁死尚可从家而问，今既无家并生死亦处，此语悲甚，平时寄书常恐不达，况战争未休道路隔望音信呼与首句相应，况民二字忆弟之至，几于无可当此月夜不胜凄绝。

研读心得

　　这首诗借景抒情、景中含情。前四句全写景，但景中暗含有情；后四句直接抒情，但又和前面的景有关系。

　　戍楼上的禁鼓一敲，宵禁戒严，街上人迹断绝，让人感受到战争严肃紧张的氛围，孤雁的鸣叫更是渲染了一种凄凉的感觉，同时孤雁的形象也给人一种孤独之感，很容易就让人与题目联系起来，想到兄弟分离。首联不仅点明时间、地点以及战乱景象，同时也将"忆弟"的情绪暗含其中。

　　颔联可谓是千古佳对。白露的节气就在今晚，虽然月光皎皎，可是还是没有故乡明月下的那种舒畅心情，故而月亮也显得不那么明亮了，表现出一种凄冷的思乡之情。这里诗人将自己的情感融入诗中，塑造了一种"有我之境"，"露从今夜白"写因为我在思乡忆弟，所以就连露水仿佛也感受到了我的离愁别绪，所以变成了白色；"月是故乡明"写对故乡的思念之浓浓到仿佛这里的月亮都失去了光彩，不再明亮。诗人塑造了一种移情于物，意溢于境的壮美境界。

颈联可谓是写尽了颠沛流离，人生最绝望的事莫过于生逢乱世，亲人生死未卜。上句说弟兄离散，下句说家已不存，写得伤心折肠，感人至深。同时也概括了安史之乱中人民饱经忧患丧乱的普遍遭遇。

尾联进一步抒发内心的忧虑之情，和首联遥相呼应，含蓄蕴藉，但寓深情。山路遥远，亲人们四处流散，平时寄书总是不能送到，更何况战乱未止，生死茫茫。思乡忆弟之情放不下，写信又无法送出。这样牵肠挂肚却又无计可施的心情是多么沉痛啊！

（胡兴容）

教学心得

这是思乡怀人之作。标题中的"忆"即"思念、想念"之意，表达出对胞弟的惦念、牵挂之情，为全诗奠定了悲凉的感情基调。学生在理解思想感情方面难度不大。思亲怀友是常见题材，但杜甫在遣词用字方面匠心独运，不落俗套。正如清人张谦宜评价："诗之贵炼，只在字法颠倒间便定。"北宋王彦辅也称赞："子美善用故事及常语，多倒其句而用之，盖如此则语峻而体健。"因此在赏析首联、颔联的艺术手法方面可多下功夫。

"断人行"，交代了背景，表明战事频繁、紧张，营造出紧张、压抑的氛围。一声凄厉的雁鸣划破了空寂无人的夜空，让人顿生凄清、悲凉之感。以声写静更显夜空的岑寂之至。那落单的孤雁不正象征着兄弟相失、形单影只的自己吗？见雁而生情，对胞弟的思念、担忧之情顿时涌上心间。首联，视听结合，描绘了一幅边塞秋景图：戍鼓雁声，行人彳亍，一片凄凉、冷落、沉寂，渲染出浓重压抑悲凉的气氛。"一雁声"突出了雁的孤独寂寞，使整个意境显得沉郁而辽远，正如清人张谦宜《茧斋诗谈》所说："若作'雁一声'，便浅俗。'一雁声'便沉雄。"诗人用词，确乃匠心独运。

"露从今夜白，月是故乡明"，不过是诗人要表达"今夜露白""故乡月明"之意，只是将词序一换，诗句的节奏感和意境便大为不同。既写了景，又点明时令，白露节至，水汽凝结，凉意渐起，凄凉之感油然而生。清人纪容舒在《杜律详解》中说道："秋露何夜不从今夜白者履露而情动于今夜，故叹其白也。秋月何明？曰是故乡月者对月而情深于故乡，故悲其明也。"这两句诗运用"移情"的修辞手法，在景物中融入浓厚的主观感情，景随情变、情共景生，平淡中显高妙也！

（内江市第六中学　游艳）

长沙过贾谊宅

诗歌再现

> **长沙过贾谊宅**
> （唐）刘长卿
>
> 三年谪宦此栖迟，万古惟留楚客悲。
> 秋草独寻人去后，寒林空见日斜时。
> 汉文有道恩犹薄，湘水无情吊岂知。
> 寂寂江山摇落处，怜君何事到天涯。

（第三单元　课外古诗词诵读）

作者作品介绍

刘长卿（约726—约786年），字文房，宣城（今属安徽）人，唐代诗人，开元年间进士，至德年间任监察御史，后为长洲县尉，曾因"刚而犯上"被贬南巴尉。大历年间任鄂岳转运留后，因受鄂岳观察使吴仲孺诬陷而被贬为睦州司马。赴任途中，诗人因公务南至湘中，瞻仰贾谊故宅写下此诗。

历代名家点评

（明）胡震亨《唐音癸签》："秋草独寻人去后，寒林空见日斜时。"初读之似海语，不知其最确切也，谊《鵩赋》云："四月孟夏，庚子日斜，野鸟入室，主人将去。""日斜""人去"，即用谊语，略无痕迹。

（明）周珽《唐诗选脉会通评林》：周敬曰："哀怨之甚，《鵩赋》中语，自然妙合。"周珽曰："以风雅之神，行感忾之思，正如《鵩鸟》一赋，直欲悲吊千古。"吴山民云："三、四无限凄伤，一结黯然。"

（明）邢昉《唐风定》：深悲极怨，乃复妍秀温和，妙绝千古。

（清）胡以梅《唐诗贯珠》：松秀轻圆，中唐风致。

（清）黄生《增订唐诗摘钞》：黄生曰："后四句语语打到自家身上，怜贾正所以自怜也。三、四'人去''日斜'，皆《鵩赋》中字，妙在用事无痕。"

（清）赵臣瑗《山满楼笺注唐诗七言律》：笔法顿挫，言外有无穷感慨，不愧中唐高调。

（清）乔亿《大历诗略》：极沉挚以澹缓出之，结乃深悲而反咎之也。读此诗须得其言外自伤意，苟非迁客，何以低回如此？

（清）吴瑞荣《唐诗笺要》：怨语难工，难在澹宕婉深耳。"秋草""湘水"二语，尤当隽绝千古。

（清）沈德潜《唐诗别裁集》卷十四：谊之迁谪，本因被谗，今云何事而来，含情不尽。

（清）梅成栋《精选七律耐吟集》："一唱三叹息，慷慨有余哀"，此种是也。

（清）方东树《昭昧詹言》：首二句叙贾谊宅，三四"过"字，五六入议，收以自己托意，亦全是言外有作诗人在，过宅人在。

（清）施补华《岘佣说诗》："汉文有道"一联可谓工矣。上联"芳草独寻人去后，寒林空见日斜时"疑为空写，不知"人去"句即用《鵩赋》"主人将去"，"日斜"句即用"庚子日斜"。可悟运典之妙，水中着盐，如是如是。

📖 研读心得

在识字教学中，通过字理、字源的分析帮助学生理解生字，讲解文字的构造美，培养学生的文学美感，扩大学生的眼界。对贾谊这么重要的历史人物要适当介绍，身世遭遇也要介绍充分，这样学生会对刘禹锡因何借贾谊抒发自己感慨，以及寻求两者共鸣有自己的看法，方能体会本诗歌写得如此之好、如此动人的原因。

（唐杰）

教学心得

这是一首咏史怀古诗。咏史怀古诗大都有着一个共同的模式：临古地—悼古人—忆其事—讽今人—抒己志。因此在教学中可以通过回忆所学怀古诗，运用这一模式自主研读本诗。

标题《长沙过贾谊宅》"过"即拜访之意，点明了"临古地"——贾谊之宅，"悼古人"——贾谊之人。

首联忆其事。三年贬谪，万古留悲。表达了对贾谊贬谪命运的同情，也暗喻了刘长卿自己迁谪的悲苦命运。

颔联写"临古地"所见之景。秋草瑟瑟、寒林日斜，既是眼前所见，也象征着贾谊的政治处境，还暗喻了唐王朝衰颓的形势。古宅萧条冷寂的氛围，更增添了一层同病相怜的凉意。

颈联借古"讽今人"。"有道""犹"这两个词将暗讽的笔触曲折地指向当今皇上。"有道"的汉文帝对满腹才华的贾谊尚且薄情，那么，当时"无道"的当朝统治者，对诗人当然更谈不上什么恩遇了，诗人被贬谪也就在所难免了。接着，湘水"无情"，流走了多少时光。屈原哪知贾谊会吊念自己；贾谊更想不到刘长卿又会来凭吊自己。当然诗人也就不知有没有后人在千百年之后也来凭吊自己了。诗人知音难求、抑郁不得志的心境，被刻画得真切动人。

尾联抒己志。在寂寂秋风中，在纷飞的黄叶间，"怜君"不仅是怜人，更是怜己。"何事到天涯"，弦外音是，本是无罪，为何要受到这样严厉的惩罚！明知而故问，既是表达了对贾谊和自己无故被贬的愤慨之情，又是对不合理现实的强烈控诉。

这首诗借古讽今。全诗句句在表达对贾谊才华横溢却无故遭贬谪的同情，实则字字在抒发自己满腹才华却被一贬再贬的忧愤，含蓄而蕴藉。

（内江市第六中学　游艳）

左迁至蓝关示侄孙湘

诗歌再现

> 左迁至蓝关示侄孙湘
> （唐）韩愈
>
> 一封朝奏九重天，夕贬潮州路八千。
> 欲为圣朝除弊事，肯将衰朽惜残年！
> 云横秦岭家何在？雪拥蓝关马不前。
> 知汝远来应有意，好收吾骨瘴江边。

（第三单元 课外古诗词诵读）

作者作品介绍

此诗作于元和十四年（819年），时韩愈因谏迎佛骨，得罪宪宗，被贬为潮州（今广东潮州市）刺史。出长安经蓝关时，逢其侄孙韩湘来陪他同行而作此诗。

（唐）裴度：昌黎韩愈，仆知之旧。

（五代）刘昫《旧唐书》卷一六〇：韩、李（李翱）二文公，于陵迟之末，遑遑仁义；有志于持世范，欲以人文化成，而道未果也。至若抑杨、墨，排释、老，虽于道未弘，亦端士之用心也。天地经纶，无出斯文。愈、翱挥翰，语切典坟。

（宋）惠洪《冷斋夜话》卷二：引沈括语："退之诗，押韵之文耳，虽健美富赡，然终不是诗。"

（宋）洪迈《容斋随笔》卷六：裴晋公有《寄李翱书》曰：昌黎韩愈，仆知之旧矣，其人信美材也。近或闻诸侪类云：恃其绝足，往往奔放，不以文立制，而以文为戏。

（元）辛文房《唐才子传》卷五：宪宗遣使迎佛骨入禁中，因上表极谏，帝大怒，欲杀，裴度、崔群力救，乃贬潮州刺史。

历代名家点评

（宋）曾季狸《艇斋诗话》卷一：韩退之"雪拥蓝关"，"马不前"三字出古乐府《饮马长城窟行》"驱马涉阴山，山高马不前"。

（宋）苏洵《上欧阳内翰（修）书》：韩子之文如长江大河，浑浩流转，鱼鼋蛟龙，万怪惶惑，而抑绝蔽掩，不使自露，而人望见其渊然之光，苍然之色，亦自畏避，不敢迫视。

（清）何焯《义门读书记》卷三十：安溪云："妙在许大题目，而以'除弊事'三字了却。结句即是不肯自毁其道以从于邪之意，非怨怼，亦非悲伤也。"

（清）金圣叹《贯华堂选批唐才子诗》卷五：一、二不对也，然为"潮"字与"夕"字对，"奏"字与"贬"字对，"一封""九重"字与"八千"字对，"天"字与"潮州""路"字对，于是诵之，遂觉极其激昂。

研读心得

中国古代文学史上，韩愈最早倡导"以文为诗"，主张将散文写法融入诗歌，而此诗，是一首格律严格的七律诗，可看出杜甫对韩愈的影响。但是此诗又不同于一般七律诗，有所创新，兼顾律诗和文诗特点。此诗运用对比手法，"朝奏"与"夕贬"、"除弊事"与"惜残年"形成强烈的对比，将诗人悲愤又无奈的感情表现出来。

（陈爱）

教学心得

学生通过自主研读，能够明白诗歌的大意，把握诗人被贬的愤慨之情。教师引导的重点可以放在理解诗人"刚正不阿，凛然无悔"的品格，赏析颈联融情于景的艺术效果方面。

颔联直抒胸臆，表达自己忠而获罪和非罪远谪的愤慨之情。诗人心中虽有块垒，却没有悔意，没有屈服，而是将满怀的幽怨诉诸笔端。诗人坦陈心志，尽管招来一场弥天大祸，但不辞衰老，不惜残年，力除弊事之心弥笃，忠君之心愈坚。刚正不阿、凛然无悔，真乃气度非凡。

　　颈联是唯一的写景句。这两句境界雄浑，"云横"有广度，"雪拥"有高度，下字有力，为我们描绘出浮云蔽日、家国不见、寒天暮雪、立马蓝关、踟蹰不前的壮阔画面，渲染出严峻冷峭的气氛，与孤苦渺小的个人形成强烈的对比，暗示前路的艰辛，蕴含英雄失路之悲。一切景语皆情语，山岭重重、云遮雾绕象征着诗人仕途中的重重阻隔。"马不前"，其实是人不前，心事重重，前途艰险渺茫，连马也为自己悲伤不肯前进了。寓情于景，一回顾，一前瞻，迁谪之感和忧国之情表达得十分巧妙。

　　此诗写得悲壮苍凉，大气磅礴，那种满怀义烈、满腔忠愤、一往浩气，那种坚持真理、敢于较真的大家风采，沛然而上，令人慨叹。

（内江市第六中学　游艳）

商山早行

诗歌再现

商山早行

（唐）温庭筠

晨起动征铎，客行悲故乡。
鸡声茅店月，人迹板桥霜。
槲叶落山路，枳花明驿墙。
因思杜陵梦，凫雁满回塘。

（第三单元　课外古诗词诵读）

作者作品介绍

这首诗准确写作年代已不可考,但联系温庭筠生平,他曾任隋县尉,徐商镇襄阳,他被辟为巡官。夏承焘《温飞卿系年》,这两件事均发生在唐宣宗大中十三年(859年),当年温庭筠48岁。自长安赴隋县,当道出商山。此诗当是温庭筠此次离开长安赴襄阳投奔徐商经过商山时所作。温庭筠虽是山西人,而久居杜陵,已视之为故乡。他久困科场,年近五十又为生计所迫出为一县尉,说不上有太好心绪,且去国怀乡之情在所难免。

历代名家点评

(宋)欧阳修《六一诗话》:温庭筠"鸡声茅店月,人迹板桥霜",贾岛"怪禽啼旷野,落日恐行人",则道路辛苦,羁愁旅思,岂不见于言外乎!

(宋)王直方《王直方诗话》:欧阳文忠《送张至秘校归庄》诗云:"鸟声梅店雨,柳色野桥春。"此"茅店月""板桥霜"之意。

(南宋)胡仔《苕溪渔隐丛话》:《三山老人语录》云:"六一居士喜温庭筠诗'鸡声茅店月,人迹板桥霜',尝作《过张至秘校庄》诗云:'鸟声梅店雨,野色柳桥春。'效其体也。"

(南宋)魏庆之《诗人玉屑》:如"鸡声茅店月,人迹板桥霜",则羁旅穷愁,想之在目。

(明)李东阳《麓堂诗话》:"鸡声茅店月,人迹板桥霜",人但知其能道羁愁野况于言意之表,不知二句中不用一二闲字,止提掇出紧关物色字样,而音韵铿锵,意象具足,始为难得。

(明)胡应麟《诗薮》:盛唐句如"海日生残夜,江春入旧年",中唐句如"风兼残雪起,河带断冰流",晚唐句如"鸡声茅店月,人迹板桥霜",皆形容景物,妙绝千古。而盛、中、晚界限斩然,故知文章关气运,非人力。

（明）周珽《唐诗选脉会通评林》：此诗三、四二语，庭筠以之名于世，信古今绝唱……唐人赋早行者不少，必情景融浑，妙极形容，无如此诗矣。

（清）沈德潜《唐诗别裁》："早行名句，尽此一联（'鸡声'二句下）。中晚律诗，每于颈联振不起，往往索然兴尽。"

（清）黄叔灿《唐诗笺注》："'鸡声'一联，传诵人口，写早行而旅人之情亦从此画出。诗有别肠，非俗子所能道也。"

研读心得

首先对于名句"鸡声茅店月，人迹板桥霜"，它除了可以分成六个名词来理解，整句看来也十分具有韵味。这一句运用了衬托的手法，用"月"字表现当时的时间还很早，连月亮都还在天上，以此来衬托行人出发得早。鸡声也是同样如此，自古以来，民间都有"起得比鸡早"的说法，鸡鸣便是晨时的代表之一，诗中也是以鸡声来衬托当时时候尚早。整首诗中没有用一个"早"字，但是表达出的意思却处处有"早"，艺术造诣很高。

（何豪）

教学心得

这是一首羁旅思乡之作，通过羁旅途中所见所想，写出了旅途的艰辛，抒发了浓烈的乡愁。

首句，"晨起"直接点题"早行"，概括出早晨旅店的情景。"悲故乡"道出诗人心境，却也表达了万千行人的心声，能够引起读者的共鸣。

颔联乃千古名句，脍炙人口。这两句诗运用列锦（也叫意象叠加）的艺术手法将六个具有典型性的意象巧妙地排列在一起，构成了一幅生动可感的早行图，烘托出凄清、苍凉的氛围，寓含了寂寞凄苦之情。

颈联，写早行途中所见之景。"槲叶落"不是槲叶的飘飞，而是脚踏落叶的触觉感受，烘托出环境的荒寂萧索。"明驿墙"是因为环境昏暗，白色才特别醒目，通过视觉对比，突出环境的幽暗，暗合了"早行"。绽放的枳花或许消减了旅途的艰辛，但行人仍然抑制不住思乡的愁绪。本应是枝繁叶茂、花开似锦、生机盎然的山林竟如此萧索幽寂，更衬托出早行的悲凉、凄苦。

尾联，为我们呈现出一幅故乡的美好画面。梦中的故乡之景与旅途所见之景形成强烈的对比。"早行"看到的是萧索、凄清的落叶图，想念的是温馨、美好的故乡景。故乡的野禽自由自在地戏水，而诗人却艰难赶路，眼前的客行之景与故乡的美景交织叠加，对比映衬，虚实相映，抒发了浓烈的思乡之愁，诗句意蕴丰富，韵味绵长。

全诗写景处处紧扣一个"早"字，抒情时不忘一个"悲"字，情景交融，手法高妙，写尽了千古行人千古情。

（内江市第六中学　游艳）

咸阳城东楼

诗歌再现

咸阳城东楼
（唐）许浑

一上高城万里愁，蒹葭杨柳似汀洲。
溪云初起日沉阁，山雨欲来风满楼。
鸟下绿芜秦苑夕，蝉鸣黄叶汉宫秋。
行人莫问当年事，故国东来渭水流。

（第六单元 课外古诗词诵读）

作者作品介绍

（唐）许浑《丁卯集》卷上：《咸阳城栋楼》："一上高楼万里愁，蒹葭杨柳似汀州。溪云初起日沉阁，山雨欲来风满楼。鸟下绿芜秦苑夕，蝉鸣黄叶汉宫秋。行人莫问当年事，故国东来渭水流。一作行人莫问前朝事，渭水寒光书夜流。"

（宋）周弼《三体唐诗》卷三：《咸阳城栋楼》雍录曰："秦咸阳在京兆四十里，本社县地至唐咸阳县则在秦都之西二十里。名虽袭秦，非故处矣。"

（明）陆时雍《唐诗镜》：《凌歌台》《咸阳城栋楼》，三四俱作仄调，以取轻俊，此其病与盛唐人好雄浑同。雄浑则气易不清，轻俊则格多不正，诗家要道，雅时中正。

（明）胡震亨《唐音癸签》：《咸阳城栋楼》南近磻溪，西对慈福寺阁）一上高楼万里愁，蒹葭杨柳似汀州。溪云初起日沉阁，山雨欲来风满楼。鸟下绿芜秦苑夕，蝉鸣黄叶汉宫秋。行人莫问当年事，故国东来渭水流。一作行人莫问前朝事，渭水寒光书夜流，方同云中四句，装景而已。（与《瀛奎律髓·第一部分》和《文苑英华·第十八部分》同。）

（清）沈德潜《唐诗别裁》：咸阳何地？而竟如汀州耶！

历代名家点评

（南宋）（佚名）《苕溪渔隐丛话·卷二十四》：许浑集中佳句甚多，然多用水字，故国初圣人云："许浑千首湿"，是也。

（明）金圣叹《贯华堂选批唐才子诗》：仲晦，东吴人。蒹葭杨柳、生性长习，醉中梦中，不忘失也。无端越在万里，久矣形神不亲。今日独上高城，忽地惊心入眼。二句七字，神理写绝。不知是咸阳西门，真有此景？不知是高城晚眺，忽地游魂？三四极写独上"独"字之苦，言云起日沉，雨来风满，如此怕杀人之十四字中，却是万里外之一人独立城头，可哭也。

（清）吴昌祺《删订唐诗解》卷二十一：雍录唐咸阳县在秦都之西。

三辅记上林苑，秦之旧苑也。咸阳本人烟辐辏之所，今惟杨柳兼葭，俨然一汀州，而云雨凄其徧乎？楼阁蝉鸣鸟集宫苑荒凉，岂复当年巨丽哉。独渭水东流尤为旧物耳。

（清）沈德潜《唐诗别裁》：恐落吊古套语。

（清）梅成栋《精选五七言律耐吟集》：一片铿锵，如金铃千百齐鸣。

（清）王世祯《分甘余话·卷三》：抑扬抗坠，读之如一片官商。

研读心得

"山雨欲来风满楼"这句很有意思，古人因为科学发展程度不高，认为星象、气象都有特殊的含义，天气若有大变一定会发生灾祸。这首诗就是在唐朝后期社会动荡的背景下完成的，此时的唐王朝就处于山雨欲来的时期。"高楼"这个意象在我们中国的传统诗歌中十分有代表意义，一般都是与"愁"这一类的情绪相联系。作者在上"高楼"之前就已经有忧愁的情绪了，但他却说"一上高楼"才万里愁，仿佛是上了高楼才有忧愁的情绪，而这情绪来得猛烈，这样写反而更能够表现其情绪的浓烈。

本诗的最后一句"行人莫问当年事，故国东来渭水流"和李煜的"雕栏玉砌应犹在，只是朱颜改"有异曲同工之妙，都表现出了一种物是人非之感和一份心中的忧愁。

（易成钰）

教学心得

这是登临怀古之作，这类诗有一个共同特点就是首句入题必写登临，本诗也是如此。

首联"一上"写时间之短，"万里"言空间之广，思之渺远。"一""万"两个数字，对比鲜明，取得了一种独特的艺术效果。"愁"奠定了全诗的感情基调。万里之愁，因何而起？目之所及，渭河畔边烟笼兼葭、雾罩杨柳，像极了故乡的"汀州"，触景生情，自然乡思涌动。

领联，"云""日""雨""风"，四个意象连用，层层推进又错落有致。"起"与"沉"形成对比，描绘出了暴雨来临前黑云压城、狂风满楼的自然景象。然而作者意不仅在此，还借此暗喻当时已日薄西山、处于风雨飘摇中、面临着崩溃危机的唐朝统治，营造出了王朝日暮穷途的紧张多变的氛围，也点示出诗人"万里愁"的根源。"山雨欲来风满楼"语意旷远，常常被后人用来比喻社会大变动即将到来的某种征兆或重大事件发生前的紧张气氛。

颈联，飞鸟投芜，寒蝉鸣树。曾经繁华壮丽的宫苑，如今只是绿芜遍地，黄叶满林，唯有鸟蝉如故。视听结合，虚实相映，烘托出荒芜、凄清、萧索的意境，通过今昔对比，把诗人的愁怨从"万里"推向"千古"，情感深长，意境悠远。

尾联，"莫问"道出往事不堪回首之悲凉。最后一句，以景结情，一个"流"字，则透出颓势难救的痛惜之情。无语东流的渭水中，熔铸着诗人连绵不绝的乡愁和感古伤今的悲凉。

（内江市第六中学　游艳）

无　题

诗歌再现

无　题

（唐）李商隐

相见时难别亦难，东风无力百花残。
春蚕到死丝方尽，蜡炬成灰泪始干。
晓镜但愁云鬓改，夜吟应觉月光寒。
蓬山此去无多路，青鸟殷勤为探看。

（第六单元　课外古诗词诵读）

作者作品介绍

在唐时，人们崇尚道教，信奉道术。李商隐在十五六岁的时候，即被家人送往玉阳山学道。其间与玉阳山灵都观女氏宋华阳相识相恋，但两人的感情却不能为外人明知，而作者的心内又奔涌着无法抑制的爱情狂澜，因此他只能以诗记情，并隐其题，从而使诗显得既朦胧婉曲，又深情无限。据考，李商隐所写的以《无题》为题的诗篇，计有二十首，大多是抒写他们两人之间的恋情诗。这首《无题》诗也是如此，并且是其中最为著名的一篇。

（元）辛文房《唐才子传》：商隐工诗，为文瑰迈奇古，辞难事隐。及从楚学，俪偶长短，而繁缛过之。每属缀，多检阅书册，左右鳞次，号"獭祭鱼"。而旨能感人，人谓其横绝前后……后评者谓其诗"如百宝流苏，千丝铁网，绮密瑰妍，要非适用之具"。斯言信哉……商隐文自成一格，后学者重之，谓"西昆体"也。

历代名家点评

（金）元好问《论诗三十首》（其十二）：诗家总爱西昆好，独恨无人作郑笺。

（明）谢榛《四溟诗话》卷二：李义山曰："春蚕到死丝方尽，蜡炬成灰泪始干。"……措词流丽，酷似六朝。

（清）陆昆曾《李义山诗解》：八句中真是千回万转。

（清）黄叔灿《唐诗笺注》卷五：首句七字屈曲，唯见其相见难，故别更难。

（清）纪晓岚《四库总目提要》：《无题》之中，有确有寄托者，"近知名阿侯"之类是也。有实属狎邪者，"昨夜星辰昨夜风"之类是也。有失去本题者，"万里风波一叶舟"之类是也。有与《无题》相连，误合为一者，"幽人不倦赏"之类是也。其摘首二字为题，如《碧城》《锦瑟》诸篇，亦同此例。一概以美人香草解之，殊乖本旨。

（清）孙洙《唐诗三百首》：一息尚存。志不少懈，可以言情，可以喻道。

（清）赵臣瑗《山满楼笺注唐诗七言律》卷四：呜呼！言情至此，真可以惊天地而泣鬼神，《玉台》《香奁》，其犹粪土哉！

（当代）苏缨、毛晓雯《多情却被无情恼：李商隐诗传》："多情却被无情恼"，东坡这一句词若孤立来看，正可用作李商隐一生的总括。多情者本已易于自伤，况欲于无情的世界里寻觅情的归所，而终于无处堪用其情，便只觉得世界辜负了自己。这话对李商隐而言，没有半分矫情，毕竟他所有的委屈都是应该的，因为这世界当真辜负了他。①

研读心得

这首诗，以女性的口吻抒写爱情心理，在悲伤、痛苦之中，寓有灼热的渴望和坚忍的执着精神，感情境界深微绵邈，极为丰富。开头两句，写爱情的不幸遭遇和抒情主人公的心境，由于受到某种力量的阻隔，一对情人已经难以相会，分离的痛苦使她不堪忍受。暮春时节，东风无力，百花纷谢，美好的春光即将逝去，人力对此是无可奈何的，而自己的境遇之不幸和心灵的创痛，也同眼前这随着春天的流逝而凋残的花朵一样，因为美的事物受到摧残，令人兴起无穷的怅惘与惋惜。"春蚕到死丝方尽"全句是说自己对于对方的思念如同春蚕吐丝，到死方休。"蜡炬成灰泪始干"是比喻自己为不能相聚而痛苦，无尽无休，仿佛蜡泪直到蜡烛烧成了灰方始流尽一样。思念不止，表现着眷恋之深，但是终其一生都将处于思念中，却又表明相会无期，前途是无望的。在这两句里，既有失望的悲伤与痛苦，也有缠绵、灼热的执着与追求。追求是无望的，无望中仍要追求，因此这追求也有着悲观色彩。这首诗，从头至尾都熔铸着痛苦、失望而又缠绵、执着的感情，诗中每一联都是这种感情状态的反映，但是各联的具体意境又彼此有别。它们从不同的方面反复表现

---

① 苏缨、毛晓雯：《多情却被无情恼》，湖南文艺出版社2013年版。

着融贯全诗的复杂感情，同时又以彼此之间的密切衔接而纵向地反映以这种复杂感情为内容的心理过程。

（王沁予）

教学心得

本诗是爱情诗，脍炙人口，千古传诵，令人百读不厌。

首联，"东风""百花"二意象，表面上写的是暮春时节春风力竭、百花凋零的自然景象，营造出令人感伤的意境。实则是诗人心境的反映，借春天将尽、百花凋零比喻时光流逝，青春易老，美好的爱情受到了摧残。爱情受阻，人就像凋零的百花那样了无生气。物我交融，在聚散两依依中传达出长相厮守的艰难和离别的痛苦。

颔联，"春蚕""蜡炬"这两个意象运用比兴手法，比喻自己饱受相思之苦。"丝"谐音"思"，运用双关手法表达了至死方止的思念之情。蜡泪即为思念之泪，用蜡炬的燃烧比喻离别后的痛苦煎熬、抒发了别后思念之深，牵挂之苦。这两句诗用比喻、象征的手法写出自己的痴情苦意以及至死不渝的爱情坚守，也传递出相会无期、相聚无望的悲苦。难能可贵的是，即使无望，仍无怨无悔地执着追求，因此现在我们也常常借这两句诗来比喻无私奉献的精神。

颈联，"晓镜""云鬓"为读者描绘出了一个因相思而颜容憔悴，青春老去，对镜顾影自怜的女子形象。"月"是古人写思乡、相思爱情中最常见的意象。皎洁朦胧的"月光"象征着美好纯洁的爱情，凄寒的月光营造出朦胧凄冷的意境。想象对方，因相思而长夜不眠，感到冷月侵人，写出对方寒夜相思的悲凉、孤寂情境。这两句诗移情于景，采用主客移位（也叫对写，对面落笔）的手法，把自己真挚的感情、浓郁的相思表达得含蓄委婉。讲解这种表现手法时可以做一个拓展，可给学生讲解杜甫《月夜》中的"遥怜小儿女，未解忆长安。香雾云鬟湿，清辉玉臂寒"，白居易《邯郸冬至夜思家》中的"想得家中夜深坐，还应说着远行人",王维《九月九日忆山东兄弟》中的"遥知兄弟登高处,遍插茱萸少一人"等。

尾联,"蓬山"是难觅的仙山,这里借指女子的住处难觅,突出了相见的无望。"青鸟"是传说中的信使。相会无望中仍抱有希望,但愿青鸟频频传递相思情。这里诗人借神话传说给爱情注入浪漫的色彩,减少了内心的痛苦,也表达出对恋人刻骨铭心的思念和地久天长的挚爱。

(内江市第六中学 游艳)

九年级下册

白雪歌送武判官归京

诗歌再现

白雪歌送武判官归京

（唐）岑参

北风卷地白草折，胡天八月即飞雪。
忽如一夜春风来，千树万树梨花开。
散入珠帘湿罗幕，狐裘不暖锦衾薄。
将军角弓不得控，都护铁衣冷难着。
瀚海阑干百丈冰，愁云惨淡万里凝。
中军置酒饮归客，胡琴琵琶与羌笛。
纷纷暮雪下辕门，风掣红旗冻不翻。
轮台东门送君去，去时雪满天山路。
山回路转不见君，雪上空留马行处。

（第六单元 第24课）

作者作品介绍

此诗约作于天宝十三载（753年），此年岑参入安西北庭节度使封常清幕为节度判官，武判官当是岑参的前任，名不详。岑参《感旧赋》："既生邓公，世实须才，尽忠致君，极武后登台。朱门复启，相府重开，川换新楫，羹传旧梅。何纠缠以相轧，恶高门之祸来。当其武后临朝，奸臣窃命，百川沸腾，四国无政……藉小人之荣宠，隳贤良于槛井……既破我室，又坏我门……泣贾谊于长沙，痛屈平于湘沅。"邓公指的是岑参的伯祖父长倩，长倩官至文昌右相，被封为邓国公，武后时期，因为阻止武三思登太子位,被诬谋反,被斩,五子同赐死,并被发掘父祖坟,亲友也受到贬谪。长倩的确是冤死的,他是为唐王朝献身的,虽然等到睿宗即位时进行了昭雪,但长倩一族已经断绝,这种飞来横祸当时使岑参胆战心惊,体会到祸福无常。

(唐)杜甫《渼陂行》:岑参兄弟皆好奇。

历代名家点评

(明)周挺辑《删补唐诗选脉笺释会通评林》卷二十《盛唐七言古诗五》评此诗:胡地寒沍,风雪分外早见,前段因形容雪景,极凛冽,至"中军置酒"句,始入送别津。"轮台东门"句,又作一转语,俱不脱雪意。望君不见而寻其马迹,想出人思表。此等诗真鹤鸣天表,龙吟海底,奇致不从人间来者。

(清)王夫之《唐诗评选》卷一:颠倒传情,神爽自一,不容元白问花源津渡。"胡琴琵琶与羌笛",但有《柏梁》一句,神采惊飞。

(清)方东树《昭昧詹言》卷一二:岑嘉州《白雪歌送武判官归京》,奇峭,起飒爽。"忽如"六句,奇才奇气,奇情逸发,令人心神一快。须日诵一过,心摹而力追之。"瀚海"句换气,起下"归客"。

(清)宋宗元《网师园唐诗笺》卷四:入手飘逸,迥不犹人(首四句下)。深情无限,到底不脱歌雪,故妙(末二句下)。

研读心得

全诗不断变换着白雪画面,化景为情,慷慨悲壮,浑然雄劲。抒发了诗人对友人的依依惜别之情和因友人返京而产生的惆怅之情。

"白草",据《汉书·西域传》颜师古注,乃西北一种草名,王先谦补注谓其性至坚韧。然经霜草脆,故能断折(如为春草则随风俯仰不可"折")。"白草折"又显出风来势猛。八月秋高,而北地已满天飞雪。"胡天八月即飞雪",一个"即"字,惟妙惟肖地写出由南方来的人少见多怪的惊奇口吻。

作者用敏锐的观察力和感受力捕捉边塞奇观,笔力矫健,有大笔挥就（如"瀚海"二句），有细节勾勒（如"风掣红旗冻不翻"），有真实生动的摹写，也有浪漫奇妙的想象（如"忽如"二句），再现了边地瑰丽的自然风光。

（甘国华）

教学心得

这是一首边塞送别诗，教师要带领孩子去领略奇异的边塞风光，感受边关将士们的乐观豪迈之情，领会诗人依依惜别之意。

教学此诗时可从以下三个方面进行引导：

第一，领略奇异的边塞风光。此诗首句写出风猛雪大，天气奇寒。"北风""白草""飞雪"，开篇奇突，"卷""折"显出了狂风来势汹汹，非常迅猛。八月本该秋高气爽，边塞却飞雪漫天。一个"即"字让人感受到突如其来的奇寒。这三个意象描绘出了北地八月飞雪的壮丽景色。"忽如一夜春风来，千树万树梨花开"写出雪景奇丽。"忽"写出了边塞雪景变幻万千。"千树万树"描绘出雪压冬林的壮丽雪景，写出了雪之大，时间之久。以梨花喻塞雪，将春景比冬景，呈现出生机勃勃春意盎然的景象，令人内心充满喜悦与温暖。比喻新颖形象，想象奇绝瑰丽。

第二，感受豪迈乐观之情。前四句，诗人对奇寒气候、恶劣环境津津乐道，使人不觉其苦，反而觉得奇趣盎然，这是诗人豪迈乐观心态的表现。"将军角弓不得控，都护铁衣冷难着"，写边塞生活苦寒，将士们仍然坚持训练，以天气的寒冷反衬出将士们内心的热烈，足见他们乐观的心绪和豪迈的精神。"中军置酒饮归客，胡琴琵琶与羌笛"，置酒送别，本应是充满离愁的感伤情景，然而乐观豪迈的将士们并没有悲悲切切，而是急管繁弦，开怀畅饮，纵情释放，达到了欢乐的顶点，读到此处，想不被感染都难！

第三，领会诗人依依惜别之意。最后四句，以雪为背景，写送别友人。洁白的大雪象征着纯洁深厚的情谊。"空留马行处"写友人走远不见身影，而诗人还伫立在茫茫大雪中，深情凝视远方，表现出依依不舍的深情厚意。友人远去,诗人内心空荡荡的,弥漫着茫然惆怅的情绪。以景结情,言有尽而意无穷,给读者留下了无尽的想象和回味的空间。

全诗以雪为线索,通过描绘奇丽多变的边塞雪景,烘托出诗人及戍边将士们保家卫国的豪迈气概和壮烈情怀,让人热血奔涌,浩然慨叹。

(内江市第六中学　游艳)